Immermann-Jahrbuch 5/2004

IMMERMANN-JAHRBUCH
Beiträge zur Literatur- und Kulturgeschichte
zwischen 1815 und 1840 (Themenband)

Im Namen der Immermann-Gesellschaft
Herausgegeben von
Peter Hasubek und Gert Vonhoff

5/2004

Carl Leberecht Immermann
und die deutsche Autobiographie
zwischen 1815 und 1850 (II)

herausgegeben von Wolfgang Adam,
Peter Hasubek und Gunter Schandera (†)

PETER LANG
Frankfurt am Main · Berlin · Bern · Bruxelles · New York · Oxford · Wien

Bibliografische Information Der Deutschen Bibliothek
Die Deutsche Bibliothek verzeichnet diese Publikation in der
Deutschen Nationalbibliografie; detaillierte bibliografische
Daten sind im Internet über <http://dnb.ddb.de> abrufbar.

Gedruckt mit freundlicher Unterstützung der
Öffentliche Versicherungen Sachsen-Anhalt
sowie der Städtischen Werke Magdeburg.

ISSN 1437-5273
ISBN 3-631-51940-0
© Peter Lang GmbH
Europäischer Verlag der Wissenschaften
Frankfurt am Main 2004
Alle Rechte vorbehalten.

Das Werk einschließlich aller seiner Teile ist urheberrechtlich
geschützt. Jede Verwertung außerhalb der engen Grenzen des
Urheberrechtsgesetzes ist ohne Zustimmung des Verlages
unzulässig und strafbar. Das gilt insbesondere für
Vervielfältigungen, Übersetzungen, Mikroverfilmungen und die
Einspeicherung und Verarbeitung in elektronischen Systemen.

www.peterlang.de

Inhalt

Verzeichnis der Abkürzungen 7

Vorwort 9

Aufsätze:

SOICHIRO ITODA
Autobiographische Erfahrungen im Werk des Magdeburger Autors
Carl Leberecht Immermann 11

JÜRGEN LEHMANN
Polyphone Historiographie. Zur Entwicklung der Autobiographie
im 19. Jahrhundert am Beispiel von Immermanns „Memorabilien" 27

MARCUS HAHN
„Durchzug". Vom „erkältenden Zauber" der Historie für die Autorschaft
Karl Immermanns 39

JOSEPH A. KRUSE
Immermanns „Theaterdiarium" (1834/35) 55

PETER HASUBEK
Der Brief als autobiographisches Dokument am Beispiel
der Briefe Immermanns 69

GERT VONHOFF
Auf dem Weg zur Geschichte.
Immermanns Reisetagebücher und „Reisejournal" 83

ANDY GOTTSCHALK
Autobiographisches Schreiben bei Immermann und Heine 95

HENRIK KARGE
Karl Schnaases „Niederländische Briefe".
Kunsttheorie in autobiographischer Fassung 121

Rezensionen:

Gabriele Büch: „Alles Leben ist Traum". Adele Schopenhauer.
Eine Biographie. Berlin (Aufbau Taschenbuchverlag) 2002,
418 S., 22 Abb. (WALTRAUD MAIERHOFER) 137

Werner Weiland: Büchners Spiel mit Goethemustern. Zeitstücke
zwischen der Kunstperiode und Brecht. Würzburg (Königshausen
& Neumann) 2001, 192 S. (BENEDICT SCHOFIELD) 138

Elke Blumenauer: Journalismus zwischen Pressefreiheit und Zensur.
Die Augsburger „Allgemeine Zeitung" im Karlsbader System
(1818-1848). Köln (Böhlau) 2000. 228 S. (= Medien in Geschichte
und Gegenwart, Bd. 14) (KATY HEADY) 141

Robert Pichl/ Clifford A. Bernd unter Mitarbeit von Margarete Wagner
(Hgg.), The other Vienna, The Culture of Biedermeier Austria,
Österreichisches Biedermeier in Literatur, Musik, Kunst und Kultur-
geschichte. Österreichisch-amerikanisches Symposion der Grillparzer-
Gesellschaft, der Grillparzer-Society of America, der City University
of New York und des österreichischen Kulturinstituts New York,
Wien (Lehner-Verlag) 2002, 352 S. (FRANZ SCHÜPPEN) 145

Anschriften der Mitarbeiter 151

Verzeichnis der Abkürzungen

Folgende Ausgaben werden einheitlich abgekürzt zitiert:

Werke Bandzahl (römisch), Seitenzahl
Karl Immermann: Werke in fünf Bänden. Unter Mitarbeit von Hans Asbeck, Helga-Maleen Gerresheim, Helmut J. Schneider, Hartmut Steinecke hg. von Benno von Wiese, Frankfurt 1971-1977 (andere Werkausgaben werden besonders nachgewiesen)

Briefe Bandzahl (römisch), Seitenzahl
Karl Leberecht Immermann: Briefe. Textkritische und kommentierte Ausgabe in drei Bänden, hg. von Peter Hasubek, München 1978-1987 (Band I: Briefe 1804-1831, 1978; Band II: Briefe 1832-1840, 1979; Bände III,1 und III,2: Nachträge und Kommentar. Unter Mitarbeit von Marianne Kreutzer, München 1987

Tagebücher, Seitenzahl
Karl Immermann: Zwischen Poesie und Wirklichkeit. Tagebücher 1831-1840. Nach den Handschriften unter Mitarbeit von Bodo Fehlig hg. von Peter Hasubek, München 1984

Falls erforderlich, werden auch folgende Editionen abgekürzt zitiert:

Epigonen, Seitenzahl
Karl Immermann: Die Epigonen. Familienmemoiren in neun Büchern 1823-1835. Nach der Erstausgabe von 1836 mit Dokumenten zur Entstehungs- und Rezeptionsgeschichte, Textvarianten, Kommentar, Zeittafel und Nachwort hg. von Peter Hasubek, München 1981

Münchhausen, Seitenzahl
Karl Immermann: Münchhausen. Eine Geschichte in Arabesken, hg. (mit den Paralipomena, Kommentar, Dokumenten zur Entstehungs- und Rezeptionsgeschichte, Nachwort, Zeittafel und Literaturhinweisen) von Peter Hasubek, München 1977

Vorwort

Der fünfte Band des Immermann-Jahrbuches – wiederum als Themenband gestaltet – enthält die Fortsetzung der Reihe der auf der Tagung „Carl Leberecht Immermann und die deutsche Autobiographie zwischen 1815 und 1850" gehaltenen Vorträge. Während im vierten Band diejenigen Arbeiten gedruckt wurden, die das Umfeld Immermanns während des genannten Zeitraums betrafen (Köpken, Zschokke, Pestalozzi, Adele Schopenhauer usw.), sind in dem vorliegenden Band acht Vorträge vereinigt, die sich direkt mit dem autobiographischen Werk Immermanns und einiger ihm nahestehender Bezugspersonen auseinandersetzen.

Einleitend betrachtet SOICHIRO ITODA das Werk Immermanns allgemein im Hinblick auf Immermanns autobiographisches Denken und die im einzelnen artikulierten autobiographischen Schreibweisen. Dabei deckt der Verfasser neue Bereiche der autobiographischen Wahrnehmung und des Selbstverständnisses Immermanns auf, die bisher allenfalls peripher gesehen wurden.

JÜRGEN LEHMANN erkennt in seinem Beitrag über die „Polyphone Historiographie" in den drei von Immermann verfaßten autobiographischen Schriften – „Grabbe", „Die Jugend vor fünfundzwanzig Jahren", „Düsseldorfer Anfänge" – jeweils eigentümliche autobiographische Schreibmuster, die ihrerseits in den Rahmen der allgemeinen historischen Entwicklung des autobiographischen Schreibens eingeordnet werden.

Am Beispiel von Immermanns Schrift „Die Jugend vor fünfundzwanzig Jahren" untersucht MARCUS HAHN unter Einbeziehung theoretischer Überlegungen de Mans zur Autobiographie das Verhältnis von Autobiographie, Historiographie und Literatur. Zur Begründung der Ambivalenz von Immermanns autobiographischem Schreiben zieht Hahn außerdem „Die Epigonen" und andere Schriften Immermanns heran.

Den bisher nur selten zum Gegenstand der Forschung gemachten Tagebüchern Immermanns ist der Beitrag von JOSEPF A. KRUSE gewidmet. Kruse beschreibt den Aufbau und die chronologischen Aspekte von Immermanns „Theaterdiarium", charakterisiert einige thematische Schwerpunkte der Schrift und stellt Immermanns immense Leistung bei dem Projekt heraus. Abschließend wird die autobiographische Funktion des Textes bestimmt und seine Bedeutung als Quelle für die späteren „Düsseldorfer Anfänge" herausgestellt.

Briefe sind in gleichem Maße autobiographische Zeugnisse wie Tagebücher und Memoiren. Die Qualität ihres autobiographischen Gehaltes ist in Abhängigkeit vom Adressaten und von der Intention des Schreibers zu sehen. Unter diesen Voraussetzungen analysiert PETER HASUBEK Immermanns Briefe an seine Braut Marianne Niemeyer als autobiographische Quellen für das Jahr 1838/39.

In seiner Studie über die Reisetagebücher und insbesondere das „Reisejournal" (1833) orientiert sich GERT VONHOFF an dem Leitgedanken, „Immermann in der Idee" in den Texten aufzuspüren. Er beobachtet die uneinheitliche Form des „Reisejournals", die er zu interpretieren versucht. Vonhoff konstatiert die Nähe von Immermanns autobiographischer Schreibweise zum Historismus. Die Ausblicke auf Heines autobiographische Texte ergänzen die Untersuchung von Andy Gottschalk in diesem Band.

An autobiographischen Texten Immermanns und Heines arbeitet ANDY GOTTSCHALK vergleichend das Wechselspiel zwischen Individuum und Gesellschaft beider Autoren heraus, wobei das Schreiben von Autobiographien als identitätssichernde Praxis in der Übergangszeit zwischen Romantik und Realismus, in der den Autoren die eigene Identität verloren zu gehen droht, interpretiert wird.

HENRIK KARGE schließlich untersucht die kunsthistorische Schrift „Niederländische Briefe" (1834) des Immermann-Freundes Karl Schnaase unter dem Aspekt ihrer literarische Struktur und stellt dabei die netzartige Verknüpfung dreier Texttypen und Themenkomplexe fest: In der Form anregend geschriebener Briefe wird der Bericht der Reise durch Holland mit einem knappen Kunstführer und einer Abhandlung über die Theorie der Künste, in welcher sich das System der Künste und die Geschichte der Kunst mosaikartig ergänzen, verbunden.

Die Rezension von WALTRAUD MAIERHOFER ergänzt ihren Beitrag im vierten Jahrbuch über Adele Schopenhauers Autobiographie und stellt ein weiteres Mal die Beziehungen der Schwester des Philosophen zu Immermann her. Die übrigen Rezensionen betreffen Gegenstände aus dem zeitlichen Umfeld Immermanns. Wie das Verhältnis Immermanns zu Goethe immer wieder die Forschung beschäftigt hat, so ist parallel dazu das Verhältnis Büchners zu Goethe Gegenstand der Untersuchung von Werner Weiland, die von BENEDICT SCHOFIELD besprochen wird. Von Interesse für den Zeitraum der dreißiger und vierziger Jahre des 19. Jahrhunderts sind Pressefreiheit und Zensur als markante Eckpunkte des Literaturbetriebs, die Elke Blumenauer am Beispiel der Augsburger „Allgemeinen Zeitung" darstellt (rezensiert von KATY HEADY). Schließlich betrachtet FRANZ SCHÜPPEN kritisch die Beiträge der Tagung der amerikanischen Grillparzer-Gesellschaft in New York. Die einzelnen Untersuchungen des Tagungsbandes vermitteln einen vielsagenden Anschauungsunterricht über die amerikanische Grillparzer-Forschung, liefern Bausteine für ein Grillparzer-Bild sowie Ansätze zur Interpretation der Werke und greifen die Biedermeier-Diskussion erneut auf.

Peter Hasubek   Gert Vonhoff

SOICHIRO ITODA

Autobiographische Erfahrungen im Werk des Magdeburger Autors Carl Leberecht Immermann

Obgleich das Werk Immermanns eine Fülle autobiographischer Züge und Tendenzen aufweist, sucht man in seinen Schriften den Begriff der „Autobiographie" vergeblich. In seinem Vorwort zu den „Memorabilien" betonte er ausdrücklich, es handle sich um „Studien", und zwar um „Studien in einer Doktrin, in der niemand über den Schüler hinauskommt".[1] Die vorliegende Arbeit wird sich weitgehend an der Immermann'schen Sichtweise orientieren und bei der Bezugnahme auf „Autobiographische Erfahrungen" den Begriff der „Autobiographie" soweit als möglich in den Hintergrund treten lassen, um hierdurch die „Doktrin", die „das Leben" ist, um so deutlicher hervortreten zu lassen. Weiterhin gilt es zu beachten, daß „autobiographische Erfahrungen" bei Immermann, der nur wenig mehr als 4 Jahrzehnte lebte, keine Lebensbeichte und auch nicht der Rechenschaftsbericht eines gereiften Greises sein können. Bei dieser „Doktrin", so Immermann, handle es sich schlicht und einfach um „das Leben" selbst.[2] Immermann wies ausdrücklich darauf hin, die Gegenwart, die er selbst erlebte und erfuhr, sei aus der Sicht eines einzelnen Betrachters weder objektiv darstellbar noch von einem Publikum in ihrer ganzen Fülle zu rezipieren. „Die Gegenwart will Stoffes aller Art habhaft werden"[3], so schildert Immermann die Dynamik seiner Zeit, einer Zeit des Umbruchs und der Entwurzelung: Säkularisation, der Zerfall des Heiligen Römischen Reiches, Restauration und Bürgerliche Revolution, all dies waren die Kulissen, innerhalb derer sich Immermanns „Leben" offenbarte und manifestierte.

Das Asyl als idealer Raum zu den „Verborgenen Fäden des Lebens"

Im „Reisejournal", seinem autobiographischen „Beichtspiegel", äußert Immermann die Befürchtung, „einer schrecklichen Zukunft" entgegen zu schreiten, die ihm keine andere Alternative läßt, als das Schicksal einer „toten Maschine [...] ohne Menschlichkeit und ohne Bewußtsein" erleiden zu müssen.[4] Während seiner Berufsausübung als Landgerichtsrat hatte er sich durch verschiedene Entdeckungen und besonderen Scharfsinn einen überragenden Ruf erworben. Dessen ungeachtet schien das Lob seiner Zeitgenossen ihm die Bürde, die ihm oh-

---

[1] Werke IV, S. 357.
[2] Werke IV, S. 357.
[3] Werke IV, S. 357.
[4] Werke IV, S. 165.

nehin schon auferlegt war, eher noch zu verstärken. „Je mehr aber Ehre und Vertraun mir von außen zuwuchsen", klagt er, „desto tiefer sank ich in mir zusammen"[5]. Immermanns „fürstliches Gefühl"[6], das ihm als Postulat allen Handelns galt, sträubte sich dagegen, sein „untrennbares Individuum" durch Zwänge reglementieren zu lassen. „Nur im ganzen untrennbaren Individuo war ich mir selbst gleich"[7], bekennt er und weist darauf hin, man möge das „fürstliche Gefühl" nicht etwa als eine überspannte Form von Hochmut mißverstehen.

So stellt er dem ersten Teil seiner „Memorabilien" ein Goethewort voran, das sein Weltgefühl in lediglich zwei Zeilen vollkommen ausdrückt:

> Frei will ich sein im Denken und im Dichten,
> Im Handeln schränkt genug die Welt mich ein.
> (Goethe, „Torquato Tasso", 4. Aufzug, 2. Szene[8])

Immermanns Wesen befand sich auf der Suche nach einem Handlungsraum jenseits der Einschränkungen der Welt. In seinem „Reisejournal" benutzt er nur ein einziges Mal den Terminus „Asyl" – dies jedoch an exponierter Stelle.[9]

Das „Asyl" (ein häufig auftretendes Motiv seit dem europäischen Mittelalter) erscheint Immermann wohl als der ideale Flucht- und Kreativraum, in dem sein Wesen sich gleichsam „ohne Rücksicht auf eine Form, ohne Zwang durch ein Reglement Stockungen aufzulösen, das Werdende zu zeitigen, das Fertige zu schützen"[10] zu verwirklichen in der Lage war. „Dahin wies meine Natur", schloß er sein Bekenntnis ab und legte hier in deutlicher Offenheit vor, was sein innerstes Wesen leitete und bewegte: Carl Leberecht Immermann war auf der Suche nach einem Raum, in dem seine Seele in autobigraphischer Selbsterkenntnis einen ihrer Natur entsprechenden Entfaltungshorizont finden konnte. Seinen Vorstellungen gemäß konnte dies ein Fluchtort sein, der sich inmitten der ihn umgebenden Realität befand. Immermann hatte erkannt, daß er seinen Beruf als Landgerichtsrat nicht länger fortführen konnte, ohne Schaden an Körper und Seele zu nehmen. „Ich konnte mit mathematischer Gewißheit das Jahr, ja den Tag angeben, wo es mir physisch unmöglich sein werde, das Widerwärtige ferner fortzutreiben"[11], analysierte er seinen aktuellen Bewußtseinszustand.[12]

Allerdings wollte es ihm nicht ohne weiteres gelingen, „ein Dach" zu finden, das sich seinem „Haupte eignete". „Zum Gelehrten" fehle ihm das „wahre, reiche Wissen", und auch die „bürgerlichen Stationen", so Immermann weiter,

---

[5] Werke IV, S. 165.
[6] Werke IV, S. 165.
[7] Werke IV, S. 165.
[8] Werke IV, S. 355.
[9] Werke IV, S. 165.
[10] Werke IV, S. 165.
[11] Werke IV, S. 165.
[12] Werke IV, S. 165.

„waren doch auch nur ebenso viele Abferchungen"[13]. Sein Naturell verlangte nach einer Freiheit, die sich einerseits in asylhaftem Umfeld verwirklichen konnte, andererseits seiner „fürstlichen" Intelligenz keine Fesseln auferlegte. Ein solches „Asyl", das in „unserer Staatseinrichtung"[14] nicht zu verwirklichen war, wie er konstatierte, mußte daher in anderen Sphären zu suchen und zu finden sein. Immermanns Hang zum Detail, „das längst Verschollne, Undurchdringliche zu ergründen"[15], sein mit „mathematischer Gewißheit" arbeitender vorausschauender Geist bedurfte einer Asylkonstellation, die ihm in der Begrenzung größtmögliche Freiheit gewährte, ein „Asyl", das „ohne Rücksicht auf eine Form", ohne reglementierenden „Zwang", aktiv-kreative und gleichzeitig passiv-konservative Möglichkeiten bot, in dem sich die „Lebensvorfälle *der* Menschen"[16] so intensiv offenbaren, wie der aufmerksame Betrachter sie zu erkennen wünscht.

Zu seiner Motivation und über angestrebte Erzählstrategien läßt er den Leser wissen: „Ich habe niedergeschrieben, was ich von ihnen erkundete, und mich bestrebt, die verborgnen Fäden nach den bekannten Tatsachen ergänzend darzulegen".[17] Bei seinem selbstgewählten „Asyl" handelt es sich daher nicht etwa um einen profanen Fluchtort, sondern viel mehr um einen idealen Raum, in dem die „verborgenen Fäden" des Lebens in künstlerisch vollendeter wie auch in mathematisch nachvollziehbarer Weise darstellbar und rekonstruierbar werden.

Arabeskenhafte, von orientalischen Phantasien beflügelte Motive lassen erahnen, wie das Künstlerisch-Mathematische in Verbindung mit dem Exotischen bei Immermann als Stilmittel zur Sprengung einengender Räume zur Geltung kommt. Die 1810 in Paris erschienene Übersetzung der „Märchen aus Tausend und Einer Nacht", aus dem Arabischen ins Französische übertragen durch den Diplomaten Joseph von Hammer-Purgstall, erregte seinerzeit großes Aufsehen in Europa. 1823-24 wurde das Werk von August E. Zinserling ins Deutsche übertragen und in einer dreibändigen Ausgabe in Stuttgart und Tübingen verlegt. Es ist also kein Zufall, daß Immermann in seinem Vorwort zu den „Memorabilien" zu einem Gleichnis griff, wobei er die personifizierte Gegenwart in einem orientalisch meditativ-verklärten Raum erscheinen ließ: „Gleich dem Araber sitzt sie bei Sternenschein unterm Zelte und begehrt Erzählungen auf Erzählungen."[18] Dem zu Immermanns Zeiten häufig anzutreffenden Motiv aus „Tausendundeiner Nacht" fiel in der vormärzlichen Verwirrungsphase zweifelsohne eine Art seelenhygienische Katalysatorfunktion zu, vermittels derer die Gefahr einer „trostlosen Zerstreuung" gebannt werden konnte: „Unsere Zeit bietet einen Stoff

---

[13] Werke IV, S. 165.
[14] Werke IV, S. 165.
[15] Werke IV, S. 165.
[16] Werke II, S. 502.
[17] Werke II, S. 502.
[18] Werke IV, S. 357.

dar, den nur starke Geister zu bewältigen wissen", faßte Immermann im „Paralipomenon 9" zu den Epigonen seine Beweggründe zusammen. „Schwache Geister, von dem Triebe", diesen Stoff „in sich aufzunehmen, hingerissen, müssen daran untergehn, und in den Zustand trostloser Zerstreuung geraten"[19], analysiert er den Zeitgeist. Für die „weniger starken Geister" versuchte Immermann daher in seiner literarischen Produktion ein Forum für eine konstruktive und gleichzeitig „tröstende" Zerstreuung anzubieten. Nicht zuletzt aus solchen Erwägungen heraus gibt er im Vorwort den „Memorabilien" einen schlichten Wunsch mit auf den Weg: „Möchte denn in der Tausendundeinen Nacht der 'Bezüge, Zustände und Erinnerungen' auch meinem Geschichts- und Sittenmärchen hier und da jemand zuhorchen!"[20] In diesem scheinbar resignierenden Satz, der den Anschein erweckt, Immermann wolle sich fortan lediglich mit der Rolle eines Märchenerzählers bescheiden, verbergen sich nicht wenige entscheidende Schlüsselhinweise, die als Brückenglieder bei der Betrachtung von Immermanns poetischen Werken bis hin zu seinen autobiographischen Erfahrungen dienen könnten.

Die Wiederentdeckung des Hörens als schöpferischer Publikumshorizont

Immermann wendet sich an seinen potentiellen Leserkreis nicht mit der Bitte um gewissenhafte Lektüre, vielmehr äußert er den Gedanken, es möge „hier und da jemand zuhorchen." Im achten Buch der „Epigonen", „Korrespondenz mit dem Arzte" , hatte sich der Verfasser im 5. Brief entschieden gegen die landläufige Annahme ausgesprochen, das Leserpublikum greife zu einem Buch um sich „belehren" zu lasssen oder womöglich „etwas Neues" zu erfahren: Dem sei nicht so. Ganz im Gegenteil! Die Leser versuchten, „Gefühle des Patronats" über den jeweiligen Schriftsteller zu erlangen und diesen durch den Akt des Lesens in eine Art Abhängigkeit zu zwingen. „Daher kommt das wunderbare Glück der ganz erbärmlichen Schriften", klagte Immermann.[21]

Zwei Jahre vor seinem frühen Tod hatte er sich am 6. März 1838 ebenso entschieden in einem Brief gegenüber Eduard Devrient mit dieser Angelegenheit beschäftigt: „Ich gehöre nicht zu den Autoren, welche bei ihrer Arbeit beständig mit dem Auditorio Blick und Miene wechseln, in gewissen Sinne kann ich von mir sagen, daß mir nur die Muse befiehlt und die kokette Berechnung des Erfolgs ist mir gewiß ganz fremd"[22]. Aus diesem „freien" Gefühl heraus heißt es dann wohl im 6. Brief der „Korrespondenz mit dem Arzte": „Lassen wir das Publikum! – Es gibt kein Publikum mehr."[23] Und hier tritt unübersehbar zutage,

---
[19] Epigonen, S. 650-651.
[20] Werke IV, S. 357.
[21] Werke II, S. 511.
[22] Briefe II, S. 816.
[23] Werke II, S. 511.

wie sehr sich Immermann von den Ansprüchen der zeitgenössischen Leserschaft bedrängt und in seiner Individualität bedroht fühlte: Das Publikum, das den Schriftsteller als „Klienten" – wie er sagte – nach Gutdünken gönnerhaft zu beauftragen pflegt, irgendwelche Rührstücke im Zeitgeschmack zu schreiben, empfand er als existenzbedrohende Kraft seines Schriftstellerdaseins. Auch war er eines Publikums überdrüssig, das sich von berechnenden Kollegen unter dem Schriftstellern „täuschen" ließ. Immermann äußerte ein feines Gespür für „kokette Berechnung" und „Täuschung" – Verfahrensweisen, die ihm fern lagen. So gelangte er auf seiner Flucht aus den Sachzwängen des Literaturbetriebes der Zeit zu einer höheren Sphäre, zu einer Ebene des unverfälschten und reinen Hörens, das ihm Freiraum und Asyl gleichermaßen zu gewähren schien.

Immermanns pessimistische Äußerung „Es gibt kein Publikum mehr" wird durch seine Feststellung untermauert: „Dieses Wort setzt eine Anzahl empfänglicher Hörer voraus. Wer hört nun noch, und wer will empfangen?"[24] „Autobiographische Erfahrungen" können daher gar nicht anders als unter dem Blickwinkel Immermanns und aus eben dieser Distanz heraus behandelt werden, die er sich selbst aufzuerlegen pflegte. Wir Heutigen sollten seinem Beispiel folgen und sein literarisches Werk als Stimmen Hörender an Hörende verstanden wissen.

In den „Düsseldorfer Anfängen" zieht Immermann in einem einzigen Satz die Bilanz seines literarischen Anspruchs, dessen höchstes Ziel er in der „Rezitatio" erreicht sieht: „Diese neue Art, ein dramatisches Gedicht zu rezitieren, ist von Tieck erfunden und zu einer Kunst gemacht, Holtei und andere sind ihm gefolgt; ich schloß mich gleichfalls solcher Richtung an."[25] Die Erweckung einer „Vorstellung von der innern Einheit der Dichtung" sah er in der Person Ludwig Tiecks verwirklicht, so, „wie sie keine theatralische Leistung der gegenwärtigen Art zu geben vermag", und er selbst fühlte sich berufen, das Erbe Tiecks anzutreten. Die erste Begegnung mit Tieck fand im Herbst 1820 in Dresden statt, wo Immermann zusammen mit seinem Bruder Ferdinand den berühmten Leseabenden des großen Rezitators beiwohnte und ihn später als dessen Schüler sogar vertreten sollte. Immermann zeigte sich ungemein beeindruckt, nicht nur von der unerhörten Meisterschaft Tiecks, sondern auch von dessen Ausstrahlung und Charisma, die Tiecks Ruhm weit über die Grenzen der deutschsprachigen Länder hinaus getragen hatten.

Der norwegische Mineraloge, Philosoph und Schriftsteller Henrik Steffens hinterließ eine höchst ergreifende Beschreibung seines langjährigen Freundes und Weggefährten Tieck:

> Er würde, wenn er aufgetreten wäre, der größte Schauspieler seiner Zeit gewesen sein; und selbst jetzt, in seinem hohen Alter, wenn er, von Gicht gelähmt, auf dem

---
[24] Werke II, S. 511.
[25] Werke IV, S. 621.

Stuhle sitzt, wenn er mit der in ganz Europa bekannt gewordenen Virtuosität ein Drama vorträgt, ist es mir, als wäre die Schauspielkunst in ihrer höchsten Bedeutung, während sie auf der Bühne nur noch ein zweifelhaftes und schwaches Dasein fristet, an diesen Stuhl des alten Mannes gefesselt.[26]

Der Kunst dieses „in ganz Europa" bewunderten großen „alten Mannes" verdankte der junge Immermann in der Folge seine literarische Erfüllung. In einer Notiz, in der uns Immermann eine seiner zahlreichen Begegnungen mit Tieck schilderte, hieß es, er fand den Meister trotz seiner schlimmen körperlichen Verfassung stets „unveränderten Geistes".[27] Die Nähe zu Tieck habe sich zu einer sehr engen Schülerschaft entwickelt, so daß sein verehrter Lehrer ihn schließlich sogar bat, an seiner statt das „Amt" des Vorlesers zu übernehmen. Er, Immermann, habe Tiecks neuste Novelle, den Tod des Camoens, zum Theil vorgetragen, was nicht nur ihn selber, sondern auch den Meister tief berührt habe. „Er selbst sagte nach der Vorlesung, daß er Manches darin nur mit Thränen wieder hören könne", berichtet Immermann mit dem bescheidenen Zusatz: „Und Sie wissen, daß eine solche Äußerung bei Tieck etwas sehr Seltnes ist."[28]

Immermann zog aus diesen stellvertretenden „Vorlesungen" den größten Gewinn für seine weitere Laufbahn als Theaterregisseur und Schriftsteller. Wie ein Dirigent die Orchesterpartituren zunächst als Klavierauszug am Konzertflügel einstudiert, so muß ein Regisseur sich mit den Rollen und Stimmen nach Tieck'schem Vorbild vertraut machen, ein Postulat, das so ganz Immermanns Vorstellungen entsprach: „Die Darstellung nämlich ist die volle Instrumentalmusik, ein gutes Spiel auf dem Flügel aber eine derartige Vorlesung – im allerglücklichsten Falle, der auch nur eintritt, wenn Organ und Individualität des Vorlesers gerade besonders zum Gedichte passen."[29] Daher bedürfen „Organ und Individualität" einer ständigen Schulung, um auf begrenztem Terrain eine größtmögliche Authentizität und Ästhetik zu entfalten. Mittels der eigenen Stimme, durch Rezitation auf höchstem Niveau, versuchte Immermann in der Folgezeit, „innere Wahrheiten" und „innere Strukturen" der Texte, die später auf der Bühne gesprochen wurden, aufzuzeigen.

Gemeinsam mit seinen Schauspielern hielt er Vorlesungs-Sitzungen ab, denen folgende Überlegungen zugrunde lagen: „Der Satz von der künstlerischen Freiheit der darstellenden Individuen ist zwar nicht ganz zu verneinen, darf aber nur eine sehr beschränkte Anwendung finden. Das Überwuchern jenes falschen Prinzips hat die Verwilderung und Verluderung der Bühne herbeigeführt."[30] Sich selbst bezeichnet er bei den Vorlesungen als „Haupt", dem nur „durch Zu-

---

[26] Hermann Kasack und Alfred Mohrhenn (Hgg.): Die Gefährten. Ludwig Tieck. 1943 Berlin, S. 248-249.
[27] Tagebücher, S. 218.
[28] Tagebücher, S. 218.
[29] Werke IV, S. 621.
[30] Werke IV, S. 625.

fall und Vertrauen" diese Rolle zugefallen war.[31] Seine wiederholte Klage „Es gibt kein Publikum mehr" und „Die Literatur ist eine Literatur der Einsamen geworden"[32] soll durch „Vorlesen" oder „Vor-sich-hin-Lesen" nicht etwa „übertönt" werden, sondern Immermann findet eben hier zu einem neuen Modus der Literaturvermittlung, zu einer modernen Variante, die nicht nur das Auge und den Geist fordert, sondern das wichtigste Sinnesorgan des Menschen, nämlich das Ohr, in den Vordergrund stellt.

Zur Faschingszeit im Jahre 1840 wurde in Düsseldorf eine Mustervorstellung des Shakespeare-Stückes „Was ihr wollt" aufgeführt. Tiecks Plänen folgend hatte man eine Shakespeare-Bühne eingerichtet, wobei die traditionelle Barockbühnenstruktur so ausfiel, daß ihr vorderer Teil reliefartig ausgebaut bis an die Grenze des Zuschauerraums reichte. Nach Immermann führte dies zu einem gesteigerten Präsenzgefühl auf Seiten der Zuschauer wie auch unter den Schauspielern: „Die geringe Tiefe bewirkte, daß die Handlung sich nie vor den Zuschauern zurückzog, sondern mit deren Gemüt und Geist in unmittelbarem Kontakt blieb." Desweiteren ließ er die Bühnenwand mit Holzpaneelen verkleiden, was zur Steigerung der Raumakustik beitrug: „Seitenwände, die die Szene abschließen. Von Holz, damit der Schall besser resoniert." Die Erweiterung der Bühne in Längsrichtung mit einer gleichzeitig einhergehenden Stauchung der Bühnentiefe führte zu einem optischen wie akustischen Panoramaeffekt, der insbesondere auch zur Realisierung bedeutsamer Arrangements von Horche- und Lauscheszenen in Stücken wie „Was ihr wollt" beitrug. Auf diese Weise konnte dem deutschen Publikum eine neue Dimension Shakespear'scher Authentizität und bühnenwirksamer Plastizität erschlossen werden.

„Frei will ich sein im Denken und im Dichten", in einem Handlungsraum jenseits der Einschränkungen der Welt. Das Ohr, ein zwischen Geist und Außenwelt angesiedelter Raum höchster Intimität und Intensität, der diese Freiheit ermöglichte, gestattete es Immermann, die Grenzen von Asyl und Bühne zu sprengen: Er verlegte den literarischen Diskurs der „vereinsamten Literatur" mit dem „verlorenen Publikum" auf eine neue Ebene, die sich nun im Zentrum des Humanen befand. Mit Immermann beginnt eine neue Epoche humaner Literatur, ein „Auraldiskurs", dessen Hintergründe, Auswirkungen und Konsequenzen bislang noch kaum gewürdigt worden sind.[33] Dreh- und Angelpunkt Immer-

---

[31] Werke IV, S. 625.
[32] Werke II, S. 512.
[33] Die hohe Verehrung Immermanns für Tieck geht aus einem seiner Briefe hervor, den er am 20. April 1839 an den Meister richtete, kurz nachdem er die letzte Zeile für seinen „Münchhausen" niedergeschrieben hatte: "[...] zu Ihrem Schüler bekenne ich mich gern, freudig und öffentlich. Sie haben unter uns Deutschen einen ganz neuen Scherz erfunden. Sie haben der Natur für manchen ihrer geheimsten magischen Töne die Zunge gelöset, viele Beobachtungen und Erfahrungen haben Sie mitgeteilt, die vor Ihnen niemand gemacht hatte. Alles nun, was in mich von Ironie, Spott, Laune gelegt worden war, ein tiefes

manns literarischer Beobachtungen und Wahrnehmungen bilden die Ängste seiner Zeit, hervorgerufen durch die schmerzlichen Nachwehen im Gefolge von Säkularisation, Reichszerfall und Restauration. „Jeder ist von einem unbekannten Etwas überschattet, welches die Seelen erhebt und gänzlich beschäftigt."[34] So charakterisiert er die Geschäftigkeit eines „verlorenen Publikums", das nur auf seine eigene begrenzte Existenz fixiert ist. „Alle haben eine große Aufgabe in sich zu verarbeiten, keiner ist müßig."[35]

Immermanns Doppelberuf als Landgerichtsrat und Bühnenregisseur gewährte ihm profunde Einblicke in die Sorgen und Nöte des einfachen Volkes wie auch in die um sich greifenden Existenzängste der Kulturelite seiner Zeit. Gleichzeitig setzte ihm seine eigene Sensibilität zu. „Alles war damals verdeckt", klagte er und konnte sich des Gefühls nicht erwehren, einen aussichtslosen Kampf gegen verhüllende Schleier führen zu müssen: Hier als „Vorhänge des Krankenbettes" oder auch als „Siegel der Beichte", und dort schließlich als „Scham der sich selbst zerwühlenden Brust"[36]. Doch seine hohe Sensibilität und seine außerordentliche Beobachtungsgabe ließen ihn erahnen, daß sich hinter den Schleierbarrieren zweifelsohne die wahre Natur des Menschen und seiner Zeit verbergen müsse.

Literatur als Gedächtnisspeicher des Flüchtigen – Von der Autorschaft zur Herausgeberschaft

Immermann faßte seine Beobachtungen zusammen: „Jeder Mensch ist in Haus und Hof, bei Frau und Kindern, am Busen der Geliebten, hinter dem Geschäfttische und im Studierstübchen eine historische Natur geworden, deren Begebenheiten, wenn wir nur das Ahnungsvermögen dafür besitzen, uns anziehen und fesseln müssen."[37] Allerdings will es nicht gelingen, diese Botschaft mit herkömmlichen literarischen Mitteln zum Publikum zu transportieren. Denn sowohl die Zeit als auch das Publikum scheinen in einem Zustand der Verschleierung vor sich hin zu dämmern, der sich auf die dramatischen Umwälzungen während der ersten Jahrzehnte des 19. Jahrhunderts einstellte. „Mein Sinn, in welchem

---

Bedürfnis, welches mich von meiner Kindheit her oft froh machte, oft auch ängstigte, die Signatur der stummen Dinge zu erkennen, endlich mein Verlangen, mich über das eigenste Wesen der Dichter und der Bühne aufzuklären - alles das fand wie häufig! bei Ihnen Lehre, Beispiel, Führung. Ich verehre Sie als einen meiner Meister und in meinen guten Stunden wage ich mir zu sagen, daß Ihnen der Schüler keine Schande mache." (Münchhausen, S. 636)

[34] Werke II, S. 511.
[35] Werke II, S. 511.
[36] Werke II, S. 503.
[37] Werke II, S. 509.

etwas Dichterisches sich nicht austilgen lassen will, neigt sich mit Wehmut und Trauer dem Verfallenden zu, denn die Musen sind Töchter der Erinnerung; aber eine Tatsache läßt sich nicht ableugnen, nicht verschweigen. "[38] heißt es in den Epigonen. Doch wie soll die Literatur ihrem Auftrage gerecht werden, Erinnerungen zu sammeln sie in gedruckter Form weiterzugeben, wenn gleichzeitig die Natur verschreckt zurückweicht, sich an solche Erinnerungen klammert und diese nicht preiszugeben bereit ist? „Die Geretteten bewahren ihre Erinnerungen zu heilsamer Scheue vor dem Ungeheuren, welche unser Dasein umlagern, aber sie reden nicht davon, sie entziehen sich der Mitteilung über diese Gemüths- und Geistesnächte, wenigstens gegen mich."[39] So bleibt Immermann keine Alternative, als behutsam die leisesten Zeichen aufzufangen, die er als sensibler Künstler und Literat jenseits des verhüllenden Schleiers zu spüren vermag. Doch er sieht sich der immensen Aufgabe nicht länger gewachsen, im Alleingang und mit dem bewährten Instrumentarium des Literaten Phänomene und Seelenstimmungen der Zeit weiterhin in überkomme Formen zu gießen.

In seinem Schreiben vom 7. April 1837 äußert er sich gegenüber dem Dramatiker und Freund Friedrich Halm anerkennend über dessen ersten großen Bühnenerfolg „Griseldis", den Immermann als letztes Stück in Düsseldorf zur Aufführung brachte. Als beachtenswertes Kriterium stellte er die innere Struktur von „Griseldis" in den Vordergrund, und lobte die Elemente, vermittels derer das Bürgerlich-Psychologische in einer der Bühne adäquaten Sprache vermittelt werden konnte. Gleichzeitig wies er auf die Unsinnigkeit hin, historisch-politische Dramen und epische Inszenierungen, die er als reines Schattentheater abtat, weiter aufführen zu wollen.

> Ich glaube nämlich nicht, daß das historisch-politische Drama – welches doch allein von jenen Potenzen bedroht wird – unsre Sphäre ist, noch je werden kann, und ich zweifle deshalb daran, weil wir kein politisches Volk sind, noch die Anlage in uns haben, eins zu werden. Wie soll man denen, die sich in alles öffentliche Unglück, in jeden Regierungswechsel gleichmüthig zu finden wußten, oder ihren Söhnen und Töchtern, vernünftigerweise zumuthen, daß sie der hinter den Lampen nachgeahmte Sturz der Reiche, der Streit um Krone und Zepter, Glanz und Trauer der Feldherrn und Staatsmänner entzünden und begeisten müße?[40]

Angesichts des allgemeinen Ohnmachtsgefühl – seine eigene Person nicht ausgenommen – läßt er eine virtuelle Arztgestalt auftreten, die literarische und medizinische Kompetenzen in sich vereint. Bei dieser konstruierten Figur handelt es sich um einen Medicus, der „in jener Zeit den Leidenden nahe" war, jedoch mit naturwissenschaftlicher Akribie die fehlenden Bruchstücke über das Leid der Menschheit konsequent zusammenträgt und bei ihm zu einem Rapport über das Verborgene antritt, wodurch der Dichter in die Lage versetzt wird,

---

[38] Werke II, S. 509.
[39] Werke II, S. 503.
[40] Briefe II, S. 696.

Zusammenhänge zu analysieren und das zu rekonstruieren, was ihm ohne fremde Hilfe „zu entziffern nicht gelingen"[41] wollte. Es sei müßig, gibt Immermann zu verstehen, den „Geist der Welt- und Zeitgeschichte" in den Biographien „großer Männer"[42] zu suchen. Solche Zeiten seien endgültig passé. Der Arzt dient ihm als ein wichtiges Medium zur Bewältigung der schwierigen Aufgabe, sich die „Verlautbarungen"[43] erkrankter Zeitgenossen zutragen zu lassen. So beginnt Immermann, sich auf das „Hineinhorchen" und „Hören" zu konzentrieren, sich mehr und mehr einem oralen Diskurs zuzuwenden. Als Literat und Regisseur ist ihm jedoch sehr wohl bewußt, daß es nunmehr gilt, seine Zeitgenossen, das „verloren gegangene Publikum", durch einen wohldosierten Einsatz von Bild- wie auch Schriftmedien auf den sensiblen „auralen" Diskurs mit den „Schattenbildern" der höchst verunsicherten Gegenwart vorzubereiten. „Ein sonderbarer Zufall"[44], wie Immermann an Tieck schrieb, kam ihm hierbei zustatten.

Ästhetik der innerlichen Offenbarung – Symbiose von Historien- und Genremalerei

Immermanns Kollege Karl Schnaase, im Hauptberuf Prokurator (leitender Staatsanwalt) am Düsseldorfer Landgericht, wurde wie Immermann selbst von wiederholten Zweifeln an der eigenen juristischen Berufung gequält. Schnaase zeichnete sich durch einen außerordentlich hoch entwickelten Kunstsinn aus, der die beiden Kunstfreunde schließlich zueinander finden ließ. Gemeinsam mit Schnaase eröffnete sich Immermann der Zugang zum innersten Kern der Düsseldorfer Malerschule. In einer Rede „Über die Richtung der Malerei unserer Zeit" bezieht Schnaase eine kritische Position gegenüber der Hierarchie der Kunstgattungen. Er fordert eine Symbiose von Historien- und Genremalerei, die ja bekanntlich die Domäne der Düsseldorfer Malerschule darstellte. „Die Mitte zwischen dem Ideal und der gemeinen Wirklichkeit, muß auch die Mitte des Kunstgebietes seyn."[45] Mit diesem Diktum hatte Schnaase Immermann aus der Seele gesprochen: Setzte Immermann doch das von Schnaase ins Feld geführte

---

[41] Werke II, S. 503.
[42] Werke II, S. 508.
[43] Werke II, S. 511.
[44] Briefe I, Nr. 462, S. 998-1003, hier S. 1000.
[45] Karl Schnaase: Ueber die Richtung der Malerei unserer Zeit. Vorgetragen in der General-Versammlung des Kunstvereins für die Rheinlande und Westphalen 1831, in: Kunstblatt 12, 1831, Nr. 82-85, S. 334. Hier zitiert nach Henrik Karge: "Denn die Kunst ist selbst nichts Absolutes...". Karl Immermann, Karl Schnaase und die Theorie der Düsseldorfer Malerschule, in: Peter Hasubek (Hg.): Epigonentum und Originalität. Immermann und seine Zeit – Immermann und die Folgen. Frankfurt am Main 1997, S. 136.

"rein Menschliche" gleich mit seiner eigenen Vision über ein „Seelengemälde", das er auch häufig als „Sittengemälde" apostrophierte.

Wie der Verfasser der vorliegenden Zeilen bereits vor Jahren in „Theorie und Praxis des literarischen Theaters bei Karl Leberecht Immermann in Düsseldorf 1834-1837" ausführte, wurde zu Immermanns Zeit der Terminus „Gemälde" als ein beliebtes Charakteristikum zur Beschreibung bürgerlicher Dramen angesehen.[46] Für Immermann war das Gemälde ein Medium, das ihm erlaubte, die „Familiensphäre" mit der „allgemeinmenschlichen"[47] gleichzusetzen und so aus der Perspektive des bürgerlichen Milieus zur „Innerlichkeit"[48] überzuleiten. Dies geht nicht zuletzt aus den Zeilen eines seiner Schreiben an Halm hervor: „Auch Ihre Griseldis gehört ganz der allgemeinmenschlichen u. der Familiensphäre an, und deßhalb ist sie so rasch ein der Nation gemäßes, ihr verwandtes Erzeugniß geworden."[49] Das „Seelengemälde" als aktuelles Spiegelbild eines Diskurses der Verinnerlichung diente seinerzeit als balancierender Gegenpol zum überreizten Geschmack, der sich am stark überzeichneten Bühnenstück von der Art eines Intrigenstückes oder Lustspiels delektierte. So sieht Immermann in der Förderung des „Innerlichkeit" vermittelnden „Seelengemäldes" die Aufgabe des modernen Dramas:

> Das deutsche Leben ist für das moderne Drama gar nicht so arm an Stoff, wie man es hat machen wollen, eben die Isolirung des Deutschen schafft noch mehr eigenartige Charaktere und Situationen an, als dies vielleicht bei andern Nationen der Fall ist, nur hält sich Alles bei uns mehr in einer mit Ernst gemischten Mitte, und die Innerlichkeit bleibt ein entscheidendes Kennzeichen deutscher Naturen, deshalb werden die Productionen dieser modernen Sphäre immer mehr bei uns auf Seelengemälde hinauslaufen und das Intriguenstück oder das starkgezeichnete Lustspiel wird uns stets ferner stehen."[50]

Die kleinformatige Ateliermalerei der Düsseldorfer Malerschule bedeutet ihm daher weit mehr als ein simples Genre schlichter Ölmalerei in kleinen Rähmchen. „In dem ruhigen, [...] unschuldigen Auffassen einfacher deutscher Motive" erblickt er etwas „sehr Anmuthendes"[51], er sammelt und archiviert diese Bilder wie biographisch-mikrokosmische Szenenpräparate, die er gleichsam auf transparenten Objektträgern arrangiert und konserviert. Für das Studium des zeitgenössischen deutschen Lebens, das er als eine Art Collage und gleichzeitig auch als „modernes Drama" auffaßt, bedarf es eines völlig neuartigen Betrachtungsapparates. In dem Maße, in dem just zu Beginn der dreißiger Jahre des 19. Jahrhun-

---

[46] Soichiro Itoda: Theorie und Praxis des literarischen Theaters bei Karl Leberecht Immermann in Düsseldorf 1834-1837. Heidelberg 1990, S. 145 ff.
[47] Briefe Bd. 2, Nr. 875, S. 694-699, hier S. 696.
[48] Briefe Bd. 2, Nr. 940, S. 815-817, hier S. 817.
[49] Briefe Bd. 2, Nr. 875, S. 694-699, hier S. 696.
[50] Briefe Bd. 2, Nr. 940, S. 815-817, hier S. 817.
[51] Briefe Bd. 2, Nr. 940, S. 815-817, hier S. 817.

derts das Mikroskop der Naturwissenschaftler durch verfeinerte Achromatisierungsverfahren eine nie erreichte Verringerung der Abbildungsfehler erzielte, gelang es Immermann die einzelnen Schichten der Tiefenstruktur der deutschen Schattenseelen freizulegen. Die virtuellen Zwischenlinsen, Kondensoren, Kollektoren und Prismen zu Immermanns speziellen gesellschaftlichen Mikroanalyse bilden einen Teil seines intellektuellen Instrumentariums und sind daher nicht nur im Spannungsfeld zwischen Bühne, Literatur und Malerei anzutreffen.

Hinter Immermanns Feststellung: „Nie sind die Individuen bedeutender gewesen, als gerade in unsern Tagen, auch der Letzte fühlt das Flußbett seines Innern von großen Einflüssen gespeist"[52], wird seine Haltung deutlich, auch dem Geringsten unter allen Individuen eine persönliche „historische Natur" zu attestieren. Anhand des Gleichnisses vom „Flußbett" des „Innern" weist er darauf hin, daß eine Geschichtsschreibung, die sich von humanen Perspektiven leiten ließe, keine Koryphäen der Historie oder soziale Errungenschaften als Mittel- und Bezugspunkte wählen könne, sondern sich auf das Schicksal und die Geistesverfassung des kleinen Mannes auf der Straße konzentrieren müsse, auf den Lebenskampf des unscheinbaren Individuums, das im Strome der Zeit schwimmt oder fortgerissen wird und dabei selbst einen Teil dieses gewaltigen Stromes ausmacht. Die scheinbare Aufhebung von Raum und Zeit trägt dazu bei, dem Flußbett einen eigenartigen Charakter ständig fließender Epigonalität zu verleihen. Vor diesem Hintergrund erscheinen Immermanns Epigonen-Studien im Lichte der konsequenten Fortführung seiner humanistisch-kritischen Auseinandersetzung mit der Zentrumslosigkeit der damaligen Zeit.

Herzenspfade einer pathologischen Goethe-Verehrung

Immermanns Epigonen-Begriff, dessen wahre Bedeutung lange ein gleichsam schattenhaftes Dasein im Verborgenen fristete, erfuhr erst in jüngster Zeit eine vollkommene Rehabilitation:

> Der Urheber des modernen Epigonenbegriffs beschreibt meisterhaft den Zustand und die Gefühle von Überlebenden, nachdem ihnen ihr intellektueller Mittelpunkt entzogen worden war, erfaßt zugleich die komischen Züge einer Heroenverehrung und die Äußerungen echter Anhänglichkeit an einen der Großen unserer Literaturgeschichte. Ich kenne keine vergleichbare Beschreibung einer posthumen Situation, es sei denn die Berichte über verstorbene Religionsgründer, auf die Immermann auch mehrfach bewußt anspielt.[53]

Hier zeigt sich Immermanns analytischer Sinn, der auch die geistige Elite seiner Zeit nicht von epigonalen Strömungen, allerdings subtilerer Art, freizusprechen

---

[52] Werke II, S. 509.
[53] Manfred Windfuhr: „Auf Tod und Leben". Immermanns Verhältnis zu Goethe, in: Immermann-Jahrbuch, Bd.1, 2000, S. 105.

geneigt ist. Die Schar der Goetheaner, treibt, nachdem „ihnen ihr intellektueller Mittelpunkt entzogen" wurde, als kleines Häuflein verstörter Glaubensbrüder und -schwestern haltlos und all ihrer Konzepte beraubt durch die Wirrnisse des Alltagslebens. Bettina von Arnim erscheint bei Immermann als Verkörperung des Epigonalen schlechthin, jedoch nicht, weil sich ihre offensichtliche Exzentrik als gefälliges Beispiel für eine literarische Zurschaustellung eignete. Immermann geht mit einer genialen Kombination von medizinischer Anamnese einerseits und philologischer Methodik andererseits zu Werke: Unter seinen Händen entsteht eine intertextuale Symptom-Analyse, die dem Publikum einen epigonalen Protopypen vor Augen führt, der in „Bettinen" alle wesentlichen Merkmale in sich vereint.

In den Tagebüchern führt Immermann dem Leser die verschiedenen Auffassungen literarischer Funktionsmechanismen vor Augen, indem er seinen eigenen Standpunkt gegen den seiner Kritiker ins Feld führt. Selbst der ihm später wohlgesonnene Gutzkow, so Immermann, „hielt dafür, daß eine Umbildung oder vielmehr Belebung der zartesten Nerven des socialen Organismus von großen Dichterwerken ausgehen müsse. Die Phantasie, das Gefühl des Menschen müsse durch zeitgemäße Bilder und Töne erst aus dem Schlummer erweckt werden, dann werde von selbst eine Erweichung der in Stockung geratenen Organe folgen."[54] Gutzkow war offensichtlich der Ansicht, in Schriften wie „Goethes Briefwechsel mit einem Kinde" müsse sich zwingend die Dynamik eines „großen Dichterwerkes" widerspiegeln, und es sei ausgeschlossen, diesen Prozess in umgekehrter Richtung ablaufen zu lassen.

Immermann selbst war dagegen eher geneigt, Literatur als ein Medium der Manifestierung zu betrachten, dessen Funktion darin besteht, oszillierende Zustandsformen in historiographisch nachvollziehbaren Spuren zu bewahren:

> „Die Literatur und Poesie erzeugt die Zustände nicht, sondern sie geht aus denselben hervor. Nicht Werther rief die Sentimentalität hervor, er gab ihr nur Gestalt. In diesem Sinne betrachte ich daher Bettinen und ihr ähnliche Erscheinungen als Eruptionen des sich heftig anmeldenden Bedürfnisses. Die Kreatur lechzet nach Erlösung aus den Banden der Starrheit und Kälte und ihr Schrei ist nicht melodischer Kunstgesang, sondern eben – ein Schrei."[55]

Im „Münchhausen" greift Immermann zu einem besonderen Stilmittel, mit dem sich die Absurdität historisch-pathologischer Zeiterscheinungen vermittels eines Kunstgriffes, nämlich durch die Darstellung der Realität auf einer Ebene scheinbar erfundener Schwindler- und Lügengeschichten, verzerrend auf die Spitze treiben läßt. Diese Verfahrensweise wird konsequent, unter Einbeziehung eines wundersamen Nummerierungssystems der einzelnen Kapitel, durchgeführt – vermutlich in der Absicht, dem Publikum einen auf konventionelle Art kaum

---

[54] Tagebücher, S. 704.
[55] Tagebücher, S. 704.

noch vermittelbaren Stoff schmackhaft zu machen und gleichzeitig durch geschickte Manipulation, die das ohnehin Absurde wiederum ad absurdum führt, eine Ent-Spiegelung der verzerrten Situation zu bewirken, wodurch dem Leser ein „virtueller" Ausweg aus dem Dilemma der Zeiten gewiesen wird.

Der „Schrei" nach „Erlösung" ist das neue Element, mit dem sich Immermann konfrontiert sieht. Literarische Helden „schreien" nicht, und auch das Publikum wünscht sich keine Romane, aus denen es ständig hervorschreit. Daher Immermanns parodierende, persiflierende, karikierende Techniken und Kunstgriffe – um den Aufschrei der Kreatur so erträglich und verdaulich wie möglich zu präsentieren. Immermann geht konsequent zu Werke, getrieben von der Erkenntnis, daß in einer Epoche der sozialen Umbrüche und Umwälzungen Darstellungen individueller Schicksale, aus denen sich feine Fäden von der Gegenwart hinüber in die Vergangenheit wie auch in die Zukunft spinnen lassen, nicht länger im Bereich des Möglichen angesiedelt sind.

Der analytische Blick auf die Welt der kleinsten Teilchen und Phänomene

Vielen seiner Zeitgenossen eilte Immermann in eben dieser Sichtweise voraus, die sich weitgehend losgelöst von der Gedächtnismatrix eines Rousseau oder Goethe bewegte. Vor diesem Hintergrund sind die übertriebenen stilistischen Kapriolen in seinem „Münchhausen", mit denen er sich irritierend und beschwichtigend zugleich an ein imaginäres Publikum wandte, zu interpretieren. Immermanns Erkenntnis, „das Leben" selbst sei nur noch in „Studien" zu erfassen, und zwar in „Studien [...], in denen niemand über den Schüler hinauskommt", gipfelt in dem Hinweis, die selbst erlebte Gegenwart sei aus der Sicht eines einzelnen Betrachters weder objektiv darstellbar, noch von einem Publikum in ihrer ganzen Fülle zu rezipieren. Immermann ist hier an einem Punkte angelangt, an dem es ihm unmöglich wird, Rousseaus Auffassung zu folgen, wonach die auf große Individuen fokussierte autobiographische Erzählform eine Möglichkeit berge, die Wahrheit des Vergangenen wiederzuerlangen und zu vertiefen.

Daß „die affektive Erinnerung in der gegenwärtigen Empfindung" vergangene Erfahrung zu erneuern vermöge, erscheint Immermann in seiner Zeit als unmögliches Unterfangen. Die autobiographische Vernetzung zwischen dem alten und dem neuen Ich ist zum sinnlosen Diskurs einer vergangenen Moderne geworden. Als Landgerichtsrat und Regisseur wie auch als Schriftsteller treibt ihn der Zwang, die Umwelt zunächst und vor allem diagnostizierend zu erfassen – wie eben der Mediziner, den er sich in seinem Werk konsequent zur Seite stellt. Immermann sieht sich als Beobachter und Tröster der Leidenden. In dieser Rolle bewegt er sich in der rauhen Wirklichkeit, die weit entfernt von aller Leichtigkeit Rousseau'scher Ansprüche ihre eigene Dynamik entfaltet. „Ich habe nur einen treuen Freund, auf den ich zählen kann", hatte Rousseau verkündet, „das ist die Kette der Gefühle, die die Entwicklung meines Seins begleitet haben, und durch sie die der Ereignisse, die ihre Ursache oder Wirkung gewesen sind."[56] Ein solches „Ketten-Medium" lag für Immermann bereits außerhalb jeder sinnlichen erfahrbaren Reichweite. Ihm stand vielmehr klar vor seinem inneren Auge, daß er als Epigone seiner selbst handelte und weiter handeln mußte. In diesem Sinne strebte Immermann auch keine Autorenschaft an, sondern es sollte eine „epigonale" Herausgeberschaft sein, die ihn zu seiner literarischen Produktion animierte.

Die Verheißungen der Moderne, die den lang erwarteten Brückenschlag zwischen gestern, heute und morgen in Aussicht stellten, hatten sich zu Immermanns Zeiten in Nebel aufgelöst. Ein durch sein Schicksal verunsichertes Publikum suchte sein Heil in der Flucht, die es in die verwundbare Sphäre des innersten Selbst trieb. Im Reisejournal spricht Immermann von einem „Asyl", das ihm Schutz vor dem „Widerwärtigen" gewähren möge, vor den Krankheitserscheinungen der Zeit. Ein Asyl, das ihm andererseits jedoch auch einen persönlichen Raum zur Verfügung stellt, der ihm sowohl als Refugium wie auch als Laboratorium dienlich sein kann.

Goethe legte in seiner autobiographischen Schrift großen Nachdruck auf die „ungeheuren Bewegungen" des „Weltlaufs", die einen entscheidenden „Einfluß" auf die individuelle Persönlichkeitsbildung auszuüben imstande sind.[57] Für ihn stellt sich die „geschichtliche wie die gesellschaftliche Welt nurmehr als ‚Stoff‘ oder ‚Vorrat‘ für die ‚Bildung‘ der einzigartigen Persönlichkeit"[58] dar. „Mein Leben erscheint mir nicht wichtig genug, um es mit allen seinen Einzelheiten auf den Markt zu bringen", bekennt Immermann dagegen in seinen „Memorabilien". Er habe nicht „lang genug gelebt", um sich „den rechten Überblick zutrauen zu dürfen"[59], heißt es weiter. Immermann geht es nicht darum, eine Selektion unter dem Schönen und Guten zu treffen, sondern er stellt ganz sachlich fest: „Ich werde vielmehr nur erzählen, wo die Geschichte ihren Durchzug durch mich hielt. Da aber werde ich auch Kleines und anscheinend Geringfügiges nicht verschmähen."[60] Seine Augenmerk richtet sich nicht auf große „Häupter"

---

[56] Jean-Jacques Rousseau: Die Bekenntnisse des Jean-Jacques Rousseau. Nach dem Text der Genfer Handschrift übertragen von Alfred Semerau. Berlin 1920, S. 269.
[57] Johann Wolfgang von Goethe: Dichtung und Wahrheit, in: Goethes Werke, Bd. 9, hg. von Erich Trunz. München 1974, S. 9.
[58] Hans Robert Jauss: Götterprädikate als Identitätsvorgaben in der Augustinischen Tradition der Autobiographie, in: Odo Marquard u. Karlheinz Stierle (Hg.): Identität. Poetik und Hermeneutik, Arbeitsergebnisse einer Forschungsgruppe VII, München 1979, S. 716. Jauss bezieht sich hier auf die folgende Textstelle bei Goethe: Dichtung und Wahrheit, Kap. XVI „Glückliche Kinder und Jünglinge [...] sehen die Welt als einen Stoff an, den sie bilden, als einen Vorrat, dessen sie sich bemächtigen sollen. Alles gehört ihnen an, ihrem Willen scheint alles durchdringlich."
[59] Werke IV, S. 374.
[60] Werke IV, S. 374.

oder „Herzen", die ihren Einfluß auf das Weltgeschehen ausüben. Vielmehr kommt es ihm darauf an, seinen Blick auf den Kosmos der „Elemente" und „Infinitesimalteilchen" zu richten, deren ständig wechselnde Interaktion sich zum „Leib" des Weltgeschehens manifestiert.

Man mag versucht sein, bei Immermann gewisse „postmoderne" Tendenzen erkennen zu wollen. Dies kann allerdings nicht darüber hinwegtäuschen, daß uns in Immermanns Schriften das Vermächtnis des ersten „großen und bewußten" Epigonen des deutschsprachigen Raumes überliefert ist.

JÜRGEN LEHMANN

Polyphone Historiographie

Zur Entwicklung der Autobiographie im 19. Jahrhundert
am Beispiel von Immermanns „Memorabilien"

Aber der Weltgeist stimmt keinen trockenen Ton an, er schlägt zur gleichen Zeit alle Töne an, von dem Brummbaß der Kanonen bis zum Diskant der Pickelflöten hinauf, er stellt in demselben Salon Schlachtstücke und Farcen aus, er ist der moderne Tragiker, der auch in den ernstesten Katastrophen dem Gracioso seine Mission erteilt.

Ein Mann, der im Begriff ist, de bonne foi an seinen Schreibtisch zu treten, setzt sich weiter gar nichts vor, als die Feder gerade so zu schneiden, daß sie den Ton ungefähr treffen kann, den der Weltgeist bei der und der Passage einschlug.[1]

Die zitierten Sätze entstammen der „Jugend vor fünfundzwanzig Jahren", dem ersten Teil von Karl Immermanns „Memorabilien". Mit ihr legitimiert der autobiographische Erzähler den Wechsel von einem eher historiographisch orientierten zu einem (scheinbar) offenen, durch Sternes „Tristram Shandy" geprägten Erzählen, einen Wechsel der Schreibfedern, in dessen Rahmen und Verlauf dem strengen, von Normierungen und anderen Einschränkungen geprägten Vaterhaus die durch Kunstorientiertheit, Ausgelassenheit, Offenheit und Lebenslust bestimmte Welt des Oheims Yorick gegenübergestellt wird. Die zitierte Passage über die Vielfalt der Töne ist Bestandteil eines ganzen Komplexes von selbstreflexiven Aussagen. In deren Rahmen wird zum einen, beginnend mit der Beschreibung der Erzählsituation am Anfang der „Memorabilien", das Erzählen der Lebensgeschichte als mündlicher kommunikativer Akt angekündigt:

Die Gegenwart will Stoffes aller Art habhaft werden; gleich dem Araber sitzt sie bei Sternenschein unterm Zelte und begehrt Erzählung auf Erzählung. Möchte denn in der Tausendundeinen Nacht der „Bezüge, Zustände und Erinnerungen" auch meinem Geschichts- und Sittenmärchen hier und da jemand zuhorchen![2]

Dabei wird in auffälliger Weise der Aspekt des Akustischen, der Stimme, des Tons betont; nicht selten wird das sprachliche Kunstwerk mit auf Musik bezogener Terminologie charakterisiert, so wenn zum Beispiel der schwarze Domino in den „Düsseldorfer Anfängen", dem zweiten Teil der „Memorabilien", seine Dramenlesungen mit einem Spiel auf dem Flügel, die Dramenaufführungen selbst mit einer „vollständigen Instrumentalmusik" vergleicht oder den im gleichen Teil vorgestellten Bänkelsang mit dem akustische Mehrschichtigkeit bezeichnenden Begriff des Imbroglio charakterisiert. Zum anderen wird dabei verdeutlicht, daß ein solches historisches Erzählen die Ambivalenz seiner Ge-

---

[1] Karl Immermann, Memorabilien, in: Werke IV, S. 455.
[2] Werke IV, S. 357.

genstände besonders akzentuiert, das gleichzeitige bzw. gleichgewichtige Erscheinen des Verschiedenen, ja Gegensätzlichen besonders berücksichtigt. Diese selbstreflexiven Aussagen sowie die dabei verwendete Terminologie verweisen auf eine Polyphonie, die als Bestandteil autobiographischer Texte im frühen 19. Jahrhundert öfter anzutreffen ist, deren Ausmaß und Differenziertheit der Immermannschen Autobiographie gattungsgeschichtlich aber einen besonderen Stellenwert zuweist. Das liegt u. a. daran, daß alle drei Teile der „Memorabilien" – wenn auch unterschiedlich im Ausmaß – verschiedenen Gattungen verpflichtet, vor allem aber in ganz spezifischer Weise dialogisch strukturiert sind; in bezug auf die „Düsseldorfer Anfänge" hat Peter Hasubek erst kürzlich die Spezifik und Dominanz des Gesprächs überzeugend herausgearbeitet.[3] Die narrative Struktur wird in allen Teilen der „Memorabilien" dialogisch aufgebrochen, was dieser Autobiographie eine ungewöhnlich differenzierte und abwechslungsreiche Struktur verleiht. Darüber hinaus ist der Text aber geprägt durch eine stilistische beziehungsweise strukturelle Polyphonie, die man mit Michail Bachtin als „innere Dialogizität" bezeichnen kann. Unter „innerer Dialogizität" versteht Bachtin in seinem Dostoevskij-Buch die Interferenz verschiedener Sprechweisen in einer Äußerung und – bezogen auf den literarischen Text – die Konstruktion eines „individuellen, disharmonischen Gesangs".[4] Das Besondere an einer solchen Konstruktion besteht darin, daß die sie bestimmenden Reden sowohl auf den Gegenstand als auch auf die Reden anderer über diesen Gegenstand bezogen sind. Markiert wird dies unter anderem in der Weise, daß die Rede des Autors als Reaktion auf früheres Sprechen oder als Erwartung einer zukünftigen Rede in Form von Einwänden, Widersprüchen, Antizipationen etc. gestaltet wird. Mit anderen Worten, eine solche innere Dialogizität ist geprägt durch mehrere Redeinstanzen, die einander ergänzen, widersprechen, sich gegenseitig relativieren. In enger Beziehung zu dieser Art von Mehr- oder Vielstimmigkeit stehen die Bachtinschen Begriffe des Karnevals und der Karnevalisierung. Mit ihm verbindet Bachtin sowohl Lebensformen als auch literarische Verfahren, in deren Rahmen das Infragestellen von Normierungen und Hierarchien, die Relativierung von Ausschließlichkeitsansprüchen sowie das Akzentuieren von Ambivalenzen, hier verstanden als das gleichzeitige bzw. gleichgewichtige Erscheinen gegensätzlicher Bereiche, von besonderer Relevanz sind.[5]

---

[3] Peter Hasubek: Autobiographie oder zeitgeschichtliche Studien? Zur Kunstform von Immermanns Schrift „Düsseldorfer Anfänge. Maskengespräche" (1840), in: Immermann-Jahrbuch 1, 2000, S. 83-102.

[4] Michail M. Bachtin: Voprosy literatury i estetiki [Fragen der Literatur und Ästhetik]. Moskva 1975, S. 76.

[5] Vgl. dazu: Jürgen Lehmann: Ambivalenz und Dialogizität. Zur Theorie der Rede bei Michail Bachtin. In: Friedrich A. Kittler / Horst Turk (Hg.): Urszenen. Literaturwissenschaft als Diskursanalyse und Diskurskritik. Frankfurt a.M., S. 359ff.

Der Rückgriff auf Theoreme Bachtins erlaubt es, erstens den für die Autobiographik des 19. Jahrhunderts bereits mehrfach konstatierten Polyperspektivismus unter sprach- und erzähltheoretischen Aspekten neu zu bewerten und in diesem Zusammenhang komplexe, die Aspekte Ambivalenz, Indifferenz und Polyphonie akzentuierende Strukturen herauszuarbeiten.

Zweitens ermöglicht er es, die so strukturierte Autobiographie als Bestandteil einer gattungsgeschichtlich bedeutsamen Auseinandersetzung zu sehen, als Antwort auf einen entwicklungsgeschichtlich ausgerichteten, organologisch und teleologisch geprägten, strukturell nach Geschlossenheit strebenden, monologisch argumentierenden Autobiographietypus, der im späten 18. Jahrhundert entsteht und in Goethes „Dichtung und Wahrheit" seinen Höhepunkt erreicht.

Verschiedenheit im „Ton" demonstriert bereits unübersehbar die Makrostruktur der „Memorabilien". Ihre drei Teile „Die Jugend vor fünfundzwanzig Jahren" (einschließlich des „Avisbriefes"), „Düsseldorfer Anfänge. Maskengespräche" und „Grabbe. Erzählung, Charakteristik, Briefe. Bruchstücke dramaturgischer Erinnerungen" sind strukturell deutlich voneinander abgesetzt: Zu Beginn die am Märchen und an der Historiographie orientierte autobiographische Erzählung von Vergangenem, in der Mitte das gesellige, dialogische Gespräch, am Schluß die Biographie. Die Teile ihrerseits sind stilistisch und strukturell hochgradig ausdifferenziert, und zwar in mehrfacher Weise:

Erstens durch einen kalkulierten Wechsel von Stillagen, Redeinstanzen und Gattungen. Das betrifft im ersten Teil den Wechsel von Ernst und Heiterkeit, im zweiten den der Verteilung der Rede auf verschiedene Personen im Rahmen der Gespräche, im dritten den Wechsel von biographischer Rede des Autors Immermann und Grabbes Rede in Gestalt der zitierten Briefe.

Polyphon ist die Autobiographie zweitens im Rahmen ihrer intertextuellen Bezüge. Die „Memorabilien" sind eine hochgradig intertextuell strukturierte Autobiographie, die in vielfältiger Weise auf andere, und nicht nur literarische Texte antwortet bzw. reagiert: *Gattungsbezogen*, wie so oft bei Immermann, auf Goethe, dessen „Dichtung und Wahrheit" mehrfach Bezugspunkt gattungstheoretischer Reflexionen und Rechtfertigungen ist, erzählerisch bezogen u. a. auf Shakespeares „Hamlet" und Sternes „Tristram Shandy" im Kapitel „Der Oheim", wo die Gestalt des spaßigen und schrulligen Onkels Yorick vor dem Bild des Shakespearischen und des Sterneschen Narren sowie des Onkels Toby aus Sternes o.g. Roman konturiert wird, wo z. B. bei der Charakterisierung bestimmter Steckenpferde das eigene Sprechen bzw. Schreiben des Autobiographen Immermann mit Elementen Sternescher Rede verschmilzt bzw. interferiert und schließlich historiographisch auf Hegels Geschichtsphilosophie.

Drittens sind die „Memorabilien" polyphon durch ihre innere Dialogizität, also durch das Ausgerichtetsein auf potentielle Dialogpartner. Diese stilistische Besonderheit findet sich im gesamten Text der „Memorabilien", gerade auch in den Teilen, die äußerlich am wenigsten dialogisch erscheinen, nämlich in den sogenannten „Zwischenbemerkungen" zu Familie, Staat, Literatur, Presse etc. Diese sind durchsetzt mit Fragen, mit sprachlichen Vorbehalten, Antizipationen, Legimitierungen wie „ich erspare mir zu beweisen"[6], „Man wird lachen"[7], „die Geistreichen werden mich [...] bezichtigen"[8], „man wende nicht ein"[9] und andere mehr. Es ist ein dialogisiertes Sprechen insofern als es Reaktion auf vergangene und Antizipation erwarteter Rede zum gleichen Gegenstand ist, ein Sprechen, das den Anderen, das Gegenüber ständig im Blick hat. Vornehmlich dies erweist den autobiographischen Text als Bestandteil eines ihn umgreifenden gesellschaftlichen Diskurses, Grundlage und Voraussetzung einer polyphonen Historiographie, über die noch zu sprechen sein wird. Die innere Dialogizität solcher Passagen indiziert, daß es Immermann nicht allein um eine Darstellung vergangener Sachverhalte, um eine Darstellung des eigenen Lebens geht, sondern um die Art und Weise von deren sprachlicher Vergegenwärtigung im Rahmen kommunikativer Strukturen. Diese innere Dialogizität prägt auch die Gespräche der Dominos in den „Düsseldorfer Anfängen", was eine besonders komplexe dialogische Struktur ergibt. Die Maskengespräche sind dialogisch nicht nur durch die Bezogenheit auf den anwesenden Gesprächspartner, also den blauen, den roten, den grünen oder den schwarzen Domino, sondern vor allem dadurch, daß das Sprechen dieser einzelnen Dialogpartner auch ein nicht gegenwärtiges Sprechen, ein vergangenes oder zukünftiges Sprechen anderer über den zu behandelnden Gegenstand einschließt. Mit anderen Worten es fällt auf, daß die Dominos nicht allein über Sachverhalte diskutieren, sondern über deren sprachliche Artikulationen durch andere Redeinstanzen. So sagt der schwarze Domino im Kontext des Scheiterns der Düsseldorfer Bühne hinsichtlich des Verfalls der deutschen Bühne, daß er nicht das Elend der deutschen Bühne, sondern das Reden darüber als unleidlich empfinde, das was darüber „verbreitet und gedruckt worden ist".[10] Ähnliches gilt für einen anderen wichtigen Gesprächsgegenstand, nämlich die gesellschaftlich-politischen Veränderungen im Rheinland. Bei dieser spezifischen Dialogizität fällt auf, daß der Aspekt der „Mehrtonigkeit" eine besondere Berücksichtigung erfährt und zwar insofern, als nun auch die *Gegenstände* dieses Sprechens hochgradig polyphone Gebilde sind. Beispielhaft zeigt dies der dritte wichtige Themenkomplex der „Düsseldorfer Anfänge", die Literatur. Nicht zufällig beginnt die rechtfertigende Erzählung des schwarzen Dominos, also Immermanns, über die Tätigkeit als Dramaturg mit dem Hinweis auf die Erarbeitung einer vielstimmigen, die sprachliche Vielfalt des Dramas berücksichtigenden innovativen Inszenierung von Schillers „Wallenstein".

---

[6] Werke IV, S. 540.
[7] Werke IV, S. 415.
[8] Werke IV, S. 427.
[9] Werke IV, S. 427.
[10] Werke IV, S. 557.

„Ich ließ nämlich, wo es anging, und besonders in den enthusiastischen Szenen, an gewissen Gipfeln der Rede, von denen, die nicht auf der Bühne standen, Gesumme, Gelärm, Geschrei, Becherklingen machen, oder auch dann und wann eine halbe Strophe eines Schelmenliedes singen. [...] [Das zusätzliche Mittel, nämlich die Personen in Dialekten sprechen zu lassen und so, J.L.], die Illusion der buntesten Mannigfaltigkeit zu erzeugen, liegt so nahe, daß man nicht begreift, wie die Leute, die sich mit dem Theater beschäftigen, es haben außer acht lassen können, [...] Man zerstört also nicht den Sinn des Gedichts, man interpretiert vielmehr Schiller auf richtige Weise, wenn man statt des gangbaren reinen Deutsch ein Sprachmengfutter in diesem Stücke auftischt."[11]

Bei der Vorstellung eigener literarischer Werke werden karnevaleske Aspekte betont, vor allem die Verbindung des scheinbar Gegensätzlichen, z. B. die des Heiligen mit dem Lächerlichen, die von Satan und Heiliger Jungfrau im „Merlin", der darüber hinaus als „Tragödie des Widerspruchs" charakterisiert wird.[12] Und in der Rolle des Kritikers erweist sich der Autobiograph Immermann schließlich vor allem als Verteidiger des Aristophanes, und zwar eines polyphonen Aristophanes, der „die tausendstimmigen Konzerte von Athen", all das „was vereinzelt in allen [...] Tönen spottet, jubelt, schilt, klagt... zu einer schreckhaft-komischen Harmonie [versammelt]"[13]. Immermann präsentiert sich hier also im bewußt gewählten Rahmen des Karnevalsfestes als ein Künstler, der sich als Kritiker, Autor und Dramaturg durch eine besondere Affinität zum Polyphonen und Ambivalenten auszeichnet.

Die hierbei erkennbare Tendenz, das Widersprüchliche, ja Karnevaleske des eigenen Lebens zu akzentuieren, wird im abschließenden Teil der „Memorabilien", dem „Grabbe" verdeckt weitergeführt. Christian Dietrich Grabbe, Jurist, Künstler, Dramatiker wie Immermann, hatte diesen 1834 um Hilfe gebeten, eine Bitte, der Immermann auch entsprochen hatte. Jedoch war das Verhältnis beider nach kurzer Zeit so getrübt, daß Grabbe Düsseldorf im Mai 1836 in Richtung Detmold wieder verließ, wo er nach wenigen Monaten verstarb. Immermanns nur neun Monate nach Grabbes Tod geschriebene biographische Skizze ist somit auch als mehrstimmige Verbindung von Nekrolog, Dokumentation von biographischen Fakten (über die Briefe) und karnevalesk angelegter Charakterstudie zu verstehen. Der Teil „Grabbe" ist also Biographie in der Autobiographie, ein in der Autobiographik des 19. Jahrhunderts beliebter Kunstgriff, mit dessen Hilfe bestimmte, für den Autobiographen wichtige Lebensphasen gleichsam personalisiert werden.[14] Darüber hinaus kommt es nicht selten zu Stilisierungen, zur Verschmelzung von biographischer und autobiographischer Rede, in deren Rahmen die porträtierte Person zur Inkarnation grundlegender Eigenschaften des

---

[11] Werke IV, S. 555-556.
[12] Werke IV, S. 602.
[13] Werke IV, S. 609.
[14] Vgl. dazu: Gerhart v. Graevenitz: Geschichte aus dem Geist des Nekrologs. Zur Begründung der Biographie im 19. Jahrhundert. In: DVjS 54 (1980), H. 1, S. 105-170.

Autobiographen gestaltet wird. Beispiele dafür sind u. a. die umfängliche Schlosser-Biographie[15] in der Autobiographie von Georg Gottfried Gervinus, das differenzierte Vaterporträt in Fontanes „Meine Kinderjahre" oder die biographischen Passagen in den Autobiographien von Autoren wie von Leonhard, von Schubert, Funck. Solche Biographien sind für Autobiographen eine Möglichkeit der Spiegelung, der Selbstobjektivierung, des Sicherkennens im Anderen. Das gilt nun auch für Immermanns Grabbe-Nekrolog. Ausgehend vom Topos Lebensgipfel und Absturz charakterisiert er einerseits einfühlsam Grabbe als Frühvollendeten, für den der frühe Tod letztlich notwendig und angemessen war. Andererseits akzentuiert er aber überraschend deutlich den Aspekt der Zerrissenheit, des Un-Stimmigen in dieser Existenz:

> Nichts stimmte in diesem Körper zusammen. Fein und zart – Hände und Füße von solcher Kleinheit, dass sie mir wie unentwickelt vorkamen – regte er sich in eckichten, rohen und ungeschlachten Bewegungen; die Arme wußten nicht, was die Hände taten, Oberkörper und Füße standen nicht selten im Widerstreite. Diese Kontraste erreichten in seinem Gesichte ihren Gipfel. Eine Stirn, hoch, oval, gewölbt, wie ich sie nur in Shakespeares (freilich ganz unhistorischem) Bildnisse von ähnlicher Pracht gesehen habe, darunter große, geisterhaft-weite Augenhöhlen und Augen von tiefer, seelenvoller Bläue, eine zierlich gebildete Nase; bis dahin – [...] alles schön. Und von da hinunter alles häßlich, verworren, ungereimt! Ein schlaffer Mund, verdrossen über dem Kinn hängend, das Kinn kaum vom Halse sich lösend, der ganze untere Teil des Gesichts überhaupt so scheu zurückkriechend, wie der obere sich frei und stolz hervorbaute.
>
> Jenes Märchen dichtet von dem gemischten Metallkönige, aus welchem die Irrlichter die haltenden Goldadern lecken, so daß er zwischen Form und Unform zusammensinkt. An dieses Märchengleichnis konnte man erinnert werden, wenn man solche Widersprüche der Organisation sah.[16]

Diese die Aspekte Unstimmigkeit, Zerrissenheit, Widersprüchlichkeit betonende Charakterisierung wird sich im folgenden auf die gesamte Person Grabbes ausweiten und sich nicht nur auf sein Äußeres beschränken. Sie gilt einem Kollegen, dessen äußeres Leben als Jurist, Dichter und Dramaturg, bis hin zum frühen Tod, dem seines Biographen Immermann gar nicht so fern steht. Berücksichtigt man weitere Selbstzeugnisse Immermanns, dann wird deutlich, daß dies eine Beschreibung ist, bei der nicht nur der Biograph, sondern auch der Autobiograph die Feder führt, der Grabbe-Teil wird zum Spiegel, der Immermann die Möglichkeiten bzw. die Extreme seiner eigenen inneren Existenz vor Augen führt. Wie nahe Immermann diese karnevaleske Charakterisierung Grabbes in bezug gerade auf den Aspekt der eigenen inneren Widersprüchlichkeit, der inneren Zerrissenheit ist, belegt eine Passage aus Immermanns Selbstschilderung im Brief an Marianne Niemeyer vom 21. Oktober 1838:

---

[15] Jürgen Lehmann: Bekennen – Erzählen – Berichten. Studien zu Theorie und Geschichte der Autobiographie. Tübingen 1988, S. 236ff.
[16] Werke IV, S. 661.

Die sonderbarsten Widersprüche vereinigen sich in mir. Ich bin kalt und warm, gerecht und ungerecht, aufopfernd und egoistisch, offen bis zum Exzeß und geheimnisvoll versteckt, hart und weich, sehr klug und sehr dumm. – Wo liegt da die Einheit? – Die Maler klagen darüber, daß mein Gesicht nicht zu treffen sei, weil kein Augenblick darin dem anderen gleiche; die Seele möchte keine geringeren Schwierigkeiten darbieten. Je klüger die Menschen sind, die mich kennen, desto rätselhafter finden sie mich; je dümmer, desto rascher sind sie mit dem Urteil über mich fertig. [...] Seltsame Umstände trafen bei meiner Erzeugung zusammen. Der Vater fünfundvierzig Jahre, die Mutter achtzehn Jahre alt – die erste Jugend und das herannahende Alter mischten ihre Elemente zu meinem Werden. Der Vater streng, eisenfest, schroff, schwer; die Mutter, weich, nachgiebig, ohne Maß.

Das erklärt vieles in mir. Der Kontrast von Frost und Glut, von Starrem und Flüssigem, war schon das Gesetz, unter welches die Stunde meiner Empfängnis fiel. In mir erscheint nun dieser Kontrast als strenger, kalter, unbestechlicher Verstand neben schwärmender Phantasie und das Gefühl ist etwas von diesem Widerspruche bedeckt.[17]

Was hier im Rahmen einer intimen brieflichen Kommunikation offen, explizit formuliert wird, erscheint in der auf die Öffentlichkeit bezogenen, Biographie und Autobiographie verbindenden Portraitsskizze Grabbes verdeckt, auf mehrere Stimmen verteilt, gebrochen. Gerade in dieser nicht ein-deutigen Akzentuierung des Widersprüchlichen sind die „Memorabilien" Selbstdarstellung, Selbstdarstellung eines sich selbst nicht sicheren Autors, der im einleitenden „Avisbrief" davon spricht, daß er sich den Überblick über sich selbst (noch) nicht zutraut, der aber doch letztlich immer wieder indirekt über sich selbst redet: ob in der Charakterisierung von Vater und Oheim über die eigene spannungsvolle Existenz als preußischer Beamter und Künstler oder in den inszenierten Reden der Dominos über die Tätigkeit als Dichter und Dramaturg.

Diese die „Memorabilien" prägende Polyphonie ist eine strukturierte Vielstimmigkeit, sie ist hybride Konstruktion, die ihrem Gegenstand besonders adäquat ist. Die einzelnen Stimmen stehen in kalkulierten Relationen zueinander, wobei das Prinzip des Wider-Spruchs, des Gegen-Satzes von besonderer Relevanz ist. Das betrifft das Verhältnis einzelner Teile ebenso wie deren Binnenstruktur. So antworten die von äußerer Dialogizität geprägten „Düsseldorfer Anfänge" der dominant narrativ organisierten „Jugend vor fünfundzwanzig Jahren". Diese wiederum offenbart eine Struktur, die durch die einander gegenübergestellten Kapitel „Knabenerinnerungen" und „Der Oheim" den Gegensatz zwischen historiographisch und mehrstimmig, intertextuell orientiertem Erzählen, zwischen regelgeleiteter und künstlerisch-freier Lebenswelt akzentuierten. Es ist freilich eine Form der Kontrastierung, einer „Scheidekunst" wie es im Avisbrief heißt[18], die die Gegensätze als notwendige Bestandteile eines übergeordneten Ganzen gelten läßt. So verteidigt der Erzähler u. a. eine Darstellungs-

---

[17] Werke V, 952
[18] Werke IV, S. 365.

weise, die den Gegenstand dadurch charakterisiert, „daß man sagt, was ein Ding nicht sei"[19] oder er ist bemüht, bestimmte Sachverhalte von verschiedenen Standpunkten her zu beleuchten („Meint ihr, dass ich die Kehrseite nicht kenne?"[20]). Das gilt auch für die Partien, die in besonderer Weise durch die erwähnte innere Dialogizität ausgezeichnet sind. Gegensätzliche oder scheinbar gegensätzliche Äußerungen zum gleichen Gegenstand stehen nicht nebeneinander, sondern sind kontrastiv so aufeinander bezogen, daß sie die Ambivalenz, die Mehrschichtigkeit eines zu erörtenden Sachverhalts besonders deutlich machen. Beispielhaft dafür ist einmal mehr die Diktion in den Vorlesungen im Rahmen der „Jugend vor fünfundzwanzig Jahren" über „Lehre und Literatur", über Philosophie, über soziale Probleme etc., die Immermann mit folgenden Worten rechtfertigt: „So war die Disposition des heranreifenden Geschlechts. Ich habe sie in Antithesen beschreiben müssen, weil sie eine Antithese war."[21]

Eine solche kalkuliert polyphone Struktur impliziert freilich auch eine durch Maskierung und Biographenrolle vorbereitete Veränderung der Situation des autobiographischen Erzählers: er tritt in den Hintergrund. Er verläßt den Standpunkt des monologisch argumentierenden und allwissenden Erzählers und verzichtet auf das Hierarchien begründende autoritäre Wort. Gleich im ersten Satz charakterisiert Immermann die „Memorabilien" als „Studien in einer Doktrin, in der niemand über den Schüler hinaus kommt"[22]. Und im soziale, politische und kulturelle Probleme erörternden Kapitel „Die Familie" betont er: „Ich will nicht belehren, ich erzähle"[23]. Als nicht-autoritärer Erzähler steht er zudem nicht über den zu erzählenden Dingen bzw. Sachverhalten, sondern ist ihnen gleichgeordnet, er läßt diesen ihr eigenes Wort, ihren eigenen Ton: „mein Leben erscheint mir nicht wichtig genug, um es mit allen seinen Einzelheiten auf den Markt zu bringen, auch habe ich nicht lange genug gelebt, um mir den rechten Überblick zutrauen zu dürfen. Ich werde vielmehr nur erzählen, wo die Geschichte ihren Durchzug durch mich hielt"[24]. Im Kontext der oben diskutierten sprachlich-stilistischen Aspekte erhält diese viel zitierte Passage aus dem „Avisbrief" eine weitere Bedeutung. Mit dem Hinweis auf den „Durchzug" akzentuiert Immermann den Aspekt der Offenheit, einer Offenheit, die nicht nur die Affizierbarkeit des Autobiographen von historischen Ereignissen, Strömungen und Gedanken meint, sondern auch die Offenheit der darauf bezogenen Erzählweise.

Diese Offenheit korrespondiert dem Verzicht, das eigene Leben in die Ordnung einer Geschichte bringen zu wollen, dem Verzicht, es als durchgehend nar-

---

[19] Werke IV, S. 457
[20] Werke IV, S. 415.
[21] Werke IV, S. 457.
[22] Werke IV, S. 357.
[23] Werke IV, S. 424.
[24] Werke IV, S. 374.

rativ organisierten, kausalpsychologisch oder teleologisch argumentierenden Entwicklungsgang vorzustellen.

Das hat freilich für das die Gattung Autobiographie bestimmende Verhältnis von erzählendem und erzählten, von erinnerndem und erinnertem Ich gravierende Folgen, denn es wird nicht mehr so sehr von der Vergangenheit auf die Gegenwart des beschreibenden Ich hin erzählt. Statt dessen kommt es zu Akzentuierung von bestimmten Phasen der Lebensgeschichte, wobei das Herausarbeiten von historisch bedeutsamen Schwellen besondere Priorität erhält. Bereits in einer im Tagebuch von 1835 festgehaltenden Reflexion über Pläne zu einer Autobiographie begründet Immermann deren Relevanz und potentielle Besonderheit damit, daß sein Leben in hohem Maße von Epochenschwellen geprägt ist:

> Vielfach keimte in diesen Zeiten in mir der Gedanke, meine Lebenserinnerungen aufzuschreiben, welche insofern einen eigenen Charakter haben, als fast jede meiner Lebensentwicklungen mit einer großen historischen Weltwendung zusammenfiel, und durch das Individuum daher gewißermaßen die allgemeine Geschichte hindurch ging. Gelänge es, diese Wechselbezüge, diese Spiegelungen und Rückspieglungen recht lebendig darzustellen, so könnte ein Bild entstehn, das mir selbst und Anderen zur Orientirung gereichen würde.[25]

Schwelle, Übergang, Ambivalenz prägen sowohl die Situation des sich erinnernden Ich als auch die von diesem erinnerten Lebensphasen, die als Zustände des Dazwischen, als „Stadien der Dämmerung" und andere mehr charakterisiert werden. „Gegenwärtig leben wir in einem Übergange von der subjektiven zu der objektiven Periode", heißt es zur Bestimmung der Schreibsituation und bei der Darstellung des erinnerten Ich steht gerade am Anfang der „Memorabilien" nicht die eigene Geburt, sondern die Zeit zwischen 1806 und 1813, zwischen „schmählicher Niederlage" und „glorreicher Erhebung"[26] als Epochenschwelle im Vordergrund, als Darstellung einer Jugend, die „politisch leidend und handelnd ‚war'"[27].

Im Rahmen dieser Situierung des Autobiographen und seines Schreibens auf der Schwelle stellt sich einmal mehr die Frage nach dem, was Immermann unter Epigonentum versteht. Das Problem ist auch in den „Memorabilien", insbesondere in den „Düsseldorfer Anfängen" unübersehbar präsent. Bekanntlich wertet Immermann dieses Phänomen nicht eindeutig, wenn er u. a. seinem Roman „Die Epigonen" die Aufgabe zuweist „den Segen und Unsegen des nachgeborenen Seins" zu dokumentieren. In den „Memorabilien" erhält diese Einschätzung sowohl durch die Selbstcharakterisierung als Schwellenexistenz als auch durch die polyphone Struktur der Autobiographie ihre Bestätigung. Epigonentum wird hier als eine dialogische Beziehung zu anderen Autoren bzw. zu deren Texten ver-

---

[25] Tagebücher, 307
[26] Werke IV, S. 362.
[27] Werke IV, S. 364.

stehbar, als Dialog, der auf vergangene Rede repliziert und zukünftige antizipiert, als ein Dialog, der die Rede des anderen mit der eigenen zu einem zwei- oder mehrstimmigen Wort über vergangenes Geschehen verbindet, in dem beide gleichberechtigt sind, das eigene Profil nicht verlierend. So ist der Bezug auf „Dichtung und Wahrheit" bei aller Orientierung an Goethe, die übrigens ja nicht nur die Autobiographie betrifft, alles andere als Nachahmung, sondern Auseinandersetzung, beispielhaft in der Gestaltung des Verhältnisses vom Individuum und Geschichte. Ähnlich wie Goethe stellt Immermann das Ich in seinen Zeitverhältnissen dar, aber nicht mehr im Rahmen eines organisch-teleologisch orientierten Daseinsentwurfes, sondern in Gestalt eines polyphonen offenen Textes, der in dieser Eigenschaft die Eigenständigkeit und die Besonderheiten bestimmter Phasen des Lebens wie der Geschichte besonders akzentuieren und würdigen will. Die Vielstimmigkeit der „Memorabilien" demonstriert sowohl die Komplexität, die Vielfalt und die Ambivalenz des Immermanschen Lebens als auch die an verschiedenen Tönen, Stimmen, Sprechweisen, Diskursen so reiche Lebenswelt.

In dieser Eigenschaft sind die „Memorabilien" sowohl unter diachronen als auch unter synchronen Aspekten in der deutschsprachigen Autobiographik des frühen 19. Jahrhunderts etwas Besonderes. Zwar gibt es in diesem Zeitraum eine Vielzahl von autobiographischen Texten, in denen verschiedene Schreibweisen, Gattungen, intertextuelle Bezüge etc, eine wichtige Rolle spielen, wie z. B. bei Carus, bei von Kügelgen, bei Holtei, bei Steffen. Doch sind diese verschiedenen Stimmen in den seltensten Fällen anders als lediglich additiv strukturiert, was häufig zu einer ermüdenden Reihung von stilistisch verschiedenen Textsegmenten führt. Beispielhaft zeigt sich dies u. a. in Bogumil Goltz' autobiographischen Schriften, insbesondere im 1847 veröffentlichten „Buch der Kindheit", einem von Zeitgenossen wie Hermann Hettner, Karl Rosenkranz, Friedrich Hebbel, Karl Gutzkow und Theodor Fontane sehr positiv aufgenommenen Apotheose der Kindheit. In ausdrücklicher Berufung auf die „Digressionen" bei Jean Paul vernachlässigt Goltz die sukzessive, narrativ organisierte Darstellung der eigenen Lebensgeschichte zugunsten einer Umwege, Ergänzungen und Abschweifungen gerade zu suchenden Erzählweise. Die einzelnen Kapiteln werden dabei verschiedenen Schreibweisen und Gattungen zugeordnet, wie biographisches Fragment, Historien, Redensarten, Dialog, Illumination, Portrait, Heiligen Bilder, Anekdoten, vaterländische Reminiszenz u. a. Diese Polyphonie erscheint aber unstrukturiert, es „strudelt... chaotische durcheinander" wie der Goltz durchaus positiv gesonnene Ludwig Pietsch in seinen Lebenserinnerungen anmerkt.[28] Weder die eigene Person noch die sie bestimmende Geschichte gewinnt im Rahmen dieser polyphonen Autobiographie Kontur.

Im Gegensatz dazu sind die „Memorabilien" ein Text, der in der Konstruktion von Vielstimmigkeit, als – wie Bachtin sagen würde – künstlerisch organi-

---

[28] Ludwig Pietsch: Wie ich Schriftsteller geworden bin. Erinnerungen aus der Fünfziger Jahren. Berlin 1893, S. 221.

sierter (Sprach-) Hybride, sowohl zentrale Eigenschaften seines Autors als auch dominante Merkmale der ihn prägenden Geschichte zur Sprache bringt. In dieser Eigenschaft ist er einmal mehr Antwort, nämlich Antwort auch auf eine Historiographie und Geschichtsphilosophie, welche wie diejenige Hegels, die Einheitlichkeit, die Ein-Tönigkeit einer vom Weltgeist bestimmten Geschichte sowie die Geschlossenheit und Systemgebundenheit einer darauf bezogenen historiographischen Darstellung betont. Anders als diese verweisen die „Memorabilien" als polyphone Erzählung von Geschichte vielmehr auf einen zu Beginn zitierten „vielstimmigen Weltgeist" sowie auf eine Form von Historiographie, die den Aspekt der Ambivalenz, der Schwelle, des Übergangs besonders herausarbeitet. Das betrifft den Bereich der individuellen Vergangenheit ebenso wie den der politischen, gesellschaftlichen oder kulturellen Geschichte. Es ist eine Historiographie, welche außerdem die Vielfalt, die Gegensätzlichkeit der Lebenswelt aufzuzeigen versucht und zugleich darauf verweist, daß die einzelnen Verschiedenheiten in bestimmten Beziehungen zueinander stehen, Teil eines sie umgreifenden großen Ganzen sind, z. B. wenn das ernste Magdeburger und das heitere, das rheinische Preußen als durch „Wahlverwandtschaft" aufeinander bezogene Bereiche des ganzen Preußen gesehen werden. Es ist schließlich eine Historiographie, welche die Welt und auch ihre Geschichte als Sprache verstehen will und von daher den sprachlichen Phänomenen sowie der Art ihrer Beziehung zueinander besondere Aufmerksamkeit schenkt.

MARCUS HAHN

„Durchzug". Vom „erkältenden Zauber" der Historie
für die Autorschaft Karl Immermanns

‚Autobiographie' läßt sich wie ‚Literatur' überhaupt historisch oder rhetorisch bestimmen; der Versuch, beides verbinden zu wollen oder zu müssen, machen Abenteuer und Elend der Gattungsgeschichte im engeren, der Literaturgeschichte im weiteren Sinne aus. Daß darüber hinaus Historiographie ebenso rhetorisch ist wie Rhetorik eine Geschichte hat, verschärft das Problem noch – gleichgültig, wie Sein und Haben jeweils bilanziert werden. Im ersten Fall stellt man Karl Immermanns „Memorabilien" (1839/40) in eine etwa von Augustinus über Rousseau zu Goethe reichende Traditionsreihe und erklärt die offen-sichtliche „Verschiebung [...] von der Autobiographik zur Historiographie" mit den „besonderen Verhältnisse[n] der nachidealistischen Subjektivität"[1]. Im zweiten Fall definiert man im Anschluß an Paul de Man ‚Autobiographie' nicht als „Gattung oder Textsorte", sondern als „Lese- oder Verstehensfigur", die in der Text-Leser-Interaktion auftritt und nur einen besonders virulenten Fall jenes „mit jeder Autorschaft verbundenen Anspruch[s]" darstellt, „der immer dann vorliegt, wenn von einem Text gesagt wird, er sei von jemand und dieser Umstand sei für sein Verständnis von Bedeutung": „Das heißt aber letztlich nichts anderes, als daß jedes Buch mit einem lesbaren Titelblatt in gewisser Weise autobiographisch ist."[2] Die erste Bestimmung von ‚Autobiographie' führt zu einer Lektüre mit Referenz auf ‚Historiographie', die zweite zu einer Lektüre mit Referenz auf ‚Literatur'. Idealiter erzwingt Fall 1 die Synchronisierung der Geschichte der Texte mit Politik-, Sozial-, Mentalitäts- oder Diskursgeschichten, ohne Szenen des Autobiographischen auch jenseits der Grenzsteine kanonischer Gattungsdeklarationen methodisch kontrolliert in den Blick zu nehmen, während Fall 2 das Textkorpus theoretisch ins Uferlose erweitert, ohne anderes als noch ein Beispiel tropologischer Karussellfahrten zu geben. Denn wer laut de Man im Namen vermeintlicher Authentizität oder unter Rekurs auf biographische Kontexte behaupte, „den Tropen entkommen zu sein", befinde sich statt dessen „erneut in einem System von Tropen"[3].

Die Vehemenz, mit der de Man beklagt, daß sich „Literaturwissenschaftler [...] bei Problemen der Psychologie und Historiographie wohler" fühlen, die gelegentlich den Dogmatismus streifende Apodiktik, mit der er „diese Flucht vor

---

[1] Markus Fauser: Intertextualität als Poetik des Epigonalen. Immermann-Studien. München 1999, S. 378 und S. 388.
[2] Paul de Man: Autobiographie als Maskenspiel, in: ders.: Die Ideologie des Ästhetischen, hg. von Christoph Menke. Frankfurt/M. 1993, S. 131-146, hier S. 134.
[3] Paul de Man: Autobiographie als Maskenspiel, S. 136.

der Sprache"[4] verurteilt, sind – sollen sie nicht wiederum autobiographisch erklärt werden – einer Aufmerksamkeit für Literarizität geschuldet, die der Immermann-Lektüre aus mehr als einem Grund zu wünschen ist, auch wenn man immer nur aus einer Sprache in eine andere flieht. Das zielt weniger auf das Faktum, daß Immermann lange Zeit den Literaturhistorikern ausschließlich dazu gedient hat, den Übergang von der deutschen Romantik zum Realismus hinzubekommen oder/und zwanglose Betrachtungen über die Erlangung einer intellektuellen Selbständigkeit einzuflechten, zu der sie selbst es (auch) nicht gebracht haben, sondern darauf, daß das soeben mit der Unterscheidung historisch/rhetorisch bezeichnete Problem bei Immermann auf der Textebene ausagiert wird: Literatur kann keinen Ort mehr besetzen, der nicht mit Geschichte ‚infiziert' wäre. Daher bricht die gerade inkriminierte literarhistorische Rezeption auch nicht einfach von außen und ohne Ursache über Immermanns Werk herein, sie vereindeutigt lediglich aus durchschaubaren Motiven einen Aspekt seiner zwischen Literatur und Historiographie oszillierenden Autorschaftskonstruktion.[5] Und genau darin – das wird die These oder Projektion meiner Lektüre sein – besteht eine entscheidende autobiographische Szene Immermanns. In rekonstruktiver Absicht werde ich also de Mans Definition der Autobiographie als Lese- und Verstehensfigur folgen und, insofern jedes Buch mit lesbarem Titelblatt autobiographisch ist, diese Szene auch jenseits der „Memorabilien" zu entziffern versuchen – vor allem in den „Epigonen" (1836). Auf dieses Konzept wird man vielleicht nicht vertrauen wollen, ohne sich zuvor bei einem erfahrenen Gattungstheoretiker rückversichert zu haben. Gemeint ist Gérard Genette und sein Buch vom Beiwerk des Buches namens „Paratexte". Darunter fallen zunächst ganz materiell Umschlag, Waschzettel, Autorenname, Titel, Widmungen, Motti, Anmerkungen usw., dann aber auch Vorworte (als Instrument auktorialer Lektüresteuerung) und öffentliche bzw. private Epitexte (z.B. späte Selbstkommentare oder Briefe des Autors), schließlich sogar alle nur denkbaren Kontexte: „jeder Kontext" könne „als Paratext"[6] wirken. Nicht nur das Interesse für das Titelblatt läßt Genette hier in die Nähe de Mans rücken, so wenig er sonst zu dessen Nachbarn gehört. Das gilt ebenfalls für die Frage der Autorschaft (in der „Richtigkeit des auktorialen Standpunktes" besteht nach Genette „die spontane Ideologie des Paratextes"[7]), vor allem aber für das Modell gegenseitiger Kommentierungsverhältnisse, das de Mans Lese- und Verstehensfigur funktional entspricht. Ebenso wie das ‚von jemandem' Geschrieben-Sein eines Textes ihn

---

[4] Paul de Man: Genese und Genealogie (*Nietzsche*), in: ders.: Allegorien des Lesens, hg. von Werner Hamacher. Frankfurt/M. 1988, S. 118-145, hier S. 118.
[5] Vgl. die ausführliche Darstellung des theoretischen Problems und die daran anschließende Lektüre Immermanns, in: Marcus Hahn: Geschichte und Epigonen. ‚19. Jahrhundert'/‚Postmoderne', Stifter/Bernhard. Freiburg 2003 (im Druck).
[6] Gérard Genette: Paratexte. Das Buch vom Beiwerk des Buches. Frankfurt/M. 1989, S. 15.
[7] Gérard Genette: Paratexte, S. 389.

der autobiographischen Lektüre öffnet, erlaubt Genettes Paratext-Konzept, beispielsweise die „Memorabilien" als „‚nachträgliches' Vorwort"[8] zu den „Epigonen" zu lesen, in dem Immermann den Status seiner Autorschaft verhandelt. Die prinzipielle Möglichkeit der Lektüre, jedes lesbare Titelblatt als Autobiographie (de Man) bzw. jeden Kontext als Paratext (Genette) interpretieren zu können, sichert ihr selbstverständlich noch keine Plausibilität. Dazu bedarf es der Stellen.[9]

Die erste findet sich in einem Paratext klassischster Prägung, im Vorwort zum ersten Abschnitt der „Memorabilien", der „Jugend vor fünfundzwanzig Jahren": Immermann nennt es „Avisbrief". Schon über diesen finanzwirtschaftlichen Titel lohnte es sich zu stolpern, weil sich Immermann auffällig oft auf dieses semantische Feld bezieht. Ein Avisbrief kündigt nicht nur dem Empfänger eine Sendung an, sondern ist auch die Mitteilung eines Wechselausstellers an die zahlende Instanz (hier also an den Leser), daß die Wechselsumme gedeckt ist: Eigentum ist vorhanden. Um so mehr überrascht dann die folgende Passage, die erneut auf eine ökonomische Metapher spekuliert – allerdings in autobiographisch betrachtet ruinöser Weise: „Mein Leben erscheint mir nicht wichtig genug, um es mit allen seinen Einzelheiten auf den Markt zu bringen [...]. Ich werde vielmehr nur erzählen, wo die Geschichte ihren Durchzug durch mich hielt."[10] Dementsprechend bringt Immermann eher eine historische Studie auf den Markt als die Autobiographie eines ‚großen' Subjekts. Die „Memorabilien" werden als „geistige Konfessionen" der „Geschichtschreibung" zu- und untergeordnet, begründet wird dies mit dem „Unterschied", auf den „Goethe [...] in den Gesprächen mit Eckermann hingewiesen" habe: „Es gibt objektive und subjektive Zeiten d. h. solche, in welchen eine große Menge Menschen in gewissen Lebensveranstaltungen oder Überzeugungen übereinstimmen, und solche, worin das Gegenteil stattfindet, worin nur das Individuum für sich da ist. [...] Gegenwärtig leben wir in einem Übergange von der subjektiven zur objektiven Periode."[11] Über Goethe wird Immermann also (sich selbst) historisch. Damit steht er nicht alleine – seit Georg Gottfried Gervinus sucht das neue Genre der deutschen Literaturgeschichtsschreibung in der Dichtung die Wahrheit der Geschichte. Daß in dieser Diskurskonkurrenz ein Problem verborgen ist, lehrt der Blick in zwei frühere Texte Immermanns. Schon 1826 setzt er sich in der Vorrede zu seiner Übersetzung von Walter Scotts „Ivanhoe" mit der Frage auseinander, ob die „historische Tendenz" der Literatur ein „eigentlich ästhetisches

---

[8] Gérard Genette: Paratexte, S. 230.
[9] Vgl. die für dieses Problem grundlegende Arbeit von Axel Fliethmann: Stellenlektüre. Stifter – Foucault. Tübingen 2001.
[10] Karl Immermann: „Memorabilien", in: Werke IV, S. 374.
[11] Werke IV, S. 375. Vgl. die Stelle bei Johann Peter Eckermann: Gespräche mit Goethe in den letzten Jahren seines Lebens, hg. von Regine Otto. Berlin/Weimar 1982, S. 149.

Bedürfnis"[12] ausdrücke. Das tut sie nicht – Immermann setzt die Wirkung Scotts deshalb „auf die Rechnung des [...] nichtästhetischen Bedürfnisses der Zeit" und bestimmt das Verhältnis von Literatur und Historiographie als Konflikt: „Der Historiker stört den Poeten, und doch kann wieder die historische Wahrheit vor der Poesie nicht zum vollen Durchbruch kommen."[13] Scott sei „halb Historiker, halb Poet, diese Spaltung wirkt erkältend auf sein bildendes Vermögen", weshalb seiner Phantasie „die Kraft" fehle, „das einzelne organisch zu vollenden"[14]. Die Literatur fängt sich die historische Krankheit als grippalen Infekt. Nicht erst seit dem historischen Roman Scotts – das ästhetisch unbefriedigende Zwitterverhältnis zeigt sich schon bei Shakespeare: „Es scheint in der zu unmittelbaren Berührung der Geschichte mit der Poesie ein erkältender Zauber für letztere zu liegen, dem selbst die größten Geister sich nicht ganz entwinden konnten."[15] Die Therapie von 1826: Türen und Fenster schließen, bloß kein Durchzug. Das „poetische Feld" müsse „immer schärfer vom historischen, politischen und philosophischen abgegrenzt" werden, damit sich „die Phantasie gezwungen" sehe, nur noch „nach ihren Gesetzen sich stetiger zu entfalten"[16]. Der Wunsch, Literatur vor dem Erkältungsvirus ‚Geschichte' zu bewahren, stellt wie die Ablehnung von Textformen, die sich in einer illegitimen Mitte zwischen Historiographie und Literatur situieren, allerdings nur eine (und nicht immer eindeutige) Geste bei Immermann dar. Ihr läuft ein zweiter Zug zuwider, der es Jahre später dem Autobiographen erlauben wird, selbst als Theoretiker der Geschichtsschreibung aufzutreten, der ein trennscharfes Begriffsinstrumentarium zur Sortierung der Fakten (mythisches, historisches und historiographisches Stadium[17]) vorschlägt.

Zu welcher Sorte „Faktum der modernen Geschichte"[18] werden aber dann (das ist der zweite Text) „Die Epigonen" gehören, deren Name mythischer Abkunft ist, während der Untertitel – „Familienmemoiren in neun Büchern 1823–1835" – historischer nicht sein könnte: Quellengattung samt Datierungszeile? Genau diese Frage läßt sich der Autor Immermann, der einerseits die Literatur vor dem historischen Durchzug schutzimpfen möchte und andererseits einen professionellen Beitrag zu internen Methodikfragen der Historiographie liefert, in diesem Text von einer seiner Figuren stellen: „[W]arum schreiben Sie nicht lieber Geschichte selbst? Da hätten Sie die volle Traube am Stocke vor sich, und könnten uns einen gesunden reinen Wein zubereiten, während Sie in der Sphäre,

---

[12] Karl Immermann: Ivanhoe. Eine Geschichte vom Verfasser des ‚Waverley'. (Walter Scott) Vorrede, in: Werke I, S. 545.
[13] Werke I, S. 546 und S. 548.
[14] Werke I, S. 548.
[15] Werke I, S. 551.
[16] Werke I, S. 552.
[17] Vgl. Immermann: „Memorabilien", in: Werke IV, S. 366-367.
[18] Werke IV, S. 366.

welche Sie wählten, notwendig mischen müssen, und also auch nur einen Zwittertrank hervorbringen".[19] Was der Übersetzer Immermann Scotts Roman vorgeworfen hatte, wirft hier innerhalb eines Immermannschen Romans der Arzt dem Herausgeber vor, der im vorletzten Buch den auktorialen Erzählstil unterbricht: dem Leser keinen gesunden reinen Wein einzuschenken (entweder Literatur oder Geschichte), sondern bloß einen Zwittertrank zusammenzupanschen. Der Herausgeber antwortet parabolisch mit der „Knabenerinnerung"[20] an eine Elbüberschwemmung, die im „Unabsehlichen, Nichtzuunterscheidenden keine Größe"[21] zu entdecken erlaubt habe, während die kurz darauf angetretene Harzreise ihm nach dem katastrophischen ein ganz anderes, geordnetes „Naturschauspiel" vorführt und wenn nicht Schauer des Erhabenen, so doch ästhetisches „Entzücken" auslöst: „Die Knabenerinnerung soll eine parabolische Antwort sein auf die Frage, warum ich statt der Familiengeschichten nicht Welt- und Zeitgeschichte geschrieben habe [...]. Mir erscheint ihr Geist nur in großen Männern, nur die Anschauung eines solchen vermöchte mir den Sinn für irgendeine Periode aufzuschließen. Wir besitzen aber keinen."[22] Ohne große Männer, in denen der Geist erscheint, ist „das politische Leben unsrer Zeit [...] [e]ine große, weite, wüste Überschwemmung"[23]. Beginnt man jedoch „aufwärts nach dem Gebirge emporzusteigen, welches durch seine hinabgesendeten Fluten jene allgemeine Wasserwüste erschafft", so trifft man gleich massenhaft auf historische Naturen. Nicht aus großen Männern, aus ihren Familien quellen die Geschichten der Geschichte: „Dort also, auf entlegner Höhe, an grüner Waldsenkung [...] wachsen und springen meine Geschichten. Jeder Mensch ist in Haus und Hof, bei Frau und Kindern, am Busen der Geliebten, hinter dem Geschäftstische und im Studierstübchen eine historische Natur geworden."[24] Obwohl also 1826 die Geschichte grundsätzlich die Poesie erkältet, kann zehn Jahre später ein Doktor fragen, warum statt der „Epigonen" nicht direkt Geschichte geschrieben wird. Darauf reagiert der Herausgeber mit dem parabolischen Rückzug aus der heldenarmen Fläche auf die Berggipfel der Familienhistorie. Angelpunkt in den kaum beherrschbaren metaphorischen Verschiebungen bleibt, daß die Literatur keinen Ort beziehen kann, der nicht schon geschichtlich besetzt wäre – auch die Familiengeschichten wachsen nur in historischer Natur. Statt eindeutiger Zuordnung (Literatur oder Geschichte) wird zwitterhafte Identität produziert.[25]

---

[19] Epigonen, S. 498.
[20] Epigonen, S. 500.
[21] Epigonen, S. 499.
[22] Epigonen, S. 500.
[23] Epigonen, S. 500.
[24] Epigonen, S. 501.
[25] Das Thema des Zwitters ist in den „Epigonen" insistent. Das „‚Eigenste des Weibes'" gerät in Verdacht, wie die „‚Mannweiber [...] über die Grenzen des Geschlechts'" hinausgehen zu wollen, der Held des Romans Hermann bezeichnet die zeittypische Individualität als

Liest man diese Kontexte („Ivanhoe"-Vorrede und „Epigonen") als Paratexte des Paratextes, also des „Avisbriefes" zu den „Memorabilien", dann kann man die von Eckermann übermittelte Unterscheidung Goethes zwischen subjektiven und objektiven Perioden als Theorie des Zuordnungsproblems der Immermannschen Texte interpretieren, die eine apologetische Funktion übernimmt. Gegen die historische Objektivität kann kein Subjekt etwas ausrichten, der Winter ist Erkältungszeit und Immermann sitzt im Durchzug der Geschichte. Den Autor trifft weder die Schuld dafür, daß die „Epigonen" einen Zwittertrank aus Roman und Geschichtsschreibung verabreichen, noch hat er wirklich Anteil daran, daß seine „Memorabilien" Autobiographie und Historiographie hybridisieren: in beiden Fällen läßt die kollektive Kultur der objektiven Periode keinen Platz für große Heldensubjekte. Daß die „Memorabilien" auf die fehlgelaufene Rezeption der „Epigonen" reagieren, kann man nicht nur anhand Immermanns expliziter Äußerungen nachweisen. Aufschlußreicher ist ein verstecktes intertextuelles Signal, weil sich darin das Thema des Eigennamens ankündigt. Eine parabolische Knabenerinnerung gibt es nicht nur in den „Epigonen" (Elbüberschwemmung und nirgends große Männer), sondern auch in den „Memorabilien": Auf den „Avisbrief" folgt das erste Kapitel der „Jugend vor fünfundzwanzig Jahren", betitelt mit „Knabenerinnerungen". Immermanns Kindheit steht in mehr als einer Hinsicht im Schatten großer Namen, mich interessiert hier zunächst nur Tante Rustan. Ihren eigentlichen Namen erfährt man nicht, da sie nach des französischen Kaisers Leibmamelucken Rustan benannt ist. Diese Tante hat eine originelle Theorie über Napoleons wahren Namen entwickelt. Sie nennt ihn „Neapoleon", da ‚Napoleon' „eine neidisch verkleinernde Kontraktion sei, und daß der Name in seiner wahren Fülle so klinge, wie sie ihn ausspreche"[26]. Klein-Immermann ist deshalb gegen den Imperator mit den irrlichternden Namen eingenommen, denn „an einem Manne, den seine eifrigsten Anhänger nicht einmal richtig zu benennen wüßten, unmöglich viel sein könne"[27]. Ein echter Mann hat keinen falschen Namen. Vor allem nicht, wenn es sich um einen der beiden großen Helden des ersten Drittels des 19. Jahrhunderts handelt, an dessen Aufstieg und Fall sich der Übergang von der subjektiven zur objektiven Periode paradigmatisch demonstrieren läßt. Napoleon, dessen „gotische Machtschöpfung mit feudalistischer Unterlage [...] wie eine große Theaterszene"[28] vorübergegangen ist; Napoleon, auf dessen nach der Völkerschlacht von Leipzig von der Wand gefallene „Gypspaste" („ein Stück des Randes brach aus, ohne daß gleichwohl das Antlitz des Helden verletzt

---

„weibliche Männlichkeit" (Epigonen, S. 375 und S. 152). Diese Perversion versucht die Überschwemmung-Gipfel-Metaphorik mit ihren eindeutigen sexuellen Konnotationen in Ordnung zu bringen.

[26] Immermann: „Memorabilien", in: Werke IV, S. 391.
[27] Werke IV, S. 391.
[28] Werke IV, S. 539.

wurde") Goethe, der andere große Held, „Lucan parodirend, mit rothen Buchstaben" schreibt: „Scilicet immenso superest ex nomine multum"[29]; Napoleon, der (wie es im „Münchhausen" heißt) „,das Heldentum ausgebeutet'" hat, „,wie er selbst ungefähr mit den nämlichen Worten auf Sankt Helena sagte, für fünfzig und mehrere Jahre'"[30]. Es ist natürlich kein Zufall, daß überall Goethe auftaucht. Das hochambivalente Verhältnis Immermanns zum Patriarchen der deutschen Dichtung kann hier nicht analysiert werden, nur einige Stationen seien in Erinnerung gerufen: Die devoten Bemühungen Immermanns, Goethe eines seiner ersten Stücke zu widmen, die Advokatenrolle im Pustkuchenskandal, seine „Verzweiflung [...] bei der Durchsicht von Göthes Werken"[31], die doppeldeutige Frage 1830 an Michael Beer, ob er gelesen habe, „daß Göthe neulich in seinem Bibliothekszimmer beinahe verbrannt wäre"[32], die an Immermanns Geburtstag veranstaltete Trauerfeier für Goethe (noch in den „Memorabilien" verwahrt er sich gegen den Vorwurf, er habe „unschicklicherweise Goethe als Leiche auf dem Theater sehen lassen, noch ehe er im Grabe kalt geworden"[33]), schließlich sein Abstieg in die Weimarer Klassikergruft 1837.[34]

Geschichte als Gegenstand bzw. Historiographie als Textform erkältet also die Literatur („Ivanhoe"-Vorrede), verwandelt einen Roman in einen Zwittertrank („Epigonen") und erlaubt in ihrer objektiven Periode niemandem,

---

[29] Tagebücher, S. 670-671. Übersetzung: „Tatsächlich bleibt von dem gewaltigen Namen noch viel übrig" (S. 933).
[30] Münchhausen, S. 551.
[31] Tagebücher, S. 13.
[32] Briefe I, S. 822.
[33] Immermann: „Memorabilien", in: Werke IV, S. 622.
[34] Vgl. das Kapitel „Die Fürstengruft" in: Tagebücher, S. 653-656. „Aus dieser Überlegung wird deutlich, daß Goethe für Immermann nicht nur ein nachzuahmendes Vorbild war, sondern ein schmerzhafter ‚Stachel in der Seele', den er sich ausreißen mußte. Er überwand damit seine zweigeteilte Perspektive von Bewunderung und Kritik und formulierte die Synthese" (Waltraud Maierhofer: Heilsamer ‚Stachel'. Zu Immermann und Goethe, in: Peter Hasubek (Hg.): Epigonentum und Originalität. Immermann und seine Zeit – Immermann und die Folgen, Frankfurt/M./Berlin/Bern/New York/Paris/Wien 1997, S. 35-58, hier S. 42). Fauser: Intertextualität als Poetik des Epigonalen, interpretiert das Verhältnis Immermanns zu Goethe deutlich unharmonischer. Er stellt „eine an Komplexität und Ambivalenz kaum zu überbietende Einstellung" (S. 247) fest und liest Immermanns „Merlin" – in „eine[r] Art von Wettlauf mit Goethes Tod" (S. 248) und der Fertigstellung des „Faust" entstanden – vom „exorzistischen Zug" (S. 253) des Stückes her. Mit diesem „Exkurs über den Goethemythos" (S. 252) gerät die Argumentation jedoch in Gegensatz zu seiner Großerzählung von der Epiphanie einer reflektierten, von ihrer transzendentalen Bürde entlasteten Subjektivität, die Fauser als gleichsam ‚natürliches' Produkt intertextueller Textverfahren begreift. Der Epigonenbegriff sei eine „Bezeichnung für intertextuelle Phänomene avant la lettre" (S. 22) und stehe für „wiedergewonnene Souveränität" (S. 34). In der literarischen „Nachbildung" werde „der Blick von unten, von der Tradition her, dem alles nur als Einfluß vorkommt, überwunden" (S. 49) und „Individualität im Kopierverfahren gewonnen" (S. 55). Wo soviel gewonnen wird, gerät der Verlustdiskurs aus dem Blick.

ein großer Held wie Napoleon oder ein großer Autor wie Goethe zu werden („Memorabilien"). Deshalb ist dieses Problem Bestandteil der Autobiographie Immermanns – inner- und außerhalb der Grenzen der Gattungsdeklaration. Die Frage nach dem Status der Texte (Literatur oder Geschichte) wird zu der nach dem Status der Autorschaft Immermanns. Darüber wird seit, mit und gegen Immermann unter dem Etikett der ‚Epigonalität' geschrieben. Die Rede von den Epigonen stellt erneut vor die Frage der Historiographie/Literatur-Unterscheidung: Zwar ist das historische Periodisierungsschema längst vor Immermanns diskurstaufendem Roman in Hegels Satz von der Kunst als Sache der Vergangenheit oder in Gervinus' organologischer Brachethese vorhanden, als Stigma ästhetischer Uneigentlichkeit wird es jedoch erst seit Immermann zum Kardinalproblem nachgoethescher Autorschaft. Das läßt sich sehr genau an der Rezeption der „Epigonen" zeigen. Während der Text statt des gesunden und reinen Weins der Geschichtsschreibung immerhin noch einen Zwittertrank in Aussicht stellt, wird er in der Rezeption zur gegenwartsdiagnostischen Essigessenz vereindeutigt. Symptomatisch dafür ist das Überlesen des literarischen Rahmens, in den Immermann beispielsweise Wilhelmis berühmte Epigonen-Philippika gestellt hat[35], was jedoch weniger der Unaufmerksamkeit damaliger oder heutiger Leser als der Attraktivität des rhetorischen Programms geschuldet ist: Mit einem Wort sagen, was wir heute sind – krank nämlich. Als sein eigener Leser hat Immer-mann diese Gefahr gerade in dem Moment erkannt, in dem er seinem Manuskript mit dem Titel „Die Zeitgenossen" einen neuen Namen gibt: „E[s] hat jetzt den Namen bekommen: die Epigonen"; und das „Schwierigste" sei, „wie Du be-greifst, aus diesem verwünschten Stoffe ein heitres Kunstwerk zu bilden, denn der Abweg in eine trübe Lazarethgeschichte liegt sehr nah."[36] Dementsprechend beginnt mit diesem Namen endgültig die Lazarettgeschichte von Immermanns Autorschaft. Sie verläuft entlang einer symmetrischen Doppelfigur: „Die Epigo-nen" gewinnen historisch dazu, was sie ästhetisch verlieren.

Die zeitgenössische Rezeption liest den Roman weitgehend als historische Quelle. Ludwig Tieck bescheinigt dem Freund, „ein Werk ‚wie Abdruck und Bild Ihrer Zeit' der Nachwelt übergeben"[37] zu haben, die Besprechung im „Phönix" hält den Roman für „ein Stück Weltgeschichte"[38], und ein weiterer Rezensent bemerkt, daß Kritik an den „Epigonen" heiße, „die Geschichte" selbst zu „vernichten"[39]. Diesen Strang der Immermann-Rezeption läßt Hein-

---

[35] Die großen kulturkritischen Brandreden Wilhelmis (vgl. Epigonen, S. 43-44 und S. 118-119) werden jeweils ironisch gebrochen: Wilhelmi ist als Hypochonder dargestellt und die Diskurstaufe artet in die Travestie einer Freimaurerzeremonie aus.
[36] Briefe I, S. 836.
[37] Tieck am 17. Juli 1836 in einem Brief an Immermann, zitiert nach: Epigonen, S. 679.
[38] [Anonym] in: Phönix, 11. Oktober 1836, S. 961-962, zitiert nach: Epigonen, S. 700.
[39] [Anonym] in: Mitternachtszeitung für gebildete Stände, 29. August 1836, S. 564, zitiert nach: Epigonen, S. 695.

rich von Treitschke 1889 in einer Geste kollegialer Anerkennung gipfeln, wonach „das Werk [...] als Geschichtsbild noch bedeutsamer, denn als Dichtung"[40] gewesen sei. Die Literaturwissenschaft ist ihm darin lange gefolgt, zitieren wir hier nur Harry Maync, für den der Text vor allem ein „großzügiges Geschichtsbild" ist und sein Autor ein „dichtende[r] Historiker", dessen Sprache „da am meisten Gewicht und Fülle aufweist, wo der Dichter zum Historiker [...] wird"[41]. Erst Markus Fauser kompliziert dieses Einordnungsverfahren und legt den Akzent auf „die eigenartige Zwischenstellung des Romans", woraus die „unentschiedene Position" resultiere, die „in der kritischen Übernahme von Erzählformen des historischen Romans und der [...] nicht ganz aufgegebenen transzendentalen Schreibweise"[42] bestehe. Aus der Perspektive einer intertextualitätstheoretisch renovierten Gattungsgeschichte gerät damit Erkältung, Illegitimität und Zwitterhaftigkeit der Autorschaft Immermanns in den Blick: „Historismus mit Abstrichen"[43]. Dem steht eine Logik der Selbstinfektion gegenüber, in der die von Immermann beschriebene Lazarettgeschichte zu seiner eigenen gemacht wird. Der Begriff ‚Infektion' bezieht sich allgemein auf die ausschweifende Krankheitssemantik des Epigonendiskurses und ist im besonderen bei Hans Blumenberg ausgeliehen.[44] Zum ersten Mal ausbuchstabiert hat diese Logik bekanntlich Theodor Mundt. Sein Verriß attackiert nicht nur Immermanns „Napoleonstalent der Skepsis", sondern wirft ihm als einem auf „Vergangenheit basirt[en]" Talent vor, selbst bloß ein „Epigonenproduct"[45] geliefert zu haben. Auch diese Figur hat umgehend topischen Charakter erlangt, in der Literaturwissenschaft hält sie sich über Maync, Friedrich Gundolf, Manfred Windfuhr und Benno von Wiese bis zu Waltraud Maierhofer oder Blumenberg durch: „Immermann war selbst, was er beschrieben und analysiert hat: ein Epigone"[46]. „Seine Tagebücher lassen beobachten, wie der Verfasser des Romans ‚Die Epigonen' mit der Erfahrung, Epigone zu sein, fertig wird."[47] Der Durchzug der Historie legt Immermanns Autorschaft aufs Krankenlager, ein Titelwort verschuldet ihn und transferiert sein symbolisches Kapital auf das Konto der Geschichte.

---

[40] Heinrich von Treitschke: Deutsche Geschichte im neunzehnten Jahrhundert, Bd. 4, Leipzig 1889, S. 448.
[41] Harry Maync: Immermann. Der Mann und sein Werk im Rahmen der Zeit- und Literaturgeschichte. München 1920, S. 392 und S. 424.
[42] Fauser: Intertextualität als Poetik des Epigonalen, S. 332, S. 338 und S. 332.
[43] Fauser: Intertextualität als Poetik des Epigonalen, S. 339.
[44] Vgl. Hans Blumenberg: Epigonenwallfahrt, in: Akzente 37, 1990, S. 272-282, hier S. 277.
[45] Th[eodor] M[undt]: Immermann und das Jahrhundert der Epigonen, in: ders.: Charaktere und Situationen. Vier Bücher Novellen, Skizzen, Wanderungen auf Reisen und durch die neueste Literatur. Erster Theil, Wismar/Leipzig 1837, S. 272-292, hier S. 273, S. 278 und S. 287.
[46] Waltraud Maierhofer: ‚Wilhelm Meisters Wanderjahre' und der Roman des Nebeneinander, Bielefeld 1990, S. 66.
[47] Blumenberg: Epigonenwallfahrt, S. 272.

Meine These wird im folgenden sein, daß das Kapitel „Lehre und Literatur" in den „Memorabilien" auf diese Problemlage reagiert. Während Immermann andernorts den Epigonendiskurs durch mediale Sektoralisierung zu entschärfen versucht[48], begibt er sich in „Lehre und Literatur" in die Höhle des Löwen und schlägt ein alternatives literaturhistoriographisches Periodisierungsschema vor, das getreu dem Diskursprogramm nicht medial, sondern national differenziert. Es geht um den Unterschied zwischen „[u]nsere[r] große[n] Literatur" und „den Literaturen der anderen Nationen"[49]. Innerhalb der räumlichen Differenz plaziert Immermann die zeitliche. Seinem Epochenwechselbewußtsein verleiht er den Eigennamen ‚Goethe', der ein „Repräsentant der abgewichenen Zeit" deswegen sei, weil er nirgendwo „Probleme, die sich ihm vorlegen, durch realistische Gründe aufzulösen oder mit ihrer Poesie sich auf historische Weise in Zusammenhang zu setzen" versucht habe.[50] Interessanter als der Umstand, daß Immermanns Einschätzung nicht zutrifft, ist die Wertpräferenz für ‚Realismus' und ‚Historisierung'. Skizziert Immermann hier deshalb ein weiteres Teilstück seiner Historik? In denen es wieder um Subjektgebirge und objektiv überschwemmte Ebenen geht? „In der Geschichte werden immer zwei Methoden einander ablösen: die biographische und die Deduktion aus Zuständen. Denn alles, was geschieht, geschieht durch den Helden und durch das Volk."[51] Auch in der historiographischen Theorie bildet sich also der Übergang vom subjektiven zum objektiven Zeitalter ab, denn „die Geschichte nimmt mehr als jede andere Wissenschaft ihre Stimmung von der Zeit an, in der sie ihr Zeugnis niederschreibt"[52]. Die Vermittlung zwischen Held und Volk, Berg und Ebene sei, „[b]etrachtet man die Geschichte der Geschichtschreibung", fast jenseits der „Grenzen der menschlichen Kraft"[53]. Deshalb beherrscht in diesem Feld homologer und polarer Gegensätze (Persönlichkeit und Masse, Ereignis und Struktur, subjektive und objektive Perioden) einer der Terme den anderen zyklisch wechselnd. Gegenwärtig überwiege „die Deduktion aus Zuständen", d. h. man sehe „den Helden oft nur schwer vor den Dingen, die ihn gemacht haben sollen", selbst „Ranke, unser bester Historiker", zeige, daß ein „über alle hervorragender Charakter"[54] fehle. Richtige Helden mit echten Namen kann dagegen der Literarhistoriker ausmachen, vor allem der deutsche.

Auf die Theorie folgt die Praxis der Literaturgeschichtsschreibung, die (wie alle anderen Literaturgeschichten des 19. Jahrhunderts auch) von der Voraussetzung ausgeht, daß die „deutsche Poesie [...] eine Entstehung gehabt"

---

[48] Vgl. Epigonen, S. 450-451 sowie Tagebücher, S. 232 und S. 646-647. Malerei und bildende Kunst haben ein Problem, das Literatur – so der Literat – (noch) nicht hat.
[49] Immermann: „Memorabilien", in: Werke IV, S. 478.
[50] Werke IV, S. 481 und S. 482.
[51] Werke IV, S. 482.
[52] Werke IV, S. 483-484.
[53] Werke IV, S. 483.
[54] Werke IV, S. 483.

habe, "welche von dem Ursprunge der anderen europäischen Dichtungen ganz verschieden war"[55]. Und in struktureller Entsprechung zu den narrativen Abschlußfiguren etwa bei Gervinus schließt Immermann das nach National-typologien organisierte Panorama der europäischen Literatur mit dem ab, was seit seinen "Epigonen" auf den Namen ‚Epigonendiagnose' hört. "Ich glaube, daß vor einem richtig würdigenden Auge die späteren Führer jener Literaturen, soweit sie nämlich ein Eigenes haben anstreben wollen, über oder auch nur neben den genannten Ahnherren nicht Stich halten."[56] Immerhin erklärt Immermann damit Autoren wie Voltaire, Diderot, Rousseau und Hugo zu Nachahmern. Schlechte Zeiten für alle potentiellen Konkurrenten der deutschen Dichtung: "Die Dichter jener Völker empfinden daher den Zwang, entweder zurückzugreifen auf abgeschlossene Muster ohne Anfrischung durch einen fortquellenden Strom der wirklichen Dinge, oder sich zu versuchen in neuen Gebieten mit dem niederschlagenden Bewußtsein, daß unleugbar der Nation früher schon einmal ein Allerbestes geboten worden sei."[57] Eine Verzweiflung also, die zu „eine[r] gewisse[n] Abkältung der zeugenden Kraft"[58] führt. Der grippale Infekt aus der Vorrede zur Ivanhoe-Übersetzung wird hier als Impotenzmetapher variiert. Völlig anders ist dagegen die Situation der deutschen Literatur – um diesen Ausnahmezustand verhängen zu können, macht Immer-mann eine Ausnahme und widerspricht den literarhistorischen Erzählungen vom ersten Gipfel ‚deutscher' Literatur um 1200[59], den der zweite Gipfel von 1800 eingeholt und überboten habe. Statt dessen bindet er die Karriere der poetischen National-Literatur der Deutschen ausschließlich an die großen Heroendichter, denn „[d]er große Schriftsteller ist wie der große Feldherr, der sich auch nicht in das Handgemenge begibt, sondern dem sich das Heer, die Tapferkeit der Einzelnen, der Verstand der Untergebenen zu feinen Abstraktionen klären müssen, wenn er seine beste Kraft zeigen soll"[60]. Erst das 18. Jahrhundert ist also „das Geburtsjahr der eigentlich großen Literatur der Deutschen".[61] Allerdings gehen die Riesensubjekte auf ihren Berggipfeln „von Standpunkten" aus, „die nur ihnen, nicht einem Vaterlande [...] angehören"[62]. Großfürst dieser Egoklasse ist natürlich Goethe, was Immermann nicht daran hindert, ihm Versagen vor der Form und Überhang des Stofflichen vorzurechnen.

Immermann gibt dem goethisch-subjektiv, d. h. unartistisch gebliebenen deutschen Publikum auch die Schuld am Mißerfolg der „Epigonen". Der „[i]n

---

[55] Werke IV, S. 485.
[56] Werke IV, S. 486.
[57] Werke IV, S. 487.
[58] Werke IV, S. 487.
[59] „Ich teile die Verehrung für diese alten Denkmale, allein wer möchte behaupten, daß sie unter Umständen entstanden seien, unter welchen Klassiker möglich sind?" (Werke IV, S. 487).
[60] Werke IV, S. 488.
[61] Werke IV, S. 488.
[62] Werke IV, S. 489.

neuster Zeit [...] bis zur Karikatur gesteigert[e]" „stoffartige Anteil"[63] habe viele den Text als „nihilistisch"[64] verwerfen lassen, weil er eben nicht als heiteres Kunstwerk, sondern als Lazarettgeschichte gelesen worden sei. Hilflos steht Immermann vor der Tatsache, daß sein Zeitroman gleichsam nichts als ein Zeitroman ist, d. h. eine mit diagnostischer Autorität ausstattende Projektionsfläche: „Es war mir merkwürdig, daß gerade den frischesten und gesündesten Lesern der Atem der Hoffnung aus den ‚Epigonen' entgegenwehete, so daß mir daher die Vermutung kam, die anderen, welche von Verwesungsduft schwatzten, möchten sich wohl selbst gewittert haben."[65] Sich selber wittern – eine andere Formel für die Logik der Selbstinfektion. Der Literarhistoriker Immermann interessiert sich im weiteren für die „zweite Möglichkeit unserer großen Literatur", nämlich die „deutsche Poesie als Kunst"[66], deren praktischer Umsetzungsversuch „die romantische Schule"[67] gewesen sei. Jedoch das „Ziel der Entwicklung [...] scheint noch vorwärts zu liegen. Wir müssen durch das Romantische, welches der Ausdruck eines objektiv-Gültigen sein sollte, aber nicht ward [...], hindurch in das realistisch-pragmatische Element."[68] Das ist die Ausnahmebotschaft. Genau dort, wo die konkurrierende Literaturgeschichtsschreibung des 19. Jahrhunderts vom Epigonentum redet und ihr Immermann-Kapitel einschaltet, versprechen die „Memorabilien" der deutschen Literatur – anders als ihren europäischen Nachbarn – eine Zukunft: „eine Kunst der deutschen Poesie" werde sich „entwickeln", wofür „einige Schriftsteller der jüngsten Gegenwart" schon „ein großes Verdienst"[69] erworben hätten. Wen meint Immermann? An welche Namen denkt er? Bevor wir zu den Namen kommen, sei festgehalten, daß die „Memorabilien" die Ambivalenz gegenüber der Historiographie reproduzieren, die schon „Die Epigonen" prägt. Einerseits ebenso ironisch distanziert wie literarisch gerahmt und nur für bestimmte Sektoren der künstlerischen Produktion mit Geltungsanspruch versehen, lanciert Immermann die Epigonendiagnose andererseits als allgemeine historische Aussage, die diese kontrollierenden Rahmungen sprengt. Der konstitutive Widerspruch wird in beiden Texten von einer ebenfalls historiographischen Gedankenfigur verwaltet: der Rede von der Übergangsepoche, ein weiterer Lieblingstopos der an objektsprachlichen Verdoppelungen reichen Immermann-Exegese. Die Formel vom Übergang von der subjektiven zur objektiven Periode, der in den „Memorabilien" als genauso durchtriebene wie riskante Apologie funktioniert, findet sich bereits in den „Epigonen": „‚[W]ir leben in einer Übergangsepoche',

---

[63] Werke IV, S. 489.
[64] Werke IV, S. 491.
[65] Werke IV, S. 491.
[66] Werke IV, S. 491.
[67] Werke IV, S. 495.
[68] Werke IV, S. 498.
[69] Werke IV, S. 498.

sagte Wilhelmi. ‚Das ist ein trivial gewordenes Wort, welches alle Schulknaben jetzt nachplappern.'"⁷⁰ Begnügen wir uns in diesem Zusammenhang mit dem Verweis auf den Schulknaben Maync, für den Immermann nicht nur „von Natur den Typus eines Übergangsmenschen darstellt", sondern der auch noch „in einem typischen Übergangszeitalter"⁷¹ lebe. Diese Doppelfigur verdoppelt Maync für „Die Epigonen" noch einmal, denn „in der schriftstellerischen Entwicklung Immermanns" – des Übergangsmenschen in der Übergangsepoche – „stellen die ‚Epigonen' eine Übergangszeit dar", nämlich „den Umschwung von der Romantik zum Realismus"⁷². Die Ambivalenz gegenüber der Historiographie ermöglicht und verstümmelt also die Autorschaft Immermanns im selben Augenblick. Sie eröffnet ein Schreiben im Durchzug der Übergangsepoche und kann zugleich dessen Abqualifizierung als Zwittertrank oder Lazarettgeschichte nicht verhindern.

Weil aber dieses Problem unter anderem in den „Memorabilien" ausagiert wird, lassen sie sich paradoxerweise gerade auch im Sinne de Mans als Autobiographie lesen, der darunter einen „Diskurs der Selbstheilung, des Sich-selbst-Wiederherstellens" versteht, der mit der Trope der Prosopopöie operiere, „durch die jemandes Name [...] so verstehbar und erinnerbar wird wie ein Gesicht"⁷³. Auf der Suche nach Immermanns Prosopopöie, nach seinem Namen in seiner wahren Fülle, bietet es sich an, Tante Rustan zu spielen und noch einmal aus zwei Rezensionen des „Epigonen"-Romans zu zitieren. Mundt dekretiert 1836, daß Immermann als „Epigone [...] den Namen eines Dichterheros nicht annehmen"⁷⁴ dürfe, und der sittenstrenge Ernst Weber ergänzt zwei Jahre später: „Ein Dichter, der seines Namens Dauer beabsichtigt, müßte selbständig bleiben."⁷⁵ Zum Schluß geht es also um Heldennamen und um den Namen des Helden. Erinnern wir zunächst daran, daß Immermann in den „Memorabilien"

---

⁷⁰ Epigonen, S. 379. Noch pointierter verwendet Immermann diese Gedankenfigur in einer brieflichen Apologie der „Epigonen": „Dieser noch nicht geschlichtete Zwiespalt giebt allen Charakteren der Gegenwart etwas Halbes u Doppeltes zugleich, allen Ereignissen etwas Zweideutiges [...]. Ein Werk nun, wie die Epigonen welches das Leben der Gegenwart darstellt, muß also in Anlage, Führung, Gestaltung u Gliederung etwas Ähnliches von diesem Doppel u Vieldeutigen seyn" (Briefe II, S. 618). Weil „Dichtung immer nur der geistigste Reflex der Zeit" sei, dürfe niemand vom „Dichter der Gegenwart" „die Poesie des Homer, des Sophokles oder Shakspeare" (Briefe II, S. 617) verlangen. Damit bestätigt Immermann die Logik historischer Repräsentanz, die ihn seine ‚starke' Autorschaft kosten wird.
⁷¹ Maync: Immermann, S. 9.
⁷² Maync: Immermann, S. 420.
⁷³ de Man: Autobiographie als Maskenspiel, S. 138 und S. 140. Zum Konzept vgl. Bettine Menke: De Mans ‚Prosopopöie' der Lektüre. Die Entleerung des Monuments, in: Karl Heinz Bohrer (Hg.): Ästhetik und Rhetorik. Lektüren zu Paul de Man. Frankfurt/M. 1993, S. 34-78.
⁷⁴ M[undt]: Immermann und das Jahrhundert der Epigonen, S. 281.
⁷⁵ W[ilhelm] E[rnst] Weber: Über Immermanns ‚Epigonen', in: Bremisches Konversationsblatt, 26. und 29. Juli sowie 2., 12. und 19. August 1838, S. 183, 200-201 und 211-212. Zitiert nach: Epigonen, S. 711-712.

den großen Schriftsteller mit einem großen Feldherrn vergleicht, ihn vom Untergebenenverstand im Handgemenge abhebt und lesen wir erneut in seinen „Knabenerinnerungen". Immermanns Kindheit steht wie gesagt im Schatten großer Namen, Schuld daran hat der „Heroenkultus"[76] des Vaters. Gegenstände der Verehrung sind Gustav Adolf von Schweden und Friedrich II., eine Pseudo-Genealogie führt von dort zum Eigennamen ‚Immermann': „Eine glaubwürdige Familientradition, die mein Vater in seinem Hausbuche aufgezeichnet hatte, besagte, daß Peter Immermann, Sergeant in der Armee des großen Schwedenkönigs, der erste des Namens in Deutschland gewesen sei."[77] Schließlich bilde sich nicht nur der Adel „etwas auf seine Ahnen" ein, auch der Bürgerliche sehe gerne „den Stammbaum verherrlicht, sei es auch nur dadurch, daß sein Name mit irgendeiner großen oder gerühmten Begebenheit in Zusammenhang steht"[78]. Dementsprechend pokert der Sergeantenabkömmling Immermann bis zum Ende darum, aus der überschwemmten Ebene nach oben auf den Heldengipfel zu gelangen. Doch der historische Durchzug wird unserem Helden genauso zum Verhängnis werden wie sein Napoleonstalent der Skepsis: „[I]n der Poesie wird vielleicht nicht viel mich überleben, aber zu einem Werke werden sich alle meine Kräfte versammeln und von diesem Werke hoffe ich die Erhaltung meines Namens bei meinem Volke."[79] Die „Memorabilien" als scheiternder autobiographischer Selbstheilungsdiskurs werden damit genauso wenig gemeint sein wie die „Epigonen", die Immermanns Namen schließlich gemacht haben. Auch der Blick in den „Münchhausen" bestätigt nur die strukturelle Ambivalenz der Autobiographie Immermanns, die streng nach de Mans Definition genau in dem Maße „beraubt und entstellt [...], wie sie wiederherstellt".[80]

Dieser Roman enthält ebenfalls die autobiographische Szene – und noch mehr. Während in den „Epigonen" der Herausgeber mit einer Nebenfigur disputiert, geraten dort Autor und Held aneinander. Diesmal geht es nicht um Geschichte oder Literatur, sondern direkt um symbolisches Kapital. Der Lügenbaron fragt den Autor nach seinem Namen: „‚Ach', versetzte der im braunen Oberrock, ‚lassen wir meinen Namen unausgesprochen! – Durch eine seltsame Laune des Schicksals [...] ist mir [...] ein Name zuteil geworden, der mehr versprach, als meine geringe Persönlichkeit zu halten imstande gewesen ist.'"[81] Natürlich bleibt der Name des „korpulente[n] Mann[es] im braunen Oberrock" dann doch nicht unausgesprochen, schließlich ist es „niemand anders als der bekannte Schriftsteller Immermann"[82], der sich nach Schloß

---

[76] Immermann: „Memorabilien", in: Werke IV, S. 383.
[77] Werke IV, S. 376.
[78] Werke IV, S. 377.
[79] Briefe II, S. 958.
[80] de Man: Autobiographie als Maskenspiel, S. 145.
[81] Münchhausen, S. 543.
[82] Münchhausen, S. 546.

"Durchzug" 53

Schnick-Schnack-Schnurr aufgemacht hat, um die verworrenen Fäden der Handlung wieder in den Griff zu bekommen. Münchhausen jedoch will sich weder durch braune Oberröcke noch mittels echter Namen dingfest machen lassen: „„Ich war überall und nirgends, mein Name war mir stets so gleichgültig, wie der Rock, den ich gerade zufällig trug."'[83] Dann erinnert er Immermann daran, daß er viel zu „,wenig Kredit in der Literatur"'[84] habe.

> „Sie behaupten also im vollen Ernste, ein selbständiger Charakter zu sein?" fragte der Schriftsteller befremdet. „Freilich. [...] Nehmen Sie sich nur in acht, daß Sie nicht ganz gegen mich verschwinden, daß Sie nicht für eine Erfindung von mir gelten. Was hätten Sie mir geben oder leihen können? – Sie sind kein Genie –" „Nein", versetzte der andere ohne alle Ironie oder Empfindlichkeit. „Sie sind höchstens ein Talent, doch sind Sie auch das nicht, sondern nur ein Nachahmer, Sie ahmten immer nach, erst Shakespeare, dann Schiller, zuletzt Goethe. [...]" Der Schriftsteller schüttelte dem Freiherrn die Hand, lachte und sagte: „Ich hatte schon gemeint, daß Ihr ernsthaft mit mir anbinden wolltet, nun sehe ich aber, daß Ihr Spaß macht, alter Spötter. Ihr habt den Ton meiner öffentlichen Beurteiler ziemlich lustig kopiert."[85]

Aber wenn Immermann tatsächlich ganz „ohne Ironie oder Empfindlichkeit", aber „ziemlich lustig" den Eigennamen opfert (dessen Erhaltung bei seinem Volk er nach Abschluß des „Münchhausen" aber erst recht und im vollen Ernste beabsichtigt), warum läßt ihm diese Frage keine Ruhe? Was sind die Schulden, um die sein autobiographischer Diskurs so ausdauernd kreist? Der Widmungsbrief an Tieck im „Münchhausen", der Anspruch nur auf „den Namen eines Schülers" erhebt sowie darauf, „kein ganz verächtlicher Gast am Parnaß"[86] zu sein, thematisiert den Epigonenvorwurf erneut[87] und versucht, ihn kraftlos zu entkräften: „Später [...] meine ich jederzeit ein Eigenes gebracht zu haben, wenn ich mich fremden Mustern anlehnte."[88] Dieser vor dem Tribunal der Originalitätsästhetik aussichtslose Rekurs auf das alte Modell der Schulenbildung und Regelpoetik stellt zum letzten Mal vor die Unterscheidung historischer bzw. rhetorischer Lektüre. Denn während die historiographische Empfindlichkeit an dieser Stelle nichts als einen überständigen, zudem widersprüchlichen Anachronismus finden wird, entdeckt eine auf Literarizität aufmerksame Lektüre an der vorherigen Stelle das mit Sicherheit ironischste Stück seiner Autobiographie: in der Behauptung Immermanns, ganz ohne Ironie zu sprechen. Nun ist de Man folgend von der (romantischen) Ironie rhetorisch noch viel weniger Selbst-

---

[83] Münchhausen, S. 550.
[84] Münchhausen, S. 550.
[85] Münchhausen, S. 552-553.
[86] Münchhausen, S. 635-636.
[87] „Man hat mich oft einen Nachahmer genannt, und der Tadel, der in dieser Bezeichnung liegt, mag meine frühesten Versuche nicht ohne Grund getroffen haben, obgleich mich nie ein äffischer Trieb kitzelte" (Münchhausen, S. 635).
[88] Münchhausen, S. 635.

heilung zu erwarten als von der Autobiographie. Doch anders als diese weiß sie das immerhin. Deshalb hat sie so viel Kredit: „Die Ironie vermag um diese Nichtauthentizität zu wissen, aber sie vermag sie niemals zu überwinden. Sie kann sie nur auf immer bewußtere Weise erneut zum Ausdruck bringen und wiederholen, aber es wird ihr immer unmöglich sein, aus diesem Wissen etwas zu machen, das sich auf die empirische Welt anwenden ließe."[89]

---

[89] Paul de Man: Rhetorik der Zeitlichkeit, in: ders.: Die Ideologie des Ästhetischen, S. 83-130, hier S. 120.

JOSEPH A. KRUSE

Immermanns „Theaterdiarium" (1834/35)

1. Allgemeine Charakterisierung: Mehr Wirklichkeit als Poesie

Die Tagebücher von Karl Immermann aus dem Zeitraum 1831 bis 1840 hat Peter Hasubek nicht ohne Bedacht mit dem Obertitel „Zwischen Poesie und Wirklichkeit" versehen.[1] Sie werden dadurch von vornherein als vermittelnde Texte charakterisiert und erscheinen somit gleichzeitig als selbständige literarische Quellen von changierender Bandbreite. Das Wort ‚Poesie' steht hier für das dichterische Werk des Autors mit all seinen Facetten, an das sich die Tagebücher, zumal in ihren erzählerischen Partien, gelegentlich eng anschließen, von dem sie sich allerdings manchmal auch als pure Zwecknotate, der reinen Dokumentation dienend, weit entfernen; der Begriff ‚Wirklichkeit' dagegen betrifft die pragmatischen Umstände, unter denen das schriftstellerische Werk zu schaffen oder das künstlerische wie private Leben zu führen waren und für die auch die Tagebuchaufzeichungen als akribisches Verzeichnis der Realität, der damit verknüpften Erlebnisse, Erinnerungsstützen und Reflexionen einstehen.

Immermanns „Diarium des Theaters. Angefangen den 10ten October 1834. Fortgeführt bis zum 16ten November 1835." bildet unter allen Tagebüchern mit ihren Lesefrüchten, Kunstbetrachtungen und sonstigen Beobachtungen, Reisebeschreibungen und Skizzen zweifellos den sachlichsten, am wenigsten literarischen Teil. Man darf sogar folgern, daß es sich angesichts dieser Einschränkung sogar um den trockensten Bericht und den am meisten auf die spezielle Theaterarbeit bezogenen Part seiner persönlichen Notizen handelt. Hier zeigt die Wirklichkeit in aller Deutlichkeit ihren nüchternen Vorrang vor jeder Poesie. Sein gleichzeitig geführtes zweites „Tagebuch von Ostern 1834 bis Mitte August 1836"[2], das den entsprechenden Zeitraum des „Theaterdiariums" umschließt, enthält bereits eine klassifizierende Zuordnung, die sowohl für den üblichen Tagebuchstil oder dessen Nutzen wie für das spezielle „Theaterdiarium" aufschlußreich ist. Es heißt dort:

> Obgleich mein Leben jetzt zwischen Coulissenwänden größtentheils sich hinzettelt, so hat es im verfloßnen Vierteljahre denn doch hin und wieder einen Aufblick draußen gegeben, und ich muß daran gehen, einmal wieder zu resumiren, um zu sehen, ob ich mich noch beisammen habe.

---

[1] Das „Nachwort" der „Tagebücher", S. 949-968, erschien in umgearbeiteter und erweiterter Form auch in Peter Hasubeks Immermann-Buch von 1996 unter dem Titel „Auf den Spuren Goethes. Zu Immermanns Tagebüchern" (P. H.: Karl Leberecht Immermann. Ein Dichter zwischen Romantik und Realismus. Köln, Weimar, Wien 1996, S. 149-174). Vgl. zu dem Problem der Autobiographie auch Hasubeks Aufsatz: Autobiographie oder zeitgeschichtliche Studien? Zur Kunstform von Immermanns Schrift „Düsseldorfer Anfänge. Maskengespräche" (1840), in: Immermann-Jahrbuch 1/2000, S. 83-102.
[2] Tagebücher, 243-337.

Das Tagewerk referirt das TheaterDiarium. Ich reflectire nicht, sehe nicht vor- und nicht rückwärts, sondern vermahle mein Korn, welches mir alle Tag auf die Steine geschüttet wird. Das Gefühl, seine Pflicht zu thun, ist in einem problematischen, unsichern, doppeldeutigen Zustande des Menschen einziger Halt.[3]

Die individuelle Ganzheit wie der ‚Zusammenhang' mit seinem Pflichtgefühl im zweifachen Sinn (als Leistung und als deren Kontrolle) waren es denn auch schon, die er am 2. Ostertag des Jahres 1834, am 31. März, in den Aufzeichnungen, die den gerade zitierten als Tagebuch vorausgehen und die bereits die Mühen *für* wie Arbeiten *an* der Düsseldorfer Musterbühne reflektieren, von solchen schriftlichen Fixierungen seines Lebensverlaufs für sich in Anspruch nahm: „Wenn man in solcher Zerstreuung lebt, wie ich jetzt, so ist das Tagebuchschreiben eine Art von Pflicht; man sieht auf diese Weise nur, wie man noch zusammenhängt."[4] Wichtig scheint mir Immermanns Einschätzung, was das „Theaterdiarium" angeht, daß dieses eben nur das „Tagewerk" wiedergibt und jene teilweise stupiden Bemühungen festzuhalten versucht, die der Dichter nicht umsonst mit der Tätigkeit des Esels in der Mühle vergleicht. Dieser Selbsteinschätzung hat die Reflexion über das „Theaterdiarium" zu folgen und Tribut zu zollen. Deshalb wird man also nicht auf lauter unerwartete Begebenheiten stoßen können.

Am 10. Oktober 1834, als für Immermann „die Tätigkeit als Intendant des Düsseldorfer Theaters in die entscheidende Phase trat", wie es im Nachwort der Tagebücher zum Auftakt der Charakterisierung des „Theaterdiariums" heißt, lauten dann die ersten Sätze dieser „Art Rechenschaftsbericht" (ebenfalls eine treffende Formulierung des Herausgebers) gewissermaßen als Präambel dieser Variante eines Arbeitstagebuchs:

> Da meine Thätigkeit für die hiesige Bühne sich in so viele Zweige theilt, daß das Gedächtniß nicht jedes zu Thuende oder Gethane bewahren kann, zerstreute schriftliche Notizen oder Protocolle aber keine leichte Übersicht gewähren, so habe ich beschloßen, über dieses Geschäft ein Tagebuch anzulegen, welches alle Einzelheiten desselben umfaßt, und mir in der jetzigen Beschäftigung zu einem Anhaltspuncte dient.[5]

Im Nachwort zur Ausgabe der Immermannschen Tagebücher ist überhaupt bereits eine hilfreiche wie richtige, kaum überholbare, sondern höchstens zu entfaltende oder zu erweiternde Interpretation des „Theaterdiariums" im Rahmen der Würdigung „einer doppelten Tagebuchführung Immermanns" angelegt, die, wie der Herausgeber formuliert, davon zeuge, „welchen Rang" der Schriftsteller „dem Tagebuch in diesem Jahrzehnt" einräumte. Im Nachwort wird nämlich das Besondere dieses Tagebuchkomplexes eines eigens nur für das Theater angelegten Bandes mit seinen beinahe 248 handschriftlich gefüllten Seiten, der sich im Immermann-Nachlaß des Goethe- und Schiller-Archivs Weimar befindet, in mehreren logischen

---

[3] Tagebücher, S. 295. (Eintrag unter „October 1834 bis Neujahr 1835.").
[4] Tagebücher, S. 139, vgl. Nachwort, S. 950.
[5] Tagebücher, S. 341, vgl. für die Zitate vor dem Immermannschen Originalton das Nachwort, S. 951.

Schritten folgendermaßen erläutert, was von mir zum Teil direkt oder indirekt referiert werden soll: Im „Theaterdiarium" besitze „das Tagebuch tatsächlich jene Funktion der Entlastung der Erinnerung und der Dokumentation täglichen Geschehens"; zugleich werde aber „ein Moment der Ordnung sichtbar, die Wirklichkeit nämlich überschaubar zu halten, eine Funktion, die das Tagebuch hier ausdrücklich zu leisten" habe. In dieser Absicht komme „natürlich auch etwas von der Mentalität Immermanns zum Ausdruck, seine Ordnungsliebe in geschäftlichen Dingen, die durch sein juristisches Amt noch gefördert" worden und „mit einem großen Verantwortungsbewußtsein übernommenen Verpflichtungen und einer gewissen rationalen Einstellung den Dingen gegenüber" Hand in Hand gegangen sei. „Wie nützlich ihm dieser Rechenschaftsbericht bereits in Kürze werden sollte", stellt der Herausgeber weiterhin fest, habe „Immermann hier freilich noch nicht voraussehen" können: „In dem Anfang November 1834 aufbrechenden Streit mit Felix Mendelssohn Bartholdy" bilde das „Theaterdiarium" „eine unersetzbare Stütze in der Argumentation gegenüber Mendelssohns zum Teil widersprüchlichen und unberechenbaren Verhaltensweisen, ein beinahe unbestechlicher Zeuge in einem zunächst vielversprechenden Versuch der Kooperation verschiedener Künste". Das „Theaterdiarium" sei „als besondere Art des Tagebuchführens bei Immermann", so wird mit Recht gefolgert, deshalb „von Interesse", weil es „konsequent eingeschränkt" sei „auf eine Zweckbestimmung, Immermanns Leitung des Düsseldorfer Stadttheaters".[6]

Dieser allgemeinen Charakteristik des „Theaterdiariums" als Anhaltspunkt innerhalb der Anfänge seiner Intendantentätigkeit seit Herbst 1834, die freilich ihre bekannte Vorbereitungszeit besitzt und knapp anderthalb Jahre nach dem Schluß dieser Aufzeichnungen, nämlich Ende März 1837 zum Abschluß kam,[7] können sich nunmehr einzelne Beobachtungen zur Anlage dieses speziellen Tagebuchs wie Erläuterungen zum autobiographischen Schreiben sowie die dazu gehörenden zusammenfassenden Ausblicke, was Immermanns künstlerisches Gewissen betrifft, anschließen. So viel ist generalisierend an dieser Stelle gewiß zu sagen: Das spezifische Tagebuch über seine Tätigkeit für das Theater bleibt als „Theaterdiarium" ebenso Fragment, wie letztlich sein Versuch zugunsten einer Musterbühne in Düsseldorf eine vorübergehende Phase darstellt. Text und Realität entsprechen damit einander.

---

[6] Tagebücher, Nachwort S. 951-952, vgl. auch Kommentar S. 853.
[7] Vgl. Heinrich Riemenschneider: Theatergeschichte der Stadt Düsseldorf. 2 Bde., Düsseldorf 1987, hier Bd. I, S. 261-314 (Der Umbau des Stadttheaters 1832 und die Ära Immermann). – S. aber bes. den Beitrag von Peter Hasubek: „In dieser Welt ... kann ich kaum beßere Verhältnisse mir wünschen ...". Karl Immermanns Stellung im geistigen Leben Düsseldorfs, in: Gerhard Kurz (Hg.): Düsseldorf in der deutschen Geistesgeschichte (1750-1850). Düsseldorf 1984, S. 299-320, hier vor allem das 2. Kapitel: „Höhepunkt (1832-1837)", S. 302-311 (dass. auch in seinem oben in Anm. 1 aufgeführten Immermann-Buch von 1996, S. 7-34).

2. Aufbau und inhaltliche Besonderheiten: Chronologie und theaterspezifische Aspekte

Zunächst lohnt sich ein Blick auf die Chronologie des „Theaterdiariums" vom 10. Oktober 1834 bis zum 16. November 1835. Es beginnt, wie der eigene ordentliche Vermerk Immermanns angibt, in „Düsseldorf den 10. October 1834." mit einem seitenlangen Eintrag, der am folgenden Tage, einem extra notierten „Sonnabend", fortgeführt wird und sich dann regelmäßig Tag für Tag unter Angabe des jeweiligen Wochentages bis „Freitag den 24. October" erstreckt. Danach wird ein Protokoll über den Verlauf einer „Conferenz" vom 25. Oktober 1834 eingeschoben, das am 2. November 1834 „Vorgelesen. genehmigt unterschrieben" wurde, und ebenfalls ein diesem Datum folgender Probenzettel von Montag, dem 3. November bis Sonntag, dem 9. November, während dann wieder die täglich üblichen Einträge mit Angabe des Wochentages vom besagten „Sonnabend", den 25. Oktober an mit seinem ganz kurzen Vermerk bis zum Mittwoch, den 3. Dezember folgen. Die Wochentage sind jeweils immer genannt, kleinste Schwankungen ergeben sich für den Editor bei Daten- oder Monatsnennungen. Das Jahr wird nur am Anfang und dann gelegentlich notiert, taucht allerdings immer wieder unter den Beigaben auf.

Für den Zeitraum vom 4. bis 14. Dezember „fiel so viel Arbeit und anderweitiges Getreibe" an, „daß die regelmäßige Führung des Diarii in Stocken gerieth, und nur summarisch nachgeholt werden kann", wie Immermann schreibt.[8] Dennoch erfolgt in diesem gemeinsamen Eintrag allerdings eine Tag für Tag gestaffelte Niederschrift über die Theatervorgänge. „Montag den 15. December" fährt das Diarium bis zum folgenden Montag, den 22. Dezember 1834 mit seinen täglichen Einträgen fort. Für Dienstag, Mittwoch und Donnerstag, den 23., 24. und 25. Dezember erfolgt eine gemeinsame Notiz, ebenso für Freitag, Sonnabend und Sonntag, den 26., 27. und 28. Dezember. Es folgen „Memorabilia" über die Aufführung von Shakespeares „Hamlet" mit Skizzen des Arrangements, niedergeschrieben „Montag Morgens um 10 Uhr", also am 29. Dezember, ein Tag, der obendrein mit einem anschließenden eigenen Vermerk bedacht ist. Die täglichen Einträge folgen nunmehr wieder regelmäßig aufeinander, auch wenn der Jahreswechsel zu 1835 hervorgehoben wird, bis zum 6. Januar, dem „Dreikönigstag", wie Immermann eigens bemerkt. Für Mittwoch, den 7. bis Mittwoch, den 14. Januar 1835 folgt dann wieder ein summarischer Eintrag, der allerdings wie früher bereits die jeweiligen Wochentage mit Material versieht, allerdings mit einem längeren Vermerk für den Montag endet. Darauf erfolgen die regelmäßigen täglichen Einträge für Donnerstag, den 15. Januar bis Mittwoch, den 21. Januar. Donnerstag, der 22. Januar entfällt, dafür geht es mit Freitag, den 23. Januar, weiter, wird der 24. Januar übersprungen, folgen Sonntag und Montag, der 25. und 26. Januar, dann Mittwoch, der 28. Januar und Freitag, der 30. Januar. Der darauf folgende Samstag fehlt. Anschließend kann aber eine tägliche Reihe vom Sonntag,

---
[8] Tagebücher, S. 399.

dem 1. Februar bis Dienstag, dem 17. Februar folgen, wobei sowohl Freitag, der 13. wie Dienstag, der 17. mit reichlich Stoff versehen sind. Für den 18. Februar bis zum 3. März gibt es einen summarischen Eintrag. Dann folgen von Mittwoch, den 4. März und Donnerstag, den 5. März Vermerke, wird der Donnerstag ausgelassen und schließlich vom Freitag, den 6. März in täglicher Regelmäßigkeit bis zum Sonntag, den 15. März 1835 berichtet.

Daß sich anschließend das Tagebuch aufzulösen beginnt, wird schon durch die eingeschobene Überschrift „Memoranda aus der Zeit vom 15ten März bis zum 13ten Mai" angedeutet. Es folgen noch einige einzelne Beiträge, so für den 18., 20., 22. und 23. März, dann für den 1., 3., 8. und 10. April. Die eigentliche Chronologie ist damit aber an ihr Ende gelangt. Bei dem Bericht, der sich nach der kurzen Bemerkung vom 10. April des längeren über das Gastspiel des dort als von Karlsruhe eben angekommenen Schauspielers Karl Theodor Weymar anschließt, wird auf dessen Auftritte vom 13., 15, 20. und 21. April verwiesen. Für die beiden zuletzt genannten Tage war an „die Darstellung der beiden Teile" von Immermanns 1832 erschienener „Alexis"-Trilogie zu erinnern und damit bereits ein Hinweis auf das erst knapp zwei Jahre später erfolgte Ende der Theatertätigkeit verknüpft:

> Ich hatte dieses schwierige Werk so früh (manche Kräfte waren der Sache offenbar noch nicht gewachsen) zur Darstellung befördert, weil man nicht wissen kann, wie lange die hiesige Bühne besteht, und es denn doch gut ist, ihn einmal gesehn zu haben.[9]

Den Reflexionen über die „Alexis"-Aufführung folgen weitere Berichte über Gastspiele oder Einstudierungen in summarischer, auf die Person des Gastes oder auf die Stücke bezogener Manier. Der Sänger Eduard Breiting war in der Zeit vom 23. April bis zum 1. Mai in Düsseldorf. Für die Folgezeit wird über Tiecks „Blaubart" berichtet, der am 3. Mai auf die Bühne kam. Es wird dann an das Gastspiel der Caroline Lindner mit fünf Auftritten in der Zeit vom 8. bis 17. Mai erinnert, schließlich an Friedrich Wilhelm Porths Gastspiel vom 20. bis 31. Mai mit ebenfalls fünf Auftritten. Schließlich folgt über den Zeitraum „Juni. Juli." 1835 ein Abschnitt, der des Gastes Veronika Meiselbach, Sängerin und Schauspielerin, vom halben Juni bis 10. Juli gedenkt. Sie wurde gar vom 1. Oktober 1835 an engagiert und blieb bis 1837. Den Schluß des Theaterdiariums bildet Immermanns Übersicht über die Tätigkeit in Elberfeld vom 29. Juli bis zum 16. November 1835. – Damit findet das speziell auf das Theater bezogene Tagebuch aus der Schauspielzeit Immermanns von Winter 1833 bis zum 31. März 1837 sein Ende.

Neben der Chronologie verdienen selbstverständlich die *theaterspezifischen Hinweise* auf Bühnenbeschaffenheit, Fundus und alles, was mit dem Orte des Geschehens zusammenhängt, weiterhin auf Schauspieler und Stücke, Organisation und Gastspiele Beachtung. Stets bleibt dem Leser oder Benutzer des „Theaterdiariums" übrigens bewußt, daß es sich in Düsseldorf um einen doppelten Spielplan von Schauspiel und Oper handelt, auch wenn eingangs ausdrücklich festgehalten

---

[9] Tagebücher, S. 457.

wird: „Was die Vorübungen zur Oper, überhaupt alles darauf Bezügliche Technische betrifft, so bleibt dieß andern Händen überlassen, mithin von diesem Tagebuche ausgeschlossen".[10] Der sofort ausgebrochene Konflikt mit Felix Mendelssohn Bartholdy und dessen rasches, ja geradezu umgehendes Ausscheiden aus der Opernarbeit nimmt anfangs einen großen Teil ein. Der Schluß wird durch den Abstecher nach Elberfeld mit seinem wie in Düsseldorf üblichen Mischprogramm gefüllt. „Im Ganzen waren die Folgen des Elberfelder Aufenthalts [...] nicht günstig."[11]

Immermann hat sich um alles selbst zu kümmern. Das „Theaterdiarium" enthält deshalb auch die vielfältigsten Aspekte. In der Tat ist er „der Initiator und ‚spiritus rector' des Düsseldorfer Theaters während der Vorbereitungs- und Gründungs- sowie der Realisierungsphase"; dieses Urteil Peter Hasubeks wie die folgende Charakteristik ist dem „Theaterdiarium" mit seiner gewissermaßen sachlich-objektiven Anteilnahme Seite um Seite abzulesen: „Durch von ihm als Jurist entworfene Statuten und Bestimmungen schuf er sich die Position einer Schlüsselfigur innerhalb des Theaterprojektes. In seiner Person war die geschäftlich-organisatorische und künstlerische Leitung des Unternehmens vereinigt."[12] Das Schauspielhaus am Marktplatz, von dem er seit den Düsseldorfer Anfängen nicht gerade begeistert sein konnte, war aus dem desolatesten Zustand befreit worden. Probenraum und Garderoben aber müssen hergerichtet, ein Magazin für die Dekorationen und Requisiten bereitgestellt sowie ein Fundus geschaffen werden. Ebenso ist für die Unterbringung der Theaterverwaltung in der Ratinger Straße zu sorgen, aus der man, nebenbei bemerkt und von Immermann unter dem 13. Oktober verzeichnet, nach wenigen Tagen wieder auszog. Weiterhin wird eine Theaterbibliothek angelegt, weil das Erbe aus der vorausgegangenen Derossi-Zeit den Ansprüchen nicht genügte. „Die Bücher waren zum größten Teil so beschmutzt und zerlesen, die Rollen in einer so unleserlichen unanständigen Verfassung, daß wenig davon noch benutzt werden konnte."[13] Vom neuen blauen Einband bis zu den Bücherschränken, von der unterschiedlichen Beschaffenheit der Rollenbücher für die Schauspiele und der Musikalien für die Opern, die sich im übrigen, auch wenn sie aus der alten Erbschaft stammten, in einem besseren Zustand befanden, von den Arbeiten für neue Dekorationen über den „Druck des Statuts, des Regulativs, der Actienscheine" sowie der Mitteilung einer „Probenordnung" für die Mitglieder der Bühne bis zur Verpflichtung der einzelnen Kräfte des Ensembles ist am ersten Tage des Diariums zu berichten. Den Abschluß bildet der wiederum auf den Inhalt und das Herz all dieser Bemühungen anspielende Satz: „Abends las ich dem versammelten Personale Macbeth vor." Mit seinem Vortrag des „Prinzen von Homburg" und der Aufzählung von Leseproben

---

[10] Tagebücher, S. 341.
[11] Tagebücher, S. 481.
[12] Hasubek: Immermanns Stellung, S. 304.
[13] Tagebücher, S. 343.

hatte sein Lagebericht für den 10. Oktober 1834 nach jener bereits zitierten Präambel und einem Hinweis auf die Mitglieder des Theaters begonnen.[14] Immermann weiß somit auch bei der kühlen und gelegentlich geradezu kleinlichen Verzeichnung sämtlicher, manchmal heute geradezu lächerlich wirkender Belange immer den Zweck und das Ziel im Auge zu behalten. Denn mit wie viel Sorgen und Ärger der Beginn versehen war, vermag allein sein trockener Bericht vom 10. Oktober 1834 über einen geradezu tragikomischen Anfang der Inspizententätigkeit nahe zu legen:

> 4.) Der Chorist Spangenberg, welcher zum Inspicienten bestimmt war, hat sich seinen Verpflichtungen frevelhafter Weise durch die Flucht entzogen. An seiner Stelle ist der Chorist Richter zum Inspicienten ernannt, und beauftragt worden, die Requisiten nach dem Bodenraume über dem Saale im neuen Überbau zu transportiren, welcher verschließbar ist, und zur Aufbewahrung dieser Sachen ein schickliches Local gewährt.
> Diesen Auftrag hat er bis zum heutigen Tage erfüllt, über die Requisiten ist ein Inventar aufgestellt worden, sie selbst sind in jenem sehr passenden geräumigen Locale auf Balken und Repositorien untergebracht worden. Ich habe heute eine Revision derselben vorgenommen und Alles in Richtigkeit befunden.[15]

Wenige Tage später kann er festhalten, daß mit „den Contzischen Eheleuten [...] die Punkte des Reinigungs und HeizungsContracts abgesprochen" wurden.[16] Es gibt also nichts, um das sich der Intendant nicht selbst kümmert und das es nicht wert wäre, im Tagebuch namentlich festgehalten zu werden. Peter Hasubek hat in der erweiterten Fassung seines „Nachworts" der Immermannschen Tagebücher, gewissermaßen dessen Neigung und Begabung zur Inhaltsangabe der eigenen Niederschriften folgend, die Themen des „Theaterdiariums" Revue passieren lassen und dabei gleichzeitig den notwendigen Ausblick auf das zeitlich spätere Tagebuch gegeben. In überwiegend diarischer Form, heißt es da, würden vom Oktober 1834 an die einzelnen in der täglichen Theaterarbeit anfallenden Vorgänge notiert und bewertet: „Repertoirefragen, Probenarbeit, Ausstattungsfragen, Auseinandersetzungen mit den Schauspielern und Regisseuren, Rollenbesetzungen, Gastspiele, Umgang mit Handwerkern, Verwaltungsaufgaben usw." Nach dem Hinweis auf die Bedeutung dieser Notizen im Streit Immermanns mit dem Musikdirektor Felix Mendelssohn Bartholdy, „dessen Ausscheiden aus dem Theaterprojekt nach zehn Tagen seines Bestehens dieses in eine ernsthafte Existenzkrise stürzte, von der es sich in den nächsten Jahren nicht wieder erholen sollte", betont Hasubek einen anderen wichtigen Aspekt des „Theaterdiariums", wo Immermann „seine Prinzipien und Überlegungen für die Darstellung wichtiger Stücke des klassischen Repertoires (Wallensteins Tod, Alexis, Blaubart, Faust)" beschreibe, und macht abschließend darauf aufmerksam, daß gerade „im Hinblick auf den Stil von Immermanns Inszenierungen"

---
[14] Tagebücher, S. 345.
[15] Tagebücher, S. 342-343.
[16] Tagebücher, S. 347.

auch das Tagebuch von 1836/37 „weiteres wichtiges und interessantes Material" liefere.[17]

Nicht unwesentlich sind Immermanns Einschätzungen der schauspielerischen Leistungen und Klagen über Unzuverlässigkeit, Streitereien und sonstige gruppendynamische Prozesse. Von talentvoll und brauchbar bis schwach ist gleich angesichts der ersten Leseproben die Rede.[18] Die Schauspielerin Bertha Horn, so schreibt er am 14. Oktober 1834, behalte „etwas Steifes in der Stimme, welches bis jetzt keiner Anstrengung und Methode weichen will". Am selben Tag moniert er auch, daß die Leseproben „noch mit Nachlässigkeit behandelt" würden.[19] Die Schauspielerin Auguste Lauber-Versing bewies sich, wie Immermann wenig später notiert, „ihrem Rufe entsprechend durch Feuer, Modulation und Poesie des Vortrags": „Nur zuweilen geht der Affect mit ihr durch." Über sie weiß Immermann am 22. Oktober zu berichten, nachdem sie am Abend zuvor bei einer stellenweise sehr guten Theaterprobe des „Prinzen von Homburg" „noch nicht in ihrer Rolle" gewesen war, er habe mit ihr die Rolle der Natalie durchgenommen und gefunden, „daß sich mit Talenten doch leichter etwas ins Werk richten lasse, als mit Strohköpfen".[20] Am Freitagabend, dem 24. Oktober 1834, war „Theaterprobe von Macbeth; wobei sich Schenck als Macduff sehr auszeichnete". „Irr' ich nicht", schreibt Immermann, so habe beim Schauspieler Friedrich Schenck „an dieser Auszeichnung auch eine kleine Eifersucht ihr Theil" gehabt: „Er hatte nämlich sehr nach dem Macbeth gestrebt, und war einigermaßen unzufrieden mit Macduff, den er nun, wie man zu sagen pflegt, auf Macbeth zu spielen beabsichtigte."[21]

Der Eröffnungstag der Bühne, Dienstag, der 28. Oktober 1834, erhält gewissermaßen, was die technischen und schauspielerischen Leistungen sowohl beim Vorspiel wie beim eigentlich für den Tag erarbeiteten Schauspiel, nämlich Heinrich von Kleists „Prinz von Homburg", angeht, geradezu klassisch intensive Benotungen. Der Dialog als Auftakt sei „nicht fein und fließend genug gesprochen worden", heißt es. Dagegen charakterisiert er den „Prinzen von Homburg" als „im Ganzen recht gut" und fährt fort: „Die Garten, Dictir, Schlacht und Schlußszene vortrefflich. Die Szene zwischen Hohenzollern u. dem Prinzen im 3ten Act beinahe vollkommen." Bei der „Charakteristik der Einzelnen" heißt es über den eben bereits erwähnten Schauspieler Schenck „vortrefflich, beinahe vollkommen" und über die Schauspielerin Lauber-Versing „gut, affectvoll, nur noch zu Comödiantenhaft". Der Schauspieler Joseph Wilhelm Reußler wird als „kraftvoll, charakteristisch, nur hin u. wieder zu roh, was mir überhaupt in seinen Darstellungen aufzufallen beginnt", beschrieben. Von Carl Jencke heißt es, er sei „deutlich, verständig, aber mit dem zum Komischen eingelernten Organe und Gebärdenspiele kämpfend"

---

[17] Hasubek: Karl Leberecht Immermann, S. 165.
[18] Tagebücher, S. 346.
[19] Tagebücher, S. 347.
[20] Tagebücher, S. 359 u. 362.
[21] Tagebücher, S. 364.

aufgetreten. Der Schauspieler Reiner dagegen sei „ein Anfänger, aus dem mit der Zeit etwas werden kann". Kleinere „Nachlässigkeiten des Szenischen" werden ebenfalls festgehalten. Daß die Verwandlungen und Rollenspiele im Theater selbst einen Intendanten verwirren können, zeigt Immermanns Bemerkung über Jencke, der sich im Vorspiel „als Gehülfe so costumirt und geschminkt" hatte, daß Immermann ihn, „vor Beginn desselben auf dem Theater stehend, für einen Unberufnen ansah, und ihn Directorialiter hinunterweisen wollte"[22].

Die Beispiele übrigens für solcherlei auf die Qualität des Spiels bezogenen Bemerkungen ließen sich selbstverständlich fortsetzen. Schließlich war diese spezielle Art des Tagebuchs für sämtliche Belange des Theaters zuständig und das berufliche Gewissen des Theaterdirektors Karl Immermann. Der erweist sich wirklich als Reformator von Sprechkultur, Spielplan und Darstellungsweise. Er führt darum mit Recht den Titel eines Schöpfers der Musterbühne und wirkt dadurch indirekt bis heute fort. Was er in seinem „Promemoria über die Bildung einer neuen Bühne zu Düsseldorf" am 17. Oktober 1832 als „durchgreifende Reform" bezeichnet hatte, ließ sich wenigstens ansatzweise für einige Zeit verwirklichen. Er widmete sich der Verbesserung, so lange sie möglich schien. Er weiß selbst und setzt dieses Wissen bei Kennern voraus, „wie unglaublich die ersten Anfangsgründe der Kunst von vielen Schauspielern vernachlässigt werden". Seine Feststellung verdient in Erinnerung gerufen zu werden, weil er zum Zeitpunkt der Formulierung noch von der optimistischen Voraussetzung ausging, die Stadt Düsseldorf biete nach Publikum und Interesse den richtigen Ausgangspunkt für die notwendige Veränderung des Bühnengeschehens. Im einzelnen heißt es:

> Richtige Accentuation, Eingehn in den Sinn des Dichters, exactes Zusamenspiel – alles doch nur die ersten Grundlagen scenischer Repräsentation – scheinen Manchen völlig unbekannt zu seyn. Es ist nicht zu viel gesagt, wenn man behauptet, daß sehr häufig, von dem was der Verfasser beabsichtigte, auch fast gar nichts mehr auf der Bühne erscheint. Liegt die Darstellung nun solchergestalt im Argen, so steht es mit dem Repertoir, so wie deßen Zusammenfügung veranstaltet zu werden pflegt, kaum beßer. Geschmacklose Possenspiele, crasse Melodramen, Übersetzungen der leichtesten Waare des Auslandes machen den Hauptbestandtheil der Reihenfolge aus, während für den Kenner des Theaters ein Mangel an guten, gediegnen Arbeiten nicht sichtbar ist.[23]

Das „Theaterdiarium" versucht all seine Forderungen und ihre Durchsetzung auf knappe Art festzuhalten. Zwischen den Zeilen ist allerdings nicht Triumph über das endlich doch Erreichte, sondern immer eher Skepsis, Vorsicht und Enttäuschung abzulesen. Da hilft auch nicht „ein Gedicht in den Zeitungen an die Schauspieler nach Aufführung des Macbeth", das ihn wenigstens zur Bemerkung veranlaßt: „Es ist mir lieb, daß doch einmal ein Zeichen der Anerkennung laut wird; denn im Übrigen verhält sich das Publicum wieder wie sonst, d. h. null, etwa die starken Abgänge beklatschend, aber sonst keiner feinen Nuance, keinem durch-

---

[22] Tagebücher, S. 368-369.
[23] Briefe II, Nr. 488 (An einige Theaterfreunde in Düsseldorf), S. 49-65, hier S. 50-51.

dachten Spiele Beifall zu erkennen gebend."²⁴ Nicht nur die Schauspieler brauchen den Applaus als Zeichen des Erfolgs, auch Immermann erwartet mit Recht für die Bühnenarbeit Anerkennung. Am 15. November 1834 heißt es beispielsweise, der Baron Mayendorf wolle „im Constitutionel über die hiesige Bühne schreiben". Immermann folgert bitter: „Wenn es dann aus dem Französischen rückübersetzt wird, so wird wohl die Reputation der Sache in Düsseldorf steigen." Auch der Jurist und Kunsthistoriker Karl Schnaase wolle schreiben, „wenn wieder ein großes Stück gegeben wird". Immermann notiert dann über seine mühevolle Unternehmung einen prophetischen Satz, der bis heute wahr geblieben ist und der in mehrfachem Sinne auf den ‚seligen' Dichter wie Intendanten zutrifft: „Ich denke, wenn wir erst zu Trümmern gegangen sind, so wird es uns an Elogen sur feu Mr. Immermann et sa Societé nicht fehlen."²⁵

3. Tätigkeitsberichte als autobiographisches Schreiben oder Arbeitstagebuch für das künstlerische Gewissen

„Eine Ermittlung", so lautet der Untertitel eines Buches von zwei englischen Autoren, die herausfinden wollten, „Wie Ludwig Wittgenstein Karl Popper mit dem Feuerhaken drohte". Am Ende der witzig-kritischen Untersuchung stellen sie in Bezug auf den Philosophen Popper und seine autobiographischen Ausführungen fest: „Autobiographien machen ihren Verfasser zum Helden, indem sie ihn *per definitionem* in den Mittelpunkt rücken."²⁶ Das gilt selbstverständlich auch für Tagebücher im allgemeinen und für Immermanns Tagebuchwerk im besonderen. Zweifellos existieren dabei in den Immermannschen Tagebüchern fließende Übergänge. Stil- und Textarten sind keineswegs festgelegt, genauso wenig die wechselnden Inhalte, Botschaften und Rechenschaftsberichte. Notizen mit persönlichen Bemerkungen und Erlebnissen, Lesefrüchte oder Referate über seine Lektüre, Reiseeindrücke, persönliche Begegnungen und Gespräche, Ereignisse in Haushalt und freundschaftlichen Beziehungen, technische Details seiner Berufstätigkeit und seines Interesses an und Bemühung um das Theater werden gemischt und finden im Tagebuch ihren teilweise mehr als regellosen Platz. Das dem „Theaterdiarium" vorausgehende und es umschließende „Tagebuch von Ostern 1834 bis Mitte August 1836" enthält kurz vor der Schaffung des neuen eigenen Buches bereits Partien, die auch im „Theaterdiarium" hätten stehen können, wäre es bereits angelegt gewesen. Man nehme z.B. die Berichte über den 16. August bis 1. September und vom 1. bis 17. September 1834.²⁷ Sie wären mit ihren auf die Angelegenheiten des Schauspiels

---

[24] Tagebücher, S. 374.
[25] Tagebücher, S. 387.
[26] David J. Edmonds / John A. Eidinow: Wie Ludwig Wittgenstein Karl Popper mit dem Feuerhaken drohte. Eine Ermittlung. Stuttgart und München 2001, S. 251.
[27] Tagebücher, S. 267-272.

bezogenen Notizen ohne weiteres dem „Theaterdiarium" einzufügen bzw. voranzustellen. Ihre Darstellungsweise mit notwendigen Spezialnotaten mag sogar den Beginn des eigentlich berufsbezogenen Tagebuchs angeregt haben.

So nüchtern das „Theaterdiarium" sich anläßt, ohne autobiographische Nebenbemerkungen, die innere Konflikte und persönliche Anteilnahme verraten, geht es nicht ab. In der Auseinandersetzung mit Mendelssohn, der angab, sich nur wegen Immermann und nicht der Sache willen um das Theater kümmern zu wollen, heißt es bereits am 16. Oktober 1834 im „Theaterdiarium":

> Da ich aber hier mit Schranken der Natur zu thun hatte, die für das Individuum unübersteiglich sind, so beschloß ich mich in diesem Sinne zu fassen, um ihm Gelegenheit zu geben, sich zu finden.
> Hiebei kommt mir wieder meine gleichgültige Ansicht von den Menschen zu Statten. Es kann mir Einer noch Tag und Nacht verderben, aber so leicht wird Keiner mehr mich auf die Länge verwunden. Denke ich daran, auf welche verrückte, knabenhaft übermüthige Weise sich M<endelssohn> gegen mich benommen, und wie er immerfort in seinem Trotze beharrt, so erscheint es mir fast unglaublich. Dann aber denke ich wieder: Was kann er dafür, der nie wahre Resignation und Ehrfurcht hat üben, und sich nie hat plagen müssen? Und bin ohne alle Emotion gegen ihn.[28]

Daß gerade die innere Bewältigung des Konflikts mit seinem sehr viel jüngeren Duzfreund Mendelssohn seine Ausgewogenheit und Einsicht tangierte, liegt auf der Hand. Es kommt dadurch andernorts zu Beobachtungen, die sich verräterisch anhören, auch wenn man sie auf keinen Fall falsch interpretieren darf. So enthält sicherlich die folgende Tagebuchnotiz von 1835 außerhalb des „Theaterdiariums" keinerlei antisemitischen Sinn, gerade weil der nicht ganz ungehässige Hinweis auf die (auch durch die Aufnahme in die christliche Gesellschaft längst nicht überwundene) Außenseiterschaft des Komponisten dazu gedient haben wird, die eigene Enttäuschung mit allen ihren doch vorhandenen Emotionen zu verarbeiten. Dabei muß die als sozial angesehene Schwachstelle des anderen sowohl unbewußt wie bewußt einfach dazu herhalten, die eigene Wunde zu heilen. Man denke nur an den wenige Jahre früher mit nicht unerheblichen Folgen für die Beteiligten ausgetragenen Literaturstreit zwischen August Graf Platen und Heinrich Heine, an dem Immermann durch seine in Heines zweitem „Reisebilder"-Band von 1827 veröffentlichten Xenien nicht ganz unschuldig war.[29] Was zwischen Platen und Immermann gewiß nur eine literarische Auseinandersetzung über die orientalisierende Dichtung gewesen wäre, wurde unter Beteiligung des getauften jüdischen Dichters Heine zu einem Kampf mit antisemitischem Einschlag, in dem Heine zur angeblich adäquaten Verteidigung seinerseits die Waffe gegen Platens Außenseiterschaft als Homosexueller führte.

---

[28] Tagebücher, S. 356.
[29] Vgl. Verf.: Immermann und Heine, in: Karl Immermann. 1796-1840. Ein Dichter zwischen Poesie und sozialer Wirklichkeit. Ausstellung zum 150. Todestag [im Heinrich-Heine-Institut]. Düsseldorf 1990, S. 41-47, bes. S. 46.

Eine der Tagebucheintragungen jenes Bandes also, der zeitlich das „Theaterdiarium" umgreift, enthält, wie Immermann sie nennt, gewiß ohne eines Nebensinnes gewärtig zu sein, „Dürftige Notizen. 1835.", wo des Musikfestes zu Pfingsten gedacht wird und der dort anstehenden Erstaufführung von Mendelssohns „Paulus"-Oratorium. Immermann, für immer als Theaterleiter durch Mendelssohns Rücktritt traumatisiert, entzieht sich dem Ganzen durch Abwesenheit und stellt fest: „Mich verstimmte die Nähe Mendelssohns, den ich einmal auf der Straße sah und sehr gealtert und ins Jüdische verhäßlicht fand, so, daß ich mich entschloß, den auf mich einstürmenden Erinnerungsqualen durch einen kurzen Ausflug nach Altenberge zu entrinnen."[30] Doch eigentlich beruhigt hat ihn das idyllisch im bergischen Land gelegene Kloster Altenberg in seiner säkularisierten Form auch nicht.

Die Reflexion über das Theater hat Immermann nicht losgelassen. Was im „Theaterdiarium" festgehalten worden war, konnte der literarischen Autobiographie als Quelle und Erinnerungsstütze dienen. Ohne seine Aufzeichnungen aus der Düsseldorfer Theaterwelt würden beispielsweise gewiß seine in den „Düsseldorfer Anfängen" niedergelegten Erfahrungen sich nicht so plastisch darbieten. Diese „Maskengespräche", wie der Untertitel lautet, die ihre Entstehung dem Maskenball der Düsseldorfer Künstler vom 9. Februar 1839 verdanken und 1840 im Todesjahr Immermanns erschienen sind, unterlegen den Aufzeichnungen aus dem „Theaterdiarium" ihren tieferen Sinn. Immermann bekennt hier, daß er „nie die Bühne überschätzt" habe; er sei „nicht der Meinung, daß Deutschland untergehen müsse, weil es seit Dezennien keine mehr besitzt". Dann folgt eine grundlegende, geradezu existenzielle Verteidigung des Schauspiels:

> Ich weise der Bühne aber allerdings ihre Stelle im Kulturleben eines Volkes an, und *bin* der Meinung, daß *diese* nicht vom Pietismus, nicht von der Philosophie, nicht vom Kommerziellen, oder vom Bilderbesehen, oder von hundert andern Dingen, womit die Leute sich jetzt beschäftigen und unterhalten, ausgefüllt werden kann. Weil ich mich denn also nicht mit einem trunkenen, sondern mit einem nüchternen aber liebevollen Blick an die Bühne machte, so habe ich ihre Leitung als ein ernstes Geschäft angesehen, bei dem man bekanntlich das Vergnügen nicht in einem wollüstigen Kitzel, sondern nur darin sucht, daß man sieht, man bringe die Sache vorwärts. Da nun die Resultate meiner Arbeit augenfällig waren, und sich im Verlauf des Geschäfts nicht minderten, sondern steigerten, so hatte ich als guter Arbeiter meinen Lohn, fühlte mich in meinem Berufe frisch, und verspürte keinerlei Ermüdung.

Für solche glaubhaften und mutigen Aussagen aus gutem Gewissen und verläßlichem Gedächtnis bedurfte es unter anderem auch eines „Theaterdiariums", wie Immermann es angelegt und in bewundernswerter Genauigkeit geführt hat. Die Betrachtung über die eigene Auffassung wird in seiner Darstellung der „Düsseldorfer Anfänge" ergänzt durch die Würdigung der Leistung seiner Truppe. Den Schauspielern müsse er „das Zeugnis ehrenhaftesten Fleißes bis zuletzt geben."

---

[30] Tagebücher, S. 301.

Dann fährt Immermann mit dem aufrichtigen Lobe der anderen Beteiligten, ohne die seine Reform des Theaters nicht hätte gelingen können, fort und sagt:

> Ich habe meinen Schauspielern nie geschmeichelt, ich habe ihnen Anstrengungen zumuten müssen, wie sie sonst nirgends den Leuten auferlegt werden, sie haben mir auch durch ihre Trakasserien und Grillen tausendfachen Verdruß gemacht, aber in der Hauptsache, in der Lust und Liebe zum Dinge, in der Ausdauer und Beharrlichkeit sind sie Kerntruppen zu vergleichen gewesen, welche sich noch schlagen, wenn auch kein Sieg mehr zu hoffen ist und die Milizen längst davongelaufen sind.[31]

Besser kann man die Summe der umwälzenden Schauspieltätigkeit aus deren zugehörigem tagebuchartigen Niederschlag im „Theaterdiarium", das ja dem Autor Immermann beim Verfassen seines autobiographischen Textes über die „Düsseldorfer Anfänge" vorlag, nicht ziehen. Das Resümee hat in der Tat einen dialektischen Schritt geschafft, die diarische Voraussetzung in sich aufgenommen und das ebenso prüfende wie vorläufige Selbstgespräch zu einem neuen Dialogton umgeformt. Ob nun seinerseits das Ergebnis in den „Düsseldorfer Anfängen" die schönste Lösung für die Erörterung solcher Probleme, wie sie das Kunst- und Theaterleben in Düsseldorf bot, darstellt, bedürfte eigener weiterführender Überlegungen. Es soll nicht verschwiegen sein, daß Quelle und Reflexion hier einen undankbaren Bund eingehen, der einem nicht ohne weiteres als glücklichste Ehe erscheinen will.

---

[31] Werke IV, S. 349-651, hier S. 557-558.

PETER HASUBEK

Der Brief als autobiographisches Dokument am Beispiel der Briefe Immermanns

> Briefe gehören unter die wichtigsten Denkmäler, die der einzelne Mensch hinterlassen kann. [...] als dauernde Spuren des Daseins, eines Zustandes sind solche Blätter für die Nachwelt immer wichtiger, je mehr dem Schreibenden nur der Augenblick vorschwebte, je weniger ihm eine Folgezeit in den Sinn kam.
>
> (Goethe)

In seiner Literaturgeschichte „Biedermeierzeit" behandelt Friedrich Sengle[1] den Brief in der Reihe der autobiographischen Formen an erster Stelle. Ihm folgen das Tagebuch, die Memoiren und die Autobiographie. Mit dieser Reihe wird die gesamte Spannweite autobiographischen Schreibens markiert. Die Voranstellung des Briefes spricht nicht nur für seine Beliebtheit in der Zeit, sondern auch für seine Bedeutung als autobiographische Form. Sengle, für den die Briefe der Biedermeierzeit ein „vielgestaltiger und schwieriger Forschungsgegenstand" (II, S. 197) sind, richtet seine Aufmerksamkeit vornehmlich auf fingierte Briefe, wie politische und wissenschaftliche Briefe, Reisebriefe sowie auf zum Druck bestimmte Briefsammlungen wie diejenigen von Bettina von Arnim, Wilhelm von Humboldt, Hermann von Pückler-Muskau und Karl von Holtei[2], während „Originalbriefe" (S. 204), also eigentliche, alltägliche Briefe, vereinfachend gesprochen, Privatbriefe, nur marginal erwähnt werden bzw. unberücksichtigt bleiben. Sengle stellt darüber hinaus fest, daß mit der Intensivierung der „Subjektivität" im 18. und besonders im 19. Jahrhundert der Brief seine „ästhetische Würde" (S. 206) verliert und aus einer Form der „Redekunst oder der Naturpoesie" zum „bloßen, subjektiven Lebenszeugnis'" (ebd.) wird. Andererseits beobachtet er, daß das „Authentische" im 19. Jahrhundert stets seine Grenze „an gesellschaftlichen Rücksichten" (S. 209) findet. Daß Briefe autobiographischen Charakter besitzen, ist im allgemeinen bekannt und anerkannt. Um so überraschender ist es, daß es, soweit mir bekannt ist, keine einschlägigen Untersuchungen zu dieser Fragestellung gibt. In verschiedenen Arbeiten zur Theorie und Praxis des Briefes begnügen sich die Verfasser in der Regel mit allgemeinen Feststellungen über den Bekenntnischarakter von Briefen, ihren Quellenwert für das Leben und Schaffen

---
[1] Friedrich Sengle: Biedermeierzeit. Deutsche Literatur im Spannungsfeld zwischen Restauration und Revolution 1815–1848. Band II: Die Formenwelt. Stuttgart 1972, S. 197 ff.
[2] Die „Dreihundert Briefe aus zwei Jahrhunderten" (1872) sei als „Porträtgalerie und psychologisches Raritätenkabinett", nicht als ‚Quellenveröffentlichung' gedacht (S. 209).

des Schreibers, über das das „Selbst des Verfassers darstellende Schreiben" in Briefform oder über den Brief als subjektive Selbstmanifestationen.³

Der bisher differenzierteste Versuch, Briefe typologisch zu untersuchen und zu beschreiben⁴, stammt von Peter Bürgel⁵ aus dem Jahr 1976. Bürgel faßt seine Überlegungen in vier Merkmalsfeldern zusammen und gliedert: Briefe

1. „unter *psychologisch-anthropologischem* Aspekt" (mit vier spezifizierenden Merkmalen)
2. „unter *soziologischem* Aspekt" (mit fünf Merkmalsuntergruppen)
3. „unter *sprachlich-ästhetischem* Aspekt" (mit sechs Merkmalsuntergruppen)
4. „unter *historischem* Aspekt" (mit sechs Merkmalsuntergruppen) (S. 296).⁶

Für unsere Fragestellung ist der vierte Aspekt von besonderer Wichtigkeit, denn hier wird der Brief (historisch) als „autobiographisches Dokument" kategorisiert. Der Brief als historische Quelle gibt nach Bürgel Auskunft über biographische und zeitdokumentarische Zusammenhänge (S. 292). „Briefanalyse", so Bürgel, führe „also nicht nur zu einer Verfasseranalyse, sondern immer auch zur Analyse der Zeit und ihrer Gesellschaft" (S. 292), wobei die „Analyse des Brief-Autors" (S. 293) jedoch vorrangig sei. Außer dem autobiographischen Quellenwert und der „Interpretation von Zeitvorgängen" (S. 296) nennt Bürgel unter dem historischen Aspekt die Bedeutung des Briefes als „Lebenskommentar", versteht den Brief als „subjektiven Spiegel des historisch Objektiven", erkennt die Möglichkeit der eigenen „Werkinterpretation" besonders in Briefen von Schriftstellern und Künstlern und die Aufnahme „allgemein literargeschichtlicher Angaben" (S. 296). Wenn Bürgel „Lebenskommentar" und „Werkinterpretation" neben dem „Autobiographischen" als gleichrangige Positionen aufführt, so kann man ihm hier nicht folgen, denn Lebenskommentar und Werkinterpretation gehören in das Feld der autobiographischen Äußerungen, wie noch zu zeigen sein wird. Sinnvoller erscheint es mir, den Brief unter historischem Aspekt mit zwei Rubriken aufzuschlüsseln, 1. als autobiographisches Dokument, 2. als zeitgeschichtliches Dokument, wobei mit Bürgel anzumerken ist, daß der zeitgeschichtliche Gehalt wiederum durch das subjektive Bewußtsein des autobiographischen Schreibers vermittelt ist. Dem Brief als autobiographischem Dokument sind sodann Lebensgeschichte, Lebenskommentar, Werk-

---

[3] Vgl. Reinhard M. G. Nickisch: Brief. Stuttgart 1991, S. 2 und 15 (= Sammlung Metzler 260).
[4] Vgl. Reinhard M. G. Nickisch: Brief, S. 5 f.
[5] Peter Bürgel: Der Privatbrief. Entwurf eines heuristischen Modells, in: DVJS 50, 1976, S. 281-197.
[6] Reinhard M. G. Nickisch: Brief, weist dem Brief als „Redesubsitut" im Anschluß an Karl Bühler drei Grundfunktionen zu: informieren (sach-orientiert), appellieren (partner-orientiert) und manifestieren (selbst-orientiert) (S. 12), und versteht diese als Grundlage der Gliederung des gesamten Briefcorpus (S. 13).

entstehung, Werkrezeption, Werkinterpretation, literaturgeschichtliche Angaben etc. unterzuordnen.

Bei Punkt 4, dem Brief als „autobiographischem Dokument", setzt demzufolge unsere Fragestellung an. In dem Augenblick, da der Empfänger den Brief gelesen hat, ist sein privat-persönlicher Charakter erschöpft. Die Absicht des Schreibers ist erreicht. Wird er aufbewahrt und überliefert, wird er zum historischen Dokument, zur biographischen Quelle, und gegebenenfalls zum Gegenstand der Wissenschaft.[7] Zentraler Ansatzpunkt dieser kurzen Studie ist die Frage, wie sich das Autobiographische in Briefen artikuliert, auf welche Weise es zum Ausdruck kommt, welchen ‚Umfang' es hat. Meine Absicht ist es, in einem ersten allgemeinen Schritt der Frage nachzugehen, welche allgemeine Bedeutung dem Autobiographischen in Briefen eignet; im zweiten Teil werde ich anhand vornehmlich eines Briefes von Immermann den autobiographischen Gehalt im einzelnen nachweisen. Dabei wird es nicht zu vermeiden sein, auch sprachlich-ästhetische, soziologische und anthropologische Aspekte bei der Analyse anzusprechen.

Den Brief als autobiographisches Dokument bestimmen im Vergleich mit anderen autobiographischen Schriften eine Anzahl von Elementen, die zwar überwiegend Kennzeichen des Briefes allgemein sind, in Hinsicht seiner autobiographischen Qualität aber diesen Texten einen besonderen Stellenwert zuweisen. Die Eigenart des Briefes als autobiographisches Dokument läßt sich in folgenden Merkmalen beschreiben, die allerdings nicht immer scharf zu trennen sind:

Die *Authentizität* der Informationen über den Schreiber ist dadurch gegeben, daß das überlieferte biographische Material echt und verbürgt ist; damit ist es zugleich glaubwürdig und rechtsgültig. Es kann durch keine andere Authentizität widerlegt werden, es sei denn, es beruht offenkundig auf Erfindung oder Lüge. Da aber das biographische Material subjektiv ist, kann es Selbsttäuschungen unterliegen und unbewußte Verzerrungen oder Veränderungen aufweisen.

Mit dieser Feststellung hängt zweitens der *Wahrheitsgehalt* der autobiographischen Äußerung zusammen. Jedes Element einer biographischen Aussage ist zunächst für sich wahr. Sein Wahrheitsgehalt ist jedoch subjektiv und mit Ausnahme von aktenkundigen Fakten nicht objektivierbar, es sei denn, es hinterläßt Spuren und Folgen in der Realität, die meßbar sind.

Durch die Identität von Ich und Schreiber besitzen die in einem Brief vermittelten autobiographischen Mitteilungen drittens den Charakter der *Unmittelbarkeit*: ihre Quelle ist das von sich schreibende Subjekt ohne einen zwischen Ich, Schreiber und Leser eintretenden Vermittler. Sie unterliegen deshalb nicht der Veränderung oder gar Manipulation durch einen anderen oder durch ein Medium.

---

[7] Vgl. auch Paul Raabe: Die Briefe Hölderlins. Studien zur Entwicklung und Persönlichkeit des Dichters. Stuttgart 1963, S. 7.

In der Regel eignet den in Briefen überlieferten Fakten viertens das Merkmal der *Aktualität*. Das Geschriebene ist neu oder liegt nur kurze Zeit in der Vergangenheit; wäre es alt, so wüßte es der Rezipient des Briefes vermutlich schon und es wäre nicht mehr mitteilungswürdig. Freilich ist auch der Fall denkbar, daß der Verfasser eines Briefes Begebenheiten aus der Vergangenheit erzählt, die bisher dem Empfänger nicht bekannt waren. Auf diese Form des autobiographischen Referates wird noch gesondert einzugehen sein. Unter der Voraussetzung, daß der Brief aktuelles Geschehen bzw. Erleben mitteilt, wird der Berichtszeitraum meist erst mit der Zeitpunkt des Beginns der Fähigkeit des Schreibens einsetzen und nur selten in frühere (Jugend- oder Kindheits-)Jahre zurückgreifen. Das gilt überwiegend auch für das erwähnte autobiographische Referat, jedoch aus einem anderen Grund: Die Erinnerung des Schreibers reicht meist nicht bis in die frühesten Jahre zurück, so daß die Darstellung der frühen Jugend in Briefen überwiegend ausgespart wird.

Autobiographisches Material in Briefen ist fünftens durch *Diskontinuität* gekennzeichnet. Fakten, Einzelheiten werden herausgegriffen, berichtet und mit Ausnahme des Gegenwartsbezuges nicht in ein zeitlich-erzählerisches Kontinuum eingebettet. Dadurch ist das in Briefen vermittelte biographische Wissen sprunghaft, gleichsam ‚atomisiert'. Eine mögliche Chronologie und einen Zusammenhang der Fakten muß sich der Leser oft erst selbst herstellen. In dieser Hinsicht unterscheidet sich der Brief als autobiographisches Dokument von der Autobiographie, in welcher der Schreiber über sein Material den Raster der Chronologie und andere Ordnungsprinzipien legt.

Während in einer Autobiographie der Stoff gegliedert vorgetragen wird und nicht selten Abläufe, die von der Realität abweichen, fingierend entfaltet werden – derartige Beobachtungen mystifizierenden Vorgehens sind fast in jeder Autobiographie festzustellen –, orientiert sich der autobiographische Gehalt des Briefes an der Realität, fingiert weniger, sowohl bei der reinen Faktenwiedergabe als auch bei der Beschreibung der Befindlichkeit des Subjekts etwa. Der Brief als autobiographisches Dokument ist deshalb stärker der Realität verhaftet als andere autobiographische Texte. Diese (sechstens) *Realitätsbezogenheit* des Briefes ist ein weiteres Argument im Sinne des Wahrheitsbegriff dieser Textsorte. Nichtsdestoweniger wird eingeräumt, daß auch in Briefen der Schreiber bewußt oder unbewußt mit Selbstinszenierungen arbeitet, die den Sinn haben, dem Leser ein bestimmtes Bild von sich zu vermitteln.

Typisch für die Textsorte Brief ist vor allem siebtens der *Adressatenbezug*, der sich auf seine Qualität als autobiographisches Dokument bestimmend auswirkt. Daß Briefwechsel Gespräche sind, bei denen zwischen Schreiber und Empfänger anders als im tatsächlichen Gespräch eine räumliche Trennung und ein Zeitverzug bestehen, wußte schon Christian Fürchtegott Gellert[8]. Die Ant-

---

[8] Vgl. C. F. Gellerts sämmtliche Schriften. Dritter Theil. Leipzig 1854: Briefe, nebst einer praktischen Abhandlung von dem guten Geschmacke in Briefen, S. 10. Einschränkend be-

wort auf eine Mitteilung oder Frage erfolgt jeweils erst eine Zeitspanne später, bedingt u. a. durch die Länge des Postweges. Wichtiger ist indes, daß die Informationen eines Briefes immer adressatenbezogen sind, und der Empfänger im Brieftext und im Bewußtsein des Schreibers stets gegenwärtig ist. Für die Art des Schreibens ist in erster Linie das persönliche Verhältnis des Schreibers zum Empfänger und umgekehrt und weiterhin die soziale Zugehörigkeit beider ausschlaggebend. Dadurch wird nicht nur der Briefinhalt, sondern auch der Briefstil beeinflußt. Generell gilt, daß beim Schreiben der Empfänger mitgedacht wird, seine Erwartungshaltung zu treffen versucht und das Schreiben auf bestimmte Gegebenheiten (: Kenntnisse) des Empfängers abstellt werden. Durch diese Eigenart unterscheidet sich der Brief als autobiographisches Dokument von dem Tagebuch als ein nicht für fremde Augen bestimmter ‚Brief'[9] und von den übrigen autobiographischen Textsorten.

Der Versuch von Benedikt Jeßing im Goethe-Handbuch, unter dem Abschnittstitel „Goethe als Briefschreiber" Goethes Briefe übersichtlich zu ordnen, führt zu folgenden, überwiegend inhaltlich bestimmten Gruppen: dienstliche Schreiben, persönliche Schreiben, Liebesbriefe, Philosophisches und Weltanschauliches, naturwissenschaftliche Korrespondenz, ästhetische Reflexion in den Briefen, Reflexionen der eigenen Identität, Kommentierung des eigenen Werks und Briefe an Verleger. Es soll deshalb versucht werden, Immermanns Briefe nach verschiedenen Ordnungsprinzipien übersichtlicher zu strukturieren. Hierzu bieten sich die Ebenen der Thematik, des Adressatenbezugs und der Brieftypologie an.

Unter inhaltlich-thematischem Aspekt ist für Immermanns Briefe folgende Gruppenbildung sinnvoll:
1. Briefe mit persönlich-privatem Inhalt; der autobiographische Aspekt manifestiert sich hier in den kleinen, dem Alltag angehörenden Informationen über persönliche Ereignisse, Befindlichkeiten, Personen und auch Reisen
2. Briefe mit literarischen Gegenständen und zu anderen Bereichen der Kunst (Äußerungen zur Entstehung und Deutung des Werkes, ästhetische Selbstreflexion, Rezeption, Kritik an der Literatur anderer; im weiteren Sinne alles, was zum Kunstbetrieb gehört)
3. Briefe mit weltanschaulichem Inhalt (Religion, Philosophie, Gesellschaft, auch die Auseinandersetzung etwa mit anderen Weltanschauungssystemen)

---

merkt Gellert: „Ein Brief ist kein ordentliches Gespräch; es wird also in einem Briefe nicht alles erlaubt seyn, was im Umgange erlaubt ist. Aber er vertritt doch die Stelle einer mündlichen Rede, und deswegen muß er sich der Art zu denken und zu reden, die in Gesprächen herrscht, mehr nähern, als einer sorgfältigen und geputzten Schreibart. Er ist eine freye Nachahmung des guten Gesprächs." (Ebd.)

[9] Vgl. auch Paul Raabe: Die Briefe Hölderlins, S. 4.

4. Briefe mit zeitgeschichtlichem und politischem Inhalt
5. Briefe mit beruflichen Aspekten (im weitesten Sinne).

Bei anderen Autoren würde man wahrscheinlich eine abweichende Gliederung vornehmen müssen. Im Unterschied zu Goethe spielt bei Immermann zum Beispiel der Aspekt der naturwissenschaftlichen Korrespondenz keine Rolle.

Auf der Ebene des Adressatenbezugs gelangt man zu folgender Gruppenbildung:

1. Briefe an Verwandte (näheren und entfernteren Grades; Mutter, Vater, Geschwister; Verwandte zweiten und dritten Grades
2. Briefe an Freunde und Bekannte (auch wiederum mit Gradabstufungen; hier wären auch Immermanns Liebesbeziehungen einzuordnen)
3. Briefe an (bekannte) Zeitgenossen, vor allem an Dichterkollegen aber auch Vertreter anderer Kunstbereiche (Beispiele: Grabbe, Heine, Tieck, Gutzkow, Freiligrath, Wolff, Rauch, v. Redern usw.)
4. Briefe an Vertreter von Institutionen und Personen des öffentlichen Lebens (an Behörden und deren Vertreter, König, Minister, Vorgesetzte; und auch an Mitglieder des Theatervereins)
5. Briefe an Verlage und Zeitschriftenherausgeber.[10]

Auf der dritten Ebene wird nach Kennzeichen des Briefes auf Grund ihrer formal-funktionalen Beschaffenheit gefragt: Welche formal-funktionalen Elemente weist

1. der Familienbrief
2. der Freundesbrief
3. der Liebesbrief
4. der literarische Brief
5. der Geschäftsbrief
6. andere Briefgruppen (z. B. Rundbriefe, Programmschriften in Briefform etc.) auf.

Der *literarische* Brief, um nur ein Beispiel zu geben, ist eine in Immermanns Briefwerk breit vertretene Gruppe von Briefen, vielleicht die wichtigste unter thematischem Aspekt überhaupt.[11] In seiner Münsteraner Zeit erweist sich u. a. der Osnabrücker Gelehrte und Schulmann Bernhard Rudolf Abeken (1780-1866) als adäquater Gesprächspartner des jungen Immermann in Sachen Literatur, Literaturkritik, Poetik und Literaturbetrieb. Die relativ vollständig überlie-

---

[10] Vgl. dazu auch Peter Hasubek und Marianne Kreutzer: Zur Edition der Briefe Immermanns. Mit einem unbekannten Brief Immermanns an Felix Mendelssohn Bartholdy, in: Heine-Jahrbuch 1982, S. 145-185; bes. S.146-151.

[11] Man denke an die Briefwechsel mit Bernhard Rudolf Abeken und Michael Beer. Entsprechendes gilt auch von den Briefen an und von Ludwig Tieck, Ferdinand Freiligrath, Heinrich Heine, Karl August Varnhagen von Ense, Julius Eduard Hitzig, O. L. Wolff, Wilhelm Friedrich v. Redern, Friedrich Halm, Kanzler Friedrich v. Müller, sowie den Bruder Ferdinand und die Verleger Friedrich Arnold Brockhaus und Johann Friedrich und Georg v. Cotta.

ferte Korrespondenz beider gibt Auskunft über die literarischen Neigungen der Briefschreiber und im Fall Immermanns auch über seine enorme Belesenheit und Literaturkenntnis seit der Antike bis in die Gegenwart. Die wohl durch Friedrich Wilhelm Kohlrausch vermittelte Bekanntschaft führt neben Gesprächen in Münster zu einer Reihe von überwiegend umfangreichen Briefen auf beiden Seiten, in denen von beiden Partnern unverhohlen Zustimmung und Bewunderung, ebenso aber auch Kritik und Polemik über Dichterkollegen geäußert werden. Lektüreerlebnisse und deren Wirkungen werden häufig mitgeteilt. Eindrucksvoll sind die Erörterungen über Dante, Calderon und Shakespeares „Hamlet", die zu Diskursen mit eindringlichen Deutungsversuchen ausgeweitet werden, in denen ihre allgemeinen Ansichten über Literatur sowie poetologische Probleme und Fragen zur Sprache kommen. Aber auch das eigene literarische Schaffen ist hier wie später in den Briefwechseln mit Michael Beer und Heinrich Heine etwa ausführlich Gegenstand der Reflexion und Auseinandersetzung, die zu Kritik, aber auch zu konstruktiven Verbesserungsvorschlägen führen kann. Nicht selten werden literarische Pläne mitgeteilt und Bemerkungen über den Stand von in Arbeit befindlichen Texten gemacht, so daß gerade auch der literarische Brief eine unschätzbare Quelle für die spätere literaturwissenschaftliche Forschung darstellt, was die Genese einzelner Werke angeht. Der Rahmen ist dabei weit gespannt, er betrifft auf der einen Seite zum Beispiel das dramatische Schaffen Immermanns bis hin zu dem Theaterleben der Zeit in Münster, Magdeburg und an anderen Orten, ein Bereich, der schon den jungen Immermann beschäftigte, auf der anderen Seite spezielle eigene literarische Studien (Rezensionen) in Zeitschriften wie auch die Äußerungen anderer Zeitgenossen zu literarischen Texten und Aspekten in abgelegenen Publikationsorganen, auf die man sich gegenseitig aufmerksam macht. Nicht fehlen darf natürlich auch der Austausch von Neuigkeiten des literarischen Marktes bis hin zum Klatsch über einzelne Vertreter des zeitgenössischen Literaturbetriebs.[12] – Schon diese knappen Bemerkungen lassen erkennen, daß der *literarische* Brief ein Forschungsfeld bei Immermann ist, das unsere Detailkenntnis seines Schaffens und seiner Person entscheidend erweitern würde.

*

Die 30 Abschriften und zwei Originalbriefe[13] Immermanns an Marianne Niemeyer – zusammen mit den 122 abschriftlich überlieferten Exzerpten[14], deren Inhalt sich zum Teil mit den Briefen überschneidet – vom Herbst 1838 bis zum Spätsommer 1839 stellen die wichtigste biographische Quelle über Leben und Werk des 43jährigen Immermann dar, die wir besitzen. Sie sind nicht nur reich an vordergründigen Fakten über das eigene Leben, zum Beispiel die familiären

---

[12] Vgl. hierzu insgesamt auch Peter Hasubek und Marianne Kreutzer: Zur Edition der Briefe Immermanns, S. 148-149.
[13] Nr. 979 und 1041.
[14] Vgl. Briefe II, S. 1115-1146.

Beziehungen, das literarische Schaffen und gesellschaftliche Befunde, auf deren Kenntnis wir sonst verzichten müßten, sie beinhalten auch eine Vielzahl von Äußerungen über Immermanns Religiosität, seine Weltanschauung, Philosophie, und Kunst. Es ist sehr bedauerlich, daß durch die Auswahl- und Kürzungsprinzipen Mariannes bei der Abschrift Wesentliches verloren gegangen sein dürfte. Die herausragende Bedeutung der Briefe Immermanns an die Verlobte hat auch schon die Empfängerin erkannt:

> „Immermanns Briefe an mich enthalten wohl mehr wie alles, was er geschrieben, den Vollgehalt seines Wesens. Was ihm das Leben geschenkt an Wissen und Erfahrung, was sein forschender Geist sich angeeignet auf den verschiedensten Gebieten, was sein Gemüt ergriffen und seine Phantasie gestaltet, was Gott ihm im Glauben offenbart, damit wollte er die künftige Gefährtin seines Lebens bereichern, vor der er auch seine Fehler und Irrthümer mit hohem Vertrauen aussprach."[15]

Eine besondere Spielart innerhalb der Briefliteratur bilden jene Briefe, welche die Biographie des Schreibers oder Teile von ihr erzählen. Wir kennen solche Briefe von vielen Autoren, Episteln, die zu bestimmten Zwecken verfaßt wurden. 1837 zum Beispiel richtete Karl Gutzkow einen ‚autobiographischen' Brief, wie er hier abgekürzt bezeichnet werden soll, an den Improvisator und Jenaer Professor für neuere Sprachen und Literatur Oskar Ludwig Bernhard Wolff, wohl in der Absicht, Wolffs Bitte um Material für seine achtbändige „Encyclopädie der deutschen Nationallitteratur" zu entsprechen: „Geboren bin ich den 17 März 1811 in Berlin, in dem heißen Kometenjahre [...]"[16]. Desgleichen hat, um ein anderes Beispiel zu nennen, Theodor Fontane an verschiedene Empfänger mit unterschiedlichen Absichten und Zwecken Briefe speziell autobiographischen Charakters geschrieben, etwa an Gustav Schwab (1850), Ignaz Hub (1851), Theodor Storm (1854).[17] Auch von Immermann ist ein derartiger Brief überliefert, in dem er unter mehreren Blickwinkeln sein Leben zu analysieren und zu beschreiben versucht. Der hier zu analysierende Brief stammt aus dem Jahre 1839 und ist an seine Verlobte Marianne Niemeyer gerichtet.

Dem Brief geht ein Schreiben an Marianne voraus, in dem Immermann seine Absicht ankündigt und grundsätzliche Fragen autobiographischen Schreibens erörtert. Eingeleitet wird der Brief vom 10. März 1839[18] mit einem Hinweis auf die Bedeutung des Verhältnisses zwischen Marianne und Immermann für sein literarisches Schaffen, den „Münchhausen". Nach der Ankündigung, daß Marianne Immermanns Schriften „gewiß" zu dem denkwürdigen „24. April" erhalten

---

[15] Felix Wolff: Marianne Wolff, geborene Niemeyer, die Witwe Karl Immermanns. Leben und Briefe. Hamburg 1925, S. 30.
[16] Abgedruckt in: Heinrich Hubert Houben: Jungdeutscher Sturm und Drang. Ergebnisse und Studien. Leipzig 1911, S. 535-537.
[17] Vgl. Theodor Fontane: Autobiographische Schriften, Band III, 1. Berlin und Weimar 1982, S. 417-427.
[18] Vgl. Briefe II, S. 939 f.

werde, betont Immermann das aufrichtige und offene Verhältnis beider zueinander in allen Dingen, damit einen Wahrheitsbegriff beschreibend, der als Grundlage ihres Verhältnisses absolut und uneingeschränkt durch irgendwelche Rücksichten gelten soll und der auf der Grundlage ihrer Liebe trotz der Offenheit zu keinem Mißverstehen führen kann. Immermann meint nicht die Wahrheit der autobiographischen Fakten an sich, sondern Wahrheit im zwischenmenschlichen Austausch. „Im Geiste dieser Wahrheit will ich Dir auch meine Selbstschilderung schreiben." (S. 940) Wenn er anschließend mit der genauen Kenntnis seiner Person argumentiert, so ist die Wahrheit der Fakten eingeschlossen: „Ich kenne mich sehr genau mit meinem Guten und Schlimmen [...] Du sollst mich kennen lernen mit meinen schlimmsten Fehlern; aber auch mit einigem Guten, was vielleicht Niemand von mir weiß." (Ebd.) Gerade dieser abschließende Gedanke kündigt die Besonderheit autobiographischen Schreibens in Briefform an: Hier werden Inhalte vermittelt, die der Öffentlichkeit nicht zugänglich sind. In diesem Sinne werden Immermanns autobiographische Bekenntnisse seiner Verlobten gegenüber vornehmlich den Charakter einer „inneren Biographie"[19] besitzen: „Ich werde viel Tiefes, Ernstes und Großes mit Dir verhandeln", erfahren wir in demselben Brief.

Der hier zu analysierende Brief Immermanns trug aller Wahrscheinlichkeit nach das Datum: 24. April 1839.[20] Ist dies richtig – der Anfang des Briefes fehlt leider in der uns durch Marianne selbst überlieferten Abschrift, so daß die Datierung nicht ganz sicher ist – dann hätten wir es hier mit einer bewußten Mystifikation durch Immermann zu tun: Der 24. April ist sein Geburtstag, und der denkwürdige Brief, an diesem Tage verfaßt, erhielte eine herausgehobene Bedeutung. Das abrupte Einsetzen des Briefes – „Die sonderbarsten Widersprüche vereinigen sich in mir" – läßt auf einen größeren Textverlust als nur die Anredeformel und den Einleitungssatz schließen. Immermann gliedert seinen ‚autobiographischen' Brief bewußt nach bestimmten Themen, die durch Gliederungshinweise abgegrenzt werden. Beginnend mit allgemeinen Ausführungen in Bezug auf die Eltern analog zu Goethes „Dichtung und Wahrheit", werden im ersten Abschnitt die Jugendjahre mit der Erwähnung einzelner Fakten charakterisiert (Kriegsteilnahme, Krankheit, Liebe, Studium, Notsituation). „Nach dieser Skizze meines Lebensganges" (S. 953) wendet sich der Verfasser der Analyse und Beschreibung seines Inneren zu, den „verschiedenen Stellungen und Richtungen" seines „Geistes und Gemüthes" (ebd.). Insbesondere gilt diese Passage der Erläuterung seines Verhältnisses zu den Mitmenschen aus der Beschaffenheit seiner Psyche heraus. Dabei greift Immermann immer wieder zu detaillierter Selbstanalyse, die wiederholt in Rechtfertigung übergeht. Sinn dieser schonungslosen Offenheit der Selbstenthüllung scheint es auch zu sein, über die Ab-

---

[19] Vgl. auch Paul Raabe: Die Briefe Hölderlins, S. 14.
[20] Wenn er auch nicht an diesem Tag geschrieben war; zur Datierung des Briefes vgl. Briefe III, 2, S. 1302.

sicht hinaus, sein Leben verständlich zu machen, hochgespannte Illusionen der Empfängerin über die Person ihres Verlobten zu desillusionieren und von sich den Eindruck eines ganz normalen Menschen zu vermitteln. „Ich bin kein großer Mann, sondern eben ein Mensch schlecht u. recht, der über Manches nachgedacht, Manches erfahren u. geleistet hat [...]" (S. 1115, 4). – Ein weiterer (kurzer) Abschnitt gilt seiner Einstellung zur Poesie, wobei wichtige Weichenstellungen den literarischen Gattungen gegenüber bewußt gemacht werden: „Das Drama, mit dem ich mir viel zu schaffen gemacht, liegt wohl abgetan hinter mir, ich glaube, daß meine Zukunft der Erzählung, Betrachtung und Schilderung angehören wird." (S. 956) Der nächste Abschnitt dient der Klärung seiner Stellung zum Christentum, ein Thema, das in den Briefen an Marianne und an andere in dieser Phase mehrfach wiederkehrt. Er charakterisiert sich als Pantheist, der das Christentum zwar nicht ablehnt, ihm aber auch nicht besonders nahesteht. In einem kurzen Schlußabschnitt resümiert der Schreiber das Gesagte und bezeichnet sich als ein Mann der „Mitte" (S. 958) zwischen den Gegensätzen des Lebens: „Mein ganzes Leben, so scheint es mir, ist ein unter schweren Kämpfen langsam aber stätig erfolgtes Entfalten zu immer schönerer Ausgleichung und Harmonie." (S. 958)

„Denn oft wird ein Freund, an den man schreibt, mehr der Anlaß als der Gegenstand des Briefes."[21] Dieses Goethe-Wort gilt für die bevorzugte Stellung der Adressatin Marianne zu Immermann in besonderem Maße. In den Briefen an seine Verlobte ist Immermann darum bemüht, ein Klima höchster Offenheit und Vertrautheit zwischen ihm und der Briefempfängerin zu schaffen. Alle Schranken des sich Verbergens, des Blockierens bei bestimmten Themen werden überwunden. Verdankt wird diese Haltung der Besonderheit und Individualität des Adressaten und der Voraussetzung, daß jede weitere Öffentlichkeit ausgeschlossen bleibt. Die Folge ist die Aussprache ganz persönlicher Erfahrungen und Einstellungen, die kein anderes autobiographisches Dokument in ähnlicher Form vermittelt und vermitteln kann. In einer Autobiographie zum Beispiel würde sich ihr Verfasser sehr viel allgemeiner über die Themen äußern, wenn er sie nicht sogar ganz vermeiden würde. Hier zeigt sich der besondere Rang und Quellenwert von Briefen, in denen aus der Lebendigkeit des Erlebens und der Besonderheit des Partnerbezuges Details über das Leben des Schreibers offenbart werden, die ohne derartige Briefe nicht überliefert würden. In den Tagebüchern Immermanns, die zum Teil ähnlich privat-persönlichen Charakter besitzen, finden wir derartige Darstellungen nicht. So besteht Immermann darauf, daß die Marianne mitgeteilten Einzelheiten „das tiefste Geheimniß bleiben" müssen. „Die klugen Leute draußen und selbst Deine Großmama würden schöne Augen machen, wenn sie witterten, daß ein Bräutigam seiner Braut solche Geständnisse ablegt [...]" (S. 1024). Dieser Aspekt wird ergänzt durch die Briefe an

---

[21] Goethe: „Winckelmann", in: Goethes Werke. Hg. im Auftrag der Großherzogin Sophie von Sachsen. Abt. I, Band 46, Weimar 1891, S. 12.

Marianne vom 17./18. August 1839 und an Karl Schnaase vom 12. September 1839 aus Leipzig. In dem Brief an Marianne vom August enthüllt Immermann schonungslos sein Verhältnis zu Elisa von Ahlefeldt und fordert zugleich von der Verlobten die Anerkennung der Fortdauer dieser Beziehung als Freundschaftsverhältnis.[22] Hier greift Immermann erneut den Wahrheitstopos auf, eine Wahrheit, der er sich im höchsten Maße verpflichtet weiß. – In dem Brief an den Vertrauten Karl Schnaase erläutert Immermann äußerst selbstkritisch seine Wünsche und Absichten der Gräfin gegenüber und gesteht sein Fehlverhalten ein. „Große Fehler begangen zu haben, gestehe ich ein. Der erste war, daß ich das Verhältniß überhaupt so zuließ, wie es sich gestaltete. Der zweite war, daß ich in den letzten Jahren wo es bei mir völlig klar war, daß d a s schwerlich bis an des Lebens Ende so fortgehen könne, nicht offen und ernst diese meine Überzeugung aussprach. [...] der zweite [Fehler war] eine Folge meiner großen Abhängigkeit von der Gräfin [...] Ich habe mich vor Niemand je so gefürchtet, wie vor ihr." (S. 1036) Die Selbstanalyse, die in Selbstdeutung übergeht, ist Ausdruck der besonderen Bedeutung dieses autobiographischen Dokumentes.

Aus der Sicht des späteren außenstehenden Lesers erweisen sich die autobiographischen Äußerungen dieses Briefes durch bloße Andeutungen allerdings als lückenhaft. Das ist dadurch begründet, daß zwischen Schreiber und Adressatin ein Wissen besteht, über welches der Leser nicht verfügt, ein Wissen, das abrufbar ist, und bei welchem dem Empfänger ein andeutendes Stichwort genügt, um einen ganzen Wissenshorizont zu aktivieren: Nachdem Immermann über eine Jugendliebe gesprochen hat, bricht er das Thema abrupt ab: „Ueber das Verhältniß zu E[lisa] kein Wort weiter." (S. 952) Hier geht offenbar ein Gedankenaustausch zwischen beiden voraus, der nicht überliefert ist und worüber der Leser nur spekulieren kann, ein Thema demnach, das nicht weiter zu diskutieren ist. Solche Stellen sind für autobiographische Briefe typische ‚Leerstellen' aus der Sicht des späteren Rezipienten.

Die Grundstruktur des Briefes an Marianne vom 24. April 1839 ist geprägt von der Selbstanalyse, die zur Selbsterkenntnis erweitert und zur Selbstdeutung vertieft wird mit der Absicht der Vermittlung dieser Einsichten an den privaten, vertrauten Leser des Briefes. Der Brief ist bestimmt von dem Wechsel einer Vielzahl von Redemodi, wie sie überhaupt für Immermanns Briefe bezeichnend sind. Neben der Darstellung von Fakten beobachtet man die Redestrategien des Argumentierens, des Reflektierens, Bekennens und Beichtens sowie des Rechtfertigens und Verallgemeinerns. Auffällig ist vor allem Immermanns Sprechgestus des Belehrens, der durch den Vorsprung an Alter und Lebenserfahrung der

---

[22] „Höre aber einen Rath, den ich Dir in heiliger Sorge um unser Geschick gebe: R ü h r e n i e d i e G r ä f i n a n. S i e m u ß u n s e i n h e i l i g e s H a u p t s e y n und die von mir ersehnte Herstellung des Verhältnisses die frömmste Pflicht. [...] mein Herz fühlt sich zu ewiger Dankbarkeit für die Millionen rührendster Liebesdienste ihr geweiht." (Briefe II, S. 1022)

20jährigen Geliebten gegenüber begründet ist. Er gibt der Verlobten Ratschläge, erklärt ihr (väterlich) die Welt und seine Weltanschauung sowie Absicht und Aussage seiner literarischen Werke. Bereits die Anredeformen decouvrieren Immermanns Einstellung zu Marianne: meistens redet er sie an mit „mein Kind" („herzgeliebtes Kind", S. 1017), „Lieb' Kind" (S. 984), „Freundin" oder „ernste Freundin" (S. 980); Anreden wie „geliebte Marianne" (S. 1021) oder „O Du süße und geliebteste Marianne" (S. 1023) zählen zu den Ausnahmen.

Erinnert man sich an das Wort Mariannens über Immermanns Briefe an sie, so kann man schon von dem einen hier analysierten autobiographischen Brief ein Bild Immermanns und seiner geistig-seelischen Befindlichkeit ableiten.[23] Danach stellt er sich uns dar als ein Mensch, der, wie Briefstruktur und Redemodi erkennen lassen, ein vom Verstand betonter Mensch ist, der zu irrationalen und emotionalen Bereichen nur begrenzten Zugang besitzt (→ Religion), der mit sich und der Welt in einem Zwiespalt lebt, den er bemüht ist, mit Verstandesanstrengung und Pflichtverhalten zu überwinden. Dabei zeichnet ihn eine gewisse Strenge sich selbst und anderen gegenüber aus. Ehrlichkeit sowie schonungslose Selbstkritik geben ihm herbe Züge, die bei anderen Distanz hervorrufen konnten, der Immermann durch bewußtes Verhalten zu begegnen versuchte.

In gleicher Weise würden auch die Gegenbriefe an Immermann ein Bild der Empfängerin Marianne zu zeichnen erlauben. Da diese jedoch nicht überliefert sind, kann man nur mit vorsichtiger Analyse ein umrißhaftes und ungenaues Bild der Adressatin aus Immermanns eigenen Briefen erschließen. Über Marianne können wir in diesem (und in anderen Briefen) eruieren, daß sie eine junge Frau war, die über ihre Jahre hinaus gereift erschien, so daß Immermann sie mit seinen Problemen hinsichtlich Elisa von Ahlefeldts konfrontieren konnte, und die ihm gegenüber auch Verständnis aufbrachte und frei von beschränkten (kleinbürgerlichen) Ansichten war. Die christlich-religiöse Grundeinstellung Mariannes geht aus Immermanns Brief ebenso hervor wie ihre offenbar hohe Sensibilität für seine Dichtung und ihre Verehrung für seine Person insgesamt.

Der hier betrachtete Brief stellt durch Inhalt und Adressatin einen Extremfall auf der Skala möglichen autobiographischen Schreibens in Briefform dar. Am anderen Ende der Skala wäre ein Brief einzuordnen, den Immermann im gleichen Zeitraum an Friedrich Wilhelm III. schreibt und in dem ein Absatz lautet:

> Im Jahre 1818 trat ich in Ew. Königlichen Majestät Justizdienst ein. Allerhöchstdieseldem geruhten mich unterm 12ten October 1819 zum Divisions- und vortragenden Auditeur bei dem Generalcommando des 7ten ArmeeCorps, unterm 24ten October 1823 zum Kriminalrichter bei dem Inquisitoriate zu Magdeburg, nach wohlbestandener dritter Prüfung unter'm 12ten Juni 1826 zum Assessor bei dem Oberlandesgerichte zu Magdeburg, am 13ten December 1826 aber zum Rath bei dem hiesigen

---

[23] Vgl. auch Briefe III, 2, S. 1303.

Landgerichte zu ernennen. In dieser Stellung bin ich seit fast 13 Jahren verblieben [...] (Briefe II, S. 961)

Wer wollte leugnen, daß es sich auch hier um ein autobiographisches Dokument in Briefform handelt? Die Einzelheiten aus seiner beruflichen Laufbahn sind Bausteine von Immermanns ‚äußerer' Biographie, die ebenso unverzichtbar sind zu kennen wie andere Elemente. Daß es sich hier um eine ganz andere Form autobiographischen Schreibens handelt als in dem Brief an Marianne Niemeyer ist bedingt durch den Adressaten, den König, eine Person des öffentlichen Lebens, und der Intention des Schreibens: die Beschwerde beim König wegen nicht erfolgter Beförderung und die Bitte um alsbaldige Zuweisung einer besser dotierten Stelle. Der Brief ist auf den 28. April 1839 datiert. Die bevorstehende Verheiratung forcierte die Notwendigkeit eines höheren Einkommens für die dann aufwendigere Lebensführung. Dieses Beispiel zeigt, daß autobiographische Aspekte auch in sogenannten öffentlichen oder amtlichen Schreiben eine Rolle spielen können, nicht nur im Privatbrief, auf welchen sich Peter Bürgel ausschließlich bezog.

Zwischen den aufgezeigten Polen sind vielfältige Abstufungen von Briefen mit autobiographischem Gehalt denkbar. Würde Immermann zum Beispiel die Inhalte, die er Marianne mitteilt, an eine andere Person schreiben, würde der Brief völlig anders ausfallen, weil der Adressat in einem anderen Verhältnis zu Immermann stände. Man erkennt, welchen hohen Rang gerade im Hinblick auf autobiographische Gehalte von Briefen der Adressat besitzt. Auch etwa sein ausführlicher Bericht über seinen Hamburg-Aufenthalt 1838, gerichtet an Ferdinand Immermann[24], mit seinem überwiegend literaturgeschichtlich interessanten Ausführungen ist ein höchst wichtiges autobiographisches Dokument.

Blickt man zurück auf die Gliederung der Briefe Immermanns nach thematischen, adressatenbezogenen- und formal-funktionalen Gesichtspunkten, so wird man folgende Zuordnung des Briefes vom 24. April 1839 vornehmen können: Unter inhaltlich-thematischem Aspekt wäre der Brief in Gruppe 1, Briefe mit persönlich-privatem Inhalt, einzuordnen. Vornehmlich werden von Immermann, wie gezeigt wurde, Bereiche der Privatsphäre bis hin zum streng Vertraulichen angesprochen. Eine Berührung ergibt sich freilich auch mit Gruppe 3, „Briefe mit weltanschaulichem Gehalt", denn Immermann entfaltet in dem Brief auch religiöse und weltanschauliche Ansichten.

In der zweiten Rubrik, „Adressatenbezug", ist der Brief in Gruppe 2 zu verweisen, Briefe an Verwandte und Freunde, einschließlich solcher Briefe, zu deren Empfängerinnen der Schreiber in einem Liebesverhältnis steht.

Die Zuordnung in der Rubrik 3 nach der formal-funktionalen Beschaffenheit des Textes bereitet Schwierigkeiten. Die Zuweisung zu Gruppe 3, Liebesbriefe, ist auf den ersten Blick einleuchtend – darauf verweist auch der Adressatenbe-

---

[24] Vgl. Briefe II, S. 880-895; 15. Oktober 1838.

zug –, dürfte aber bei genauerem Betrachten kaum sinnvoll sein, da (leidenschaftliche) Liebesbekenntnisse seitens Immermanns durchaus vermißt werden. Der Überlieferungszustand der Briefe läßt indes auch die Vermutung zu, daß Marianne diejenigen Passagen der Briefe nicht kopiert haben könnte, die privat-intime Liebesbekenntnisse ausdrückten. Dem Inhalt nach ist der Brief an Marianne vom 24. April 1839 eher Teil eines Wechselgespräches über wichtige Themen des eigenen Lebens, wie man es mit ganz vertrauten Personen, etwa engen Freunden, führt. Damit gerät der Brief in eine Linie mit Briefen Immermanns zum Beispiel an Amalie von Sybel, Ferdinand Gessert und Karl Schnaase, also in die Kategorie der Freundesbriefe (= Gruppe 2). Von den Briefen an die genannten Briefpartnern ist der an Marianne aber wieder durch seinen teilweise lehrhaften Grundtenor geschieden. Wir haben es hier mit einem Grundproblem der Kategorisierung von Briefen überhaupt zu tun, mit dem Phänomen nämlich, daß Briefe durch wechselnde Inhalte oder durch den mit dem Inhalt nicht konformen Sprechduktus eine eindeutige Zuordnung zu einer Gruppe nicht möglich ist.

Die 32 Briefe Immermanns an Marianne sind insgesamt Teile einer ‚großen Konfession‘, bestehend aus chronologisch nicht geordneten, zufällig herausgegriffenen autobiographischen Atomen, die dem gesamten Lebensumfang Immermanns angehören. Immermann hat Marianne nur im Herbst 1838 bei seinem Aufenthalt in Magdeburg gesehen und dann erst wieder im September 1839 wenige Wochen vor der Hochzeit. Der dazwischen liegende Briefwechsel, von dem, wie gesagt, nur Immermanns Briefe überliefert sind, mit seinem autobiographischen Gehalt erfüllt somit auch den weiteren wichtigen Zweck des Sich-Kennen-Lernens, der geistig-seelischen Annäherung der durch die Entfernung getrennten Liebenden.

GERT VONHOFF

Auf dem Weg zur Geschichte

Immermanns Reisetagebücher und „Reisejournal"

„Wenn man in solcher Zerstreuung lebt, wie ich jetzt, so ist das Tagebuchschreiben eine Art von Pflicht; man sieht auf diese Weise nur, wie man noch zusammenhängt. Also nachgeholt von letzter Woche."[1] Was Immermann hier am 31. März 1834 in seinem Tagebuch notiert, veranschaulicht die Spannbreite dessen, was bei einer Beschäftigung mit Immermanns Reisetagebüchern und den daraus erwachsenen veröffentlichten Texten zu betrachten ist. So kann Peter Hasubek in seiner allgemeinen Charakteristik zu Recht über Immermanns Tagebuchschreiben ausführen:

> Die zerstreuenden Tätigkeiten des Tages sollen durch das Tagebuchschreiben gleichsam wie im Brennpunkt eines Hohlspiegels zu einer Einheit und zur Dauer zusammengefügt werden. Das Tagebuch erfüllt demnach den Zweck der Konzentration, der Wiederfindung der Mitte der eigenen Person, die durch ihre vielfältigen Tätigkeiten in der Gesellschaft zersplittert und zerrissen ist [...]. Diese existentielle Funktion des Tagebuches geht bei Immermann bemerkenswert über das hinaus, was man gemeinhin als Absicht des Tagebuchschreibens versteht. Das Verfassen eines Tagebuches soll demnach mehr sein, als nur Protokoll persönlicher Erfahrungen und Erlebnisse in subjektiver Brechung.[2]

Was Hasubek aber darüber hinaus zu den Reisetagebüchern sagt, bleibt allerdings auf jene Texte begrenzt, die zur Veröffentlichung nicht vorgesehen waren:

> Die Reisetagebücher Immermanns der dreißiger Jahre dienten dem Zweck, über ihre Funktion als biographisch-subjektive Erinnerungsstütze hinaus auch in objektivierender Form kulturell als wertvoll empfundene Eindrücke und Erfahrungen festzuhalten und sie, die privat subjektive Sphäre transzendierend, an andere Interessenten zu vermitteln [...]. Bemerkenswert ist es, daß der subjektive Anteil dabei häufig schwindet und die Sache, das historische Faktum, dominiert.[3]

Ein gutes Beispiel bieten die Aufzeichnungen, die Immermann im „Tagebuch. Februar 1831. October 1831" zu seinem Frankfurtaufenthalt macht (T 32-36). Sie beginnen objektivistisch mit einer Beschreibung des Gebäudes der Bundesversammlung, gründen im Gesehenen:

> Das Bundeslocal ist im Fürstlich Thurn und Taxisschen Palais in der Eschenheimer Gaße. Rother Sandstein, Commodenartiger Bau, über den Pforten das Wappen, ein Bär oder ein Schwein. (T 32)

---

[1] Tagebücher, S. 139 (im folgenden: T Seitenzahl).
[2] Peter Hasubek: Auf den Spuren Goethes. Zu Immermanns Tagebüchern, in: Peter Hasubek: Karl Leberecht Immermann. Ein Dichter zwischen Romantik und Realismus, Köln / Weimar / Wien 1996, S. 155.
[3] Hasubek: Auf den Spuren Goethes, S. 154-155.

Diese Beschreibung mündet in eine leicht ironische Reflexion und die Erzählung einer kleinen Begebenheit, die Immermann beim Besuch erlebte:

> Ich hatte lange Sehnsucht empfunden, den Sitzungssaal zu sehen, und auf das einzige Fleckchen Deutschland, welches existirt, zu treten. Der Castellan wollte mich aber nicht hineinlaßen. Und als ich dringender wurde, sagte er: Es ist nichts daran zu sehn. Es ist eine viereckte Stube, in der Mitte steht ein runder grüner Tisch und da herum 20 Stühle; das ist das Ganze. – Mit diesem Troste konnte ich mich begnügen. (T 32)

Wie vieles andere aus den Tagebuchaufzeichnungen über Frankfurt findet sich diese Episode im 1833 zuerst veröffentlichten „Reisejournal" Immermanns nicht. Was Immermann hier über seinen Besuch in Frankfurt mitteilt, hebt nun mit einer persönlichen Bemerkung zum Reisen an:

> Frankfurt. Die Gelehrten pflegen aus ihrer Studierstube in die Studierstuben andrer Gelehrten zu reisen, die schönen Geister trinken nach der letzten Tasse Tee bei sich, die erste bei Fremden. So entstehen die falschen Anschauungen und die rosenroten Lichter, von denen unsre Itinerarien widerscheinen. [...] Wenn *ich* wandre, so ist der Geldbeutel mein Empfehlungsbrief, der Lohnbediente mein Freund, die Straße mein Sozietätssaal. Was ich so sehe, das habe ich wenigstens *gesehen*. [...] Hier bin ich nun seit einigen Tagen und treibe mich durch die bewegte, geschäftige Stadt hin und her. Wenn ich die Straßen und Plätze nach allen Richtungen durchkreuzt habe, entrinne ich zum Main und erquicke mich am heitern Überblick. Die Patrizier und Geldleute haben sich ins Freie gezogen, die Stadt schmückt ihr zum Teil düstres Inneres mit einem Saume modernglänzender Häuser.[4]

Und auch die eigentliche Stadtbeschreibung ist, wie das Zitat zeigt, getönt von der Sicht des reisenden Individuums. Doch bleibt die veröffentlichte Fassung nicht beim Bericht des ‚Sehens' stehen, was ja hinsichtlich der zeitgenössisch üblichen Stilisierungstendenz im Genre Reisebeschreibung durchaus modern sich ausnehmen würde. Nein, Immermann ist im „Reisejournal" einen Schritt weitergegangen, wie er in einem Brief an Marianne Niemeyer 1839 selbst rückblickend ausführt:

> Das Reisejournal entstand auf folgende Weise. Jeder innerlich ausgestattete Mensch macht die Erfahrung, daß er sein inneres Leben nicht völlig nach außen hinauszuleben vermag, sondern da immer Brüche bleiben. Bei meiner Lebhaftigkeit, Phantasie u. Lustigkeit müßte ich eigentlich ganz erstaunlich bunte Abentheuer erleben. Nun aber steht zwischen mir u. den Menschen meine Schwerfälligkeit, mein ungelenkes, heftiges u. zuweilen grobes Wesen; so daß die Berührungen doch sparsamer sind, die Begegnisse ärmer ausfallen, als sie ausfallen könnten. Diesen Bruch zwischen Innen u. Außen zu lösen, schrieb ich das Reisejournal, ich entfaltete mich darin gleichsam zum *Immermann* in der *Idee*. Die Reise hatte wirklich Manches geboten, ich machte aus dem Manchen ein Vieles, wie es meinem innern Menschen gar leicht hatte begegnen können. Die darin enthaltenen

---

[4] Karl Immermann: Reisejournal in drei Büchern, in: Werke IV, S. 21 (im folgenden: RJ Seitenzahl).

Briefe sind gar nicht so von der Reise, sondern hier auf meiner Studirstube nachmals für den Druck geschrieben.[5]

Nicht allein die Briefe des „Zweiten Buches" (RJ 63-148) haben so als Fortschreiben des Erlebten zum ‚Immermann in der Idee' zu gelten. Auf vieles andere mehr trifft dies ebenfalls zu. Im Frankfurt-Teil etwa die Ausgestaltung dessen, was das Reisetagebuch als „Abendspazirgang hinter der schlimmen Mauer, wo der Schauplatz von Göthes Knabenmährchen der *neue Paris* ist" (T 34), notiert. Das Tagebuch hält hier nur fest: „Erster Keim zu einer Erfindung, wo sich aus den natürlichsten Elementen, und sich anschließend an die Reminiscenz aus Göthe's Jugend, ein sonderbares Abentheuer zusammensetzen sollte." (T 35) Was Immermann im „Reisejournal" von seinem Zusammentreffen mit einem „Menschen von ungewöhnlichem Ansehn" erzählt, der in dem Wahn steht, der eigentliche Autor der Werke Goethes zu sein (RJ 31-38), kann herangezogen werden, um die Formung des ‚Rohmaterials', Immermanns Stilisierungstendenz näher zu kennzeichnen.

So wie Goethes Pylades in der Episode aus „Dichtung und Wahrheit"[6] und Immermanns Pylades im „Reisejournal" sich diametral gegenüberstehen, so trifft dies auch auf den Rest der intertextuellen Bezüge zu. Aus dem Ganzheitlichen der Goethezeit ist das Fragmentarische der nachgoetheschen Zeit geworden. Pylades verläßt nicht mehr als Ausnahmefall nur ein einziges Mal die Goethesche Partei (DuW 50), sondern steht nun auf Dauer als verkanntes „Genie" dem „glücklichen Usurpator" gegenüber (RJ 32). Aus Einheit und Harmonie ist Entzweiung geworden. Das Wunderbare, über dessen Erfindung der Erzähler „gebieterisch" verfügen konnte und damit zugleich sich selbst wie sein Umfeld konstituierte (DuW 50), ist unter den Bedingungen der Moderne verschwunden. Statt vom Suggestiven des „Knabenmärchen" ist nun vom Diebstahl der Poesie mittels eines „Spiegelteleskops von besondrer Konstruktion" (RJ 33) die Rede, eine Bezugnahme auf das anbrechende Maschinenzeitalter. Und die Entfremdung macht auch vor dem Subjekt nicht halt: Nicht mehr kann die Rede davon sein, daß sich der Einzelne durchs Dichten seine Identität schafft; geblieben ist nur „die Pein der Empfindung [...], ein von einem andern verfaßter Mensch zu sein", ein Schmerz, der sich einstellt, wenn jemand „das Gefühl" seiner „eignen Seele" verloren hat (RJ 33). Aus Selbstgewißheit ist Irrsinn geworden. Wo die mutwillig zerbrochenen Soldatenfiguren in Goethes „Knabenmärchen" sich „von selbst wieder zusammenfügten" (DuW 61), die Totalität gleichsam sich selbst wiederherstellt, steht unter den Bedingungen des Modernen das Bild des dauerhaften Bruchs. Nicht nur findet sich das Motiv nun abgetrennt in einer zweiten „Phantasterei", es kehrt zudem wieder als die Erzählung vom „Kompaniechirurgus", der die Glieder ohne Achtung auf die Integrität und Stellung der Verwundeten „an-

---

[5] Briefe II, S. 1135.
[6] Johann Wolfgang von Goethe: Werke. Hamburger Ausgabe in 14 Bänden, 9. Aufl. München 1981, Bd. 9, S. 50-65 (im folgenden: DuW Seitenzahl).

heilt" und schließlich dem Stabstrompeter die Nase falsch herum ins Gesicht setzt und darüber das letzte Wohlwollen nicht nur der Obrigkeit verscherzt (RJ 35-37). Indes beharrt der Erzähler darauf, noch immer ordnend verfahren zu können:

> Dieses Gemisch von Sinn und Unsinn wurde nicht so zusammengefaßt, wie ich es niederschreibe, vorgetragen, vielmehr durch Interjektionen, Fragen, Pausen, und eine stumme Mimik unterbrochen, die demselben eine peinlichlebendige Sichtbarkeit gab. (RJ 33)

Zwar werden die Bedingungen der Moderne im erzählerisch Gestalteten des „Reisejournals" reflektiert, aber die letzte Konsequenz wird hier nicht gezogen: die hätte geheißen, das Material ohne ästhetische Formung, ‚geschichtlich' authentisch mithin zu präsentieren. Doch zu diesem radikalen Schritt gelangt Immermann nicht. Er läßt es noch nicht bei der Wiedergabe des ‚geschichtlichen' Materials seiner Reisetagebuchaufzeichnung bewenden, sondern greift statt dessen zur ‚Erfindung', damit ‚Immermann in der Idee' sich entfalten und so der ‚Bruch zwischen Innen und Außen' noch einmal überwunden werden könne.

In einem Brief an den Bruder Ferdinand vom Januar 1833, in welchem Immermann von den Mühen berichtet, die ihm die Fertigstellung des „Reisejournals" bereitet – „der aufgewühlte Stoff" mache „sich immer reichhaltiger" –, äußert der Autor allerdings schon selber ein gewisses Unwohlsein am Wert seiner ‚Konstruktion':

> Überhaupt habe ich bei dem Buche eine gewiße Besorgniß, daß ich nämlich durch die Kühnheit, womit ich das, was möglich gewesen wäre, als wirklich behandle, selbst für die, welche mir nahe stehn, etwas Fremdes erhalten werde.[7]

Zu fragen bleibt zudem, ob das Anliegen Immermanns, sich selbst in der Idee zu entfalten, im „Reisejournal" durchweg realisiert ist. Die uneinheitliche Form des „Reisejournals" weist in die entgegengesetzte Richtung. Zwar sind Mischformen und Fragmentarisches als Erschließungsformen der Zeit durchaus nichts Außergewöhnliches, gerade auch im Umfeld von Reisebeschreibungen. In der Forschung wird in diesem Zusammenhang immer wieder auf Heines „Reisebilder" verwiesen, die in den beiden ersten Teilen einen Erfolg auch in wirtschaftlicher Hinsicht darstellten. Der dritte Teil, 1829 erschienen und auf 1830 datiert, enthielt neben der „Reise von München nach Genua" „Die Bäder von Lucca", die Immermann zugeeignet waren. Immermann sei nicht zuletzt durch Heine zu dem „Reisejournal" angeregt worden,[8] erreiche jedoch nicht „die Pointiertheit der Heinischen Prosa", wie Windfuhr meint;[9] das „Reisejournal" hätte zwar „nicht die Leichtigkeit, den sprühenden Witz und die Formkraft" der „Reiseschilderun-

---

[7] Briefe II, S. 118-119.
[8] So schon Harry Maync: Immermann. Der Mann und sein Werk im Rahmen der Zeit- und Literaturgeschichte, München 1921, S. 329-330.
[9] Manfred Windfuhr: Immermanns erzählerisches Werk. Zur Situation des Romans in der Restaurationszeit, Giessen 1957, S. 122.

gen" Heines, sei „aber trotzdem immer anregend und gescheit", wie Benno von Wiese es sieht.[10] Festzuhalten bleibt demgegenüber allerdings zweierlei.

Erstens, um ‚Ideenschmuggel' wie bei Heine und den Jungdeutschen geht es Immermann nicht, das „Reisejournal" ist sicherlich kein „Locken durch Unterhaltung und Tarnen gegenüber der Zensur", hat nicht wie Heines „Reisebilder" diese „vehikuläre oder gegenbildliche, projektive Funktion", die „auf reflexive *und* poetische Art eine Alternative zum Bestehenden aufzeigen wollen".[11] Kritisch im Sinne des Jungen Deutschland oder Vormärz ist Immermanns Werk eben nicht. Das „Reisejournal" hat im Politischen eher deutlich antiliberalistische Züge. So äußert Immermann „Zweifel an der Unfähigkeit der Deutschen, eine Revolution zu machen" (RJ 90); das konstitutionelle Wesen mache für die Deutschen anders als für die Franzosen und Engländer keinen Sinn, weil jene in der politischen Zersplitterung nicht über den notwendigen nationalen „Körper" verfügten (RJ 95-96); Revolution werde für die Deutschen darum „nichts als eine Art von Mode" sein (RJ 97). Die „süddeutschen Zeitungen" liest er mit Widerwillen (RJ 95), spricht über die Konstitutionsdebatte als „süddeutschen Schwindel" (RJ 145). Die Deutschen seien „kein dramatisches Volk", sondern „Metaphysiker oder Hausleute" (RJ 108-109). Die an den jungdeutschen Kritizismus erinnernde Ansicht, „daß der Künstler unsrer Tage nicht mehr für das Gefühl arbeiten dürfe, sondern daß er erst in der Kritik zu existieren anfange, daß daher ein Talent sich durch Beurteilung bis zum Unglaublichen steigern lasse", stellt er als Geschwätz bloß (RJ 81). Die Monarchie sei die dem Individuum „gemäße" Staatsform (RJ 147). Und „die Richtung zur Persönlichkeit und Individualität" sei „nicht bloß vorherrschend in uns, nein, sie" sei „unser Wesen selbst", weshalb wir auch nicht zur Gleichheit taugten (RJ 148). Begleitet wird solches Denken von einer mystischen Naturvorstellung, die in der Natur das Wahre und Ehrliche erkennen (RJ 117) und den Menschen idealerweise als „Komplement der Natur" sehen will (RJ 131).

Zweitens, strukturelle Diskontinuität, eine dissonante Schreibweise, wie sie Heine für die „Harzreise", 1826 im ersten Teil der „Reisebilder" erschienen, im Jahr zuvor als „ein zusammengewürfeltes Lappenwerk" beschreibt,[12] kann man Immermanns „Reisejournal" nicht in gleicher Weise zuschreiben. Gerade am Modernen von Heines Wirklichkeitswahrnehmung, der Einsicht, daß das Ich des Textes keine Identität mehr besitze, es nur mehr in wechselnden Kostümen

---

[10] Benno von Wiese: Karl Immermann. Sein Werk und sein Leben, Bad Homburg v.d.H. / Berlin / Zürich 1969, S. 161.
[11] So Gerhard Höhn generell zu Heines „Reisebildern" in: G. H.: Heine-Handbuch. Zeit, Person, Werk, 2. Aufl. Stuttgart / Weimar 1997, S. 185.
[12] Heinrich Heine: Säkularausgabe. Werke. Briefwechsel. Lebenszeugnisse, hg. von den Nationalen Forschungs- und Gedenkstätten der klassischen deutschen Literatur in Weimar und dem Centre de la Recherche Scientifique in Paris, Bd. XX: Briefe. 1815-1831, bearb. von Fritz H. Eisner, Berlin / Paris 1970, S. 184.

und Masken auftreten könne, mangelt es Immermanns ‚Konstruktion', wo sie bestrebt ist, ‚Immermann in der Idee' zu erreichen. Allerdings bleibt die uneinheitliche Form im „Reisejournal" als Widerspruch zur zumindest angestrebten ‚ideellen' Einheit stehen. Äußerlich zwar um eine Einheit bemüht, die in den Buchtiteln „Ausflucht" (RJ 11), „Briefe" (RJ 61) und „Heimat und Heimkehr" (RJ 149) und damit im Erzählgerüst sich andeutet, vereinigt Immermanns Text dann vor allem im „Dritten Buch" so unterschiedliche Formen wie Kapitel mit eingeschobenen Erzählungen, Anekdoten, Gedichten und der Novelle „Die verschlossne Kammer" (RJ 151-207), „Briefe" (RJ 207-220), schließlich nur in lockerem Zusammenhang stehende und aphorismenartige „Grillen im Wagen" (RJ 220-226).

Der kapitelweise aufgebaute Teil dieses Buches, die „Choleraperiode" (RJ 207), verweist ausdrücklich auf das literarische Modell der Rahmenerzählung mit eingestreuten Geschichten, Anekdoten und Erzählungen aller Art, wie sie in Boccaccios „Decamerone", Tiecks „Phantasus" und Goethes „Unterhaltungen deutscher Ausgewanderten" zu finden ist (RJ 156). Im Reisetagebuch findet sich von all dem, wie schon von den Briefen des Zweiten Buchs nichts; dort steht nur der nachgetragene Hinweis, man möge mit dem „Reisejournal" die „Lücke" schließen (T 48). Der Stoff des ‚Choleratteils' stammt denn auch aus einem anderen Projekt Immermanns, dem Plan der Novelle „Die Quarantäne"[13]; eingeschoben wird dies nun ins „Reisejournal", deutet damit bereits auf eine mögliche oder gar angelegte Inkonsistenz hin. Auf eine skizzenartige Beschreibung des Pestausbruchs in Magdeburg im ersten Kapitel des Dritten Buchs (RJ 151-156), über die ebenfalls im Reisetagebuch nichts zu finden ist, auf diese geschichtlich sich gebende Positionsbestimmung – als eine solche weist sie der eingefügte Kommentar des Erzählers deutlich aus (RJ 151-152) –, folgt der an den literarischen Vorlagen ausgerichtete Teil, der ironischerweise aber gleich bei der Einführung als „freilich etwas verbrauchtes Mittel" bezeichnet wird, um der Bedrohung der geselligen Zusammenkunft durch den ‚Ungeist' der Cholera zu begegnen (RJ 156).[14] Und so kommt es, wie es kommen muß: die Nachricht, die Cholera sei im „Hinterhause" ausgebrochen, bringt den gemütlich versammelten, zuweilen streitenden Kreis in helle Aufregung (RJ 205), jedoch nur, um eine Seite später alles als eine Farce, die Einbildung eines eigentlich ganz gesunden Hausgenossen zu enthüllen, worauf „die Munterkeit" der Gesellschaft „erhöht wiederkehrt" und sich in einem Maskenzug Ausdruck verschafft (RJ 206-207). Vom Ernst des „Decamerone", von der Symbolhaltigkeit des „Märchens" am Ende von Goethes „Unterhaltungen deutscher Ausgewanderten" ist hier nichts geblieben. Wie am Ende der eingestreuten Novelle „Die verschlossne Kammer" der in Komik auf-

---

[13] Siehe dazu schon Hasubek: Auf den Spuren Goethes, S. 171-172.
[14] Auffällig ist vielleicht auch, wie sehr sich der Erzähler in diesem Teil zurücknimmt. Er beschreibt seine Rolle als „Hörer" (RJ 157), will keinen eigenen Beitrag in der Runde leisten, liest dann allenfalls Adelens Novelle vor (RJ 190, 195).

gelöste Schmerz dadurch überwunden wird, daß Isabelle fordert: „Abreisen, mein Freund, so bald als möglich, und an einem andern Orte, wie vernünftige Menschen zu leben anfangen!" (RJ 203), so steht die Abreise am Beginn der nun wieder anhebenden Briefe (RJ 207). Und aufgrund der offensichtlichen Doppelung ist auch der Leser versucht zu rufen: „O wir törichten Kinder! O der verlornen Zeit!" (RJ 203) Dies ist seinerseits dann noch einmal eine deutliche Entwertung des bis dahin im „Dritten Buch" als Krisenmanagement Beschriebenen. Warnend hatte ja schon in dessen zweitem Kapitel F. eingeworfen:

> Wenn es nur natürlich wäre, [...] dem Druck so absichtlich entgehn zu wollen! Erzählungen, Scherze, dichterische Mitteilungen sind Blüten der Heiterkeit; daß dergleichen gelingen sollte, wenn man sich dadurch nur in Todes- oder Kriegsgefahr zerstreuen will, leuchtet mir nicht ein, und ich fürchte, wir bleiben in einer verunglückten Nachahmung des ‚Dekameron' stecken. (RJ 156)

Daß die fortgesetzte Reise dann „in der fünften, in der Periode des Amtmanns Waumann" stehe (RJ 207), kündigt in der Bezugnahme auf Knigges komischen Roman „Die Reise nach Braunschweig" (1792) ein komisches ‚Nachspiel' an.

Doch stellt sich die Komik nicht wirklich ein. Reflexionen über den nicht möglichen Besuch in Weimar (RJ 207-208), eine Beschreibung Goslars (RJ 208-209), der wohlwollende, nicht im geringsten ironische Bericht über den Besuch einer Abtei, die nach der Säkularisation vom Kanonikus aus den Händen der Spekulanten zurückgekauft und wieder der alten Nutzung zugeführt wurde (RJ 209-213), die etwas kritische Schilderung der Verhältnisse in Hannover (RJ 213-216), der Bericht vom Zusammentreffen mit dem bewunderten Grabbe in Detmold (RJ 218-219) – alle diese Episoden verstehen sich durchaus als ernst zu lesende. Arbeitet Immermanns „Reisejournal" hier mit fälschlicherweise geweckten und dann enttäuschten Lesehaltungen? Wenn dies so ist, ist darin eine Intentionalität zu sehen oder geschieht dies eher unfreiwillig?

Dieselben Fragen lassen sich für die letzte kompositorische Einheit des „Reisejournals", die „Grillen im Wagen" wiederholen. Was hier in lockerer Folge, oft aphorismenartig zusammengestellt ist und sich in anderer Reihenfolge, größerem Umfang und ohne Überschrift erst im „Tagebuch. November 1831 August 1832" findet (T 64-70), ordnet sich nur locker in das Erzählgerüst der Reise ein. Die für das „Reisejournal" gefundene Überschrift selbst versucht noch einmal, den Zusammenhang mit der früheren Reise herzustellen, entwertet das Dargestellte jedoch zugleich, indem sie es als „Grillen" charakterisiert. Diese Entwertung wird um so auffallender, wenn man es mit dem strukturell ähnlichen Ende von Goethes „Wilhelm Meister Wanderjahren" vergleicht: die Sammlung „Aus Markariens Archiv" stand da am Ende des vergleichbar offen gebauten Werkes.[15] Sind nun die Ausführungen des „Reisejournals" als ernstgemeinte Lebensweisheiten gemeint, was sie dem Inhalte nach durchaus sein könnten, oder hat man sie als

---

[15] Johann Wolfgang von Goethe: Werke. Hamburger Ausgabe in 14 Bänden, 10. Aufl. München 1981, Bd. 8, S. 460-486.

sonderbare, ja schrullige Einfälle zu lesen? Der Status scheint unklar zu bleiben, so wie auch die Lektüre des Werks als ‚Entfaltung von Immermann in der Idee' zunehmend unsicherer wird. Mir scheint es sich hier allerdings weniger um eine Stärke des literarischen Werkes zu handeln als um die geschichtlich dem Werk eingeschriebene Signatur der Zeit, einer Zeit, in der die Menschen aus den Sicherheiten der Vergangenheit heraus- und in eine ungewisse Zukunft hineingedrängt sind, ohne schon feste Standorte gefunden zu haben.

Versucht man indes das als „Grillen im Wagen" Zusammengestellte unironisch zu lesen, so weisen einige der Gedanken in die Richtung, die die späteren Reisetagebücher Immermanns und deren Veröffentlichungen nehmen. So liest man etwa von der Macht des Alltäglichen:

> Wer gibt uns das Mittel gegen die zerstörende Kraft des Alltäglichen? Ließe sich sein Fluch nicht bezwingen, wenn man es behandelte, wie den Schlaf, sich demselben ruhig überlieferte, wie einer Naturnotwendigkeit; seine Persönlichkeit behaupten zu wollen, aufgäbe? (RJ 223)
>
> Der Alltag ist das elementarische Dasein. (RJ 223)[16]

Die Vormacht der Dinge und Zustände gegenüber dem Besonderen und den Individuen ist hier gefühlt, Ausdruck einer im Grunde materialistischen Erkenntnis, die in Einklang steht mit den Erfahrungen der modernen Zeit. Und über diese Gegenwart heißt es dann:

> In Zeiten, wie die unsrigen, gibt es nur zwei Wege. Entweder hänge man sich dem schnaubenden Rosse einer Parteiwut an den Schweif und lasse sich so fortschleppen, oder man erhebe sich zum historischen Blicke, vor dem die Gegenwart zur Vergangenheit wird. (RJ 225)[17]

Daß der erste Weg nicht der Immermanns sein könne, wird aus der im „Reisejournal" wie im Reisetagebuch geäußerten Distanz gegenüber den sogenannten Fortschrittskräften sichtbar. Der Einzelne, der sich „zum historischen Blicke" erhebt, das ist darum eher Immermanns Programm für die späteren Reisetagebücher. Hier bereitet sich ein Verständnis dessen vor, was sich als Historismus im weiteren 19. Jahrhundert in Deutschland in bürgerlichen Kreisen so mächtig ausprägen sollte.[18]

Den so anderen Charakter der späteren Reisetagebücher und ihrer veröffentlichten Fassungen hat die Forschung erkannt. So heißt es etwa bei Manfred Windfuhr:

> Das zunehmende Objektivitätsstreben führt zu einer schärferen Scheidung zwischen Erlebnis und Erfindung, zwischen Reisebericht und Romanschaffen. Immermann

---

[16] Vgl. dazu die Fassung in den „Tagebüchern" (T 65, 68).
[17] Vgl. dazu die Fassung in den „Tagebüchern" (T 69).
[18] Vgl. dazu auch Immermanns positive Kommentare zu Leopold von Rankes „Historisch-politischer Zeitschrift" (1832-1836) und seinem Buch über die „Römischen Päpste" (1834-1836). Siehe Briefe II, S. 36, 324-325.

bemüht sich in seinen folgenden Reisebeschreibungen das wirklich Gesehene anschaulich und ohne Zusatz zu vergegenwärtigen. Für seine Gesamtausgabe hat er zwei kleine Berichte in diesem Sinne redigiert. Der erste, „Ahr und Lahn", geht auf einen kurzen Ausflug im September 1832 zurück und der zweite, „Blicke ins Tirol", ist ein Ausschnitt aus einer längeren Reise im Jahr darauf. Zwar hat Immermann auch hier im Vergleich zu den direkten Aufzeichnungen, die sich im Nachlaß befinden, an einigen Stellen allzu freimütige Äußerungen gestrichen und allgemeine Reflexionen hinzugefügt, aber der unmittelbare Eindruck bleibt unentstellt. Die „bescheidene Wahrheit" der Erlebnisse soll durch die Erfindung nicht beeinträchtigt werden.[...]
Die „Fränkische Reise" von 1837 strebt eine ähnliche Sachlichkeit und Anschaulichkeit an. Der [...] Abschnitt über Weimar, speziell über das Goethehaus, ist ein Musterbeispiel für die zugleich treue, aber auch lebendige und geformte Beschreibung.[19]

Noch prägnanter charakterisiert Benno von Wiese den Wandel, der sich vollzieht:

Den Widerspruch von Idee und Wirklichkeit wird man in der „Fränkischen Reise" von 1837, die nach dem Roman „Die Epigonen" entstanden ist, nicht mehr finden; denn Immermann hat sich jetzt durchaus zu einem wahrheitsgetreuen, realistischen Bericht entschlossen. Die Reflexion tritt zurück zugunsten anschaulich sachlicher Schilderung. Besonders der letzte Abschnitt über Weimar und über das Goethehaus hat dokumentarisch beschreibenden Wert.[20]

Wie weit dies vom „Reisejournal" und ebenso von Heineschen und jungdeutschen ‚Reisebildern' entfernt ist, soll abschließend in einigen Ausführungen zum Weimarabschnitt im „Tagebuch der Reise durch Franken und Thüringen. September/Oktober 1837" illustriert werden. Der authentische Text Immermanns, die Darstellung im Reisetagebuch (T 638-679) fällt mehr als doppelt so lang aus wie der Text, der in der von der Familie postum bearbeiteten Fassung, die als „Fränkische Reise" 1843 im Band 14 der „Schriften" herausgegeben worden ist.[21] Ausgelassen wurden von den Nachlaßverwaltern keineswegs subjektiv kompromittierende Stellen, vielleicht mit einer Ausnahme. Was Immermann im Reisetagebuch über die sexuelle Ausrichtung des letzten Herzogs von Gotha mitteilt (T 641), mochte für die Veröffentlichung dann doch als unschicklich empfunden werden. An anderen Stellen entfielen neben generellen Kürzungen (T 644, 645, 673, 674) Ausführungen zu als weniger wichtig empfundenen Personen (T 639-640), aber auch ganze Kapitel über die Weimarer „Societät" (T 649-653), das Theater (T 656-657) und den Hof (T 657-665), sowie der auf die Beschreibung von Goethes Haus folgende und zum Teil „Nachlese"-Charakter habende Schlußteil (T 674-679).

---

[19] Windfuhr: Immermanns erzählerisches Werk, S. 128-129.
[20] Von Wiese: Karl Immermann, S. 170.
[21] Karl Immermann: Fränkische Reise, in: Werke IV, S. 269-354 (im folgenden: FR Seitenzahl).

Immermanns berühmt gewordenes positives Verdikt über den Besuch von Goethes Haus ist darum in der zeitgenössisch zugänglichen Fassung als deren Endpunkt (FR 354) sehr viel hervorgehobener als in der für die private Zirkulation bestimmte Reisetagebuchfassung:

> Hieher soll man junge Leute führen, damit sie den Eindruck eines soliden, redlich verwandten Daseyns gewinnen. Hier soll man sie drei Gelübde ablegen lassen, das des Fleißes, der Wahrhaftigkeit, der Consequenz. (T 674),

Tugenden, wie sie für den eher konservativen Teil, den national-liberalen Teil des deutschen Bürgertums nur allzu bald ausschließlich kennzeichnend werden sollten, werden hier benannt; Tugenden aber auch, die den sich ausbildenden Historismus beschreiben können. Dies zeigt das Dilemma, in das die objektivistische Schreibart zunehmend geraten wird.

Zum Zeitpunkt der Abfassung dieses Reiseberichtes jedoch kann Immermanns dokumentarische Beschreibung von Goethes Haus noch ideologiekritisch wirken, zerstört doch die nüchtern sachliche Beschreibung alles, was an falscher Verehrung, an Idealisierung dem Dichter wie seinem Umfeld entgegengebracht wird:

> An einem freien Platze, den ein Brunnen lebendig macht, zeigt sich in grauröthlicher Tünche, die Fenster mit schwarzen Einfassungen umgeben, ein zweistöckiges Haus, geräumig dem Ansehen nach, aber durch Nichts über das Maaß der Wohnung eines wohlhabenden Bürgers hinausgestellt. Wir treten über die Schwelle und befinden uns in einem Hausflur, den eine gelbliche Steinfarbe hell und heiter erscheinen läßt. Wir steigen die mit massivgemauerten Wangen versehene Treppe hinan, die sich mit breiten Stufen in der sachtesten Hebung emporschwingt. I⟨h⟩re Größe muß uns überraschen, sie steht in keinem Verhältniß zu den übrigen Dimensionen des Gebäudes und nimmt das Unterhaus zumeist für sich weg. Interessant ist es, zu hören, wie sie entstand. (T 665-666)

Auf das Gesehene und vor Ort Gehörte bleibt die mythenzersetzende Beschreibung beschränkt, kann so das „unrichtige Bild" zurechtrücken,[22] das „die Beschreibungen, welche sich in Memoiren und Reiseblättern von diesen Gemächern finden", geben (T 667). Die so andere Wahrnehmung weckt in Immermann „ein historisches Gefühl" (T 666), das auch von der möglichen Bedrohung des Gegenstandes im Erbfall weiß (T 674), weil der, der da beschreibt, ja selbst von den Bedrängnissen des Lebens nicht verschont bleibt, wie es die Zeilen zum Ausdruck bringen, die sich nur in der Reisetagebuchfassung finden und Immermanns Rückkehr nach Düsseldorf perspektivieren:

> Wenn ich bedenke, daß mein hübsches Theater hin ist, und daß ich nun wieder in der Stadt leben soll, worin sie Tieck nur als Kinderschriftsteller kennen, so muß ich freilich die Zähne aufeinander beißen. Wäre der Winter nur erst über! Oder be-

---

[22] Ein weiteres gutes Beispiel ist die Beschreibung der Carstensschen Zeichnungen, die sich zunächst völlig auf Gegenstände, Motive und Techniken beschränkt (T 642-645) und so ermöglicht, die falsche Vorstellung von den Gegenständen geradezurücken (T 645-647).

scheerte mir mein pantheistischer Gott eine tüchtige Arbeit! Zwar, woher soll die Lust u. Stimmung zu einer solchen kommen, die alle Grundlagen eines geistigen Zustandes und jedes Behagen für eine Natur, wie die meinige ist, dort fehlen? Oder soll ich vergessen, wie man Alles, was ich anregte, schuf und baute, hat fallen, und matt verklingen laßen. (T 674-675)

Wer derartige Erfahrungen macht, entwickelt ein Sensorium für die Bedrängnis und Sorge, in der andere leben. So berichtet das Reisetagebuch auch davon, daß „Eckermann sein Herz", als er mit Immermann allein sich weiß, ausschüttete:

So geht es hier [in Weimar] nun immer zu, wann und wo wir zusammenkommen! rief er. Goethe und kein Ende! – Er erhob die bittersten Klagen über sein Loos, welches ihn an Weimar feßle, wünschte sich weitweg, sagte, hier sei Alles erstorben, erstarrt, der Zustand öfters für ihn unerträglich. (T 653)

Wo die ungekürzte Darstellung die Nebentöne miterfaßt, vermag sie das historische Kolorit zu zeichnen, das in der Konzentration auf das Weimar Goethes verloren geht. Immermanns Reisetagebücher sind an solchen Stellen noch einen Schritt weiter auf dem Weg zur Geschichte, wie sie sich dem Einzelnen in der konkreten Anschauung darstellt. Es ist dann die Begrenztheit seiner Perspektive, die das Dokumentarische des Blicks näher charakterisiert. Von der Stadtarmut, von mangelnder Hygiene in den Straßen, kurz vom gewöhnlichen Alltagsleben in Weimar ist in Immermanns Reisetagebuch eben (noch) nicht die Rede.[23]

---

[23] Siehe dazu etwa Jochen Klauss: Alltag im ‚klassischen' Weimar. 1750-1850, Weimar 1990.

ANDY GOTTSCHALK

Autobiographisches Schreiben bei Immermann und Heine

Vorbemerkungen:

In Zeiten gesellschaftlichen Wandels erlangt autobiographisches Schreiben eine besondere Bedeutung. Historische Umbrüche mit ihren politischen, ökonomischen und sozialen Implikationen verursachen immer auch eine Erosion kultureller, religiöser und weltanschaulicher Identifikationsprozesse.[1] Das Individuum wird gezwungen, seine Rolle innerhalb der sich wandelnden gesellschaftlichen Gegebenheiten neu zu definieren.[2]

So beeinflußte auch der gesellschaftliche Umformungsprozeß in der ersten Hälfte des 19. Jahrhunderts die Viten von Immermann und Heine und brachte sie dazu, autobiographisch tätig zu werden. An die Seite identitätssichernder Lebenswelten und Milieus trat zunehmend die Selbstbeschreibung und Selbstdarstellung, in denen man auf subjektive Weise versuchte, neue Identitäten zu stiften.[3] Die Inszenierung der Wechselbeziehungen zwischen dem Ich und der Umwelt ist als ein Prozeß von Identitätssuche zu verstehen, wo die eigene Vita zu einem Reflexionsraum übergeordneter historischer Vorgänge wird.[4] Der Akt des autobiographischen Schreibens wird zur Strategie, die individuelle und historische Vergangenheit zu rekonstruieren und die Rolle des Ich mit den äußeren Gegebenheiten abzugleichen.[5]

Das Schreiben von Autobiographien und anderen autobiographischen Gattungen wurde bei Immermann wie auch bei Heine zu einer Identitätsstütze. Die Schwerpunkte dieser *Identitätskrücken* verlagerten sich von der individuellen Lebenslaufbeschreibung zum historischen Geschehen, da die Auseinandersetzung mit der Historie am ehesten eine Integration in die neuen Werte der gesellschaftlichen Systemvielfalt versprach.[6] Vor diesem Hintergrund bilden die auto-

---

[1] Identität bezeichnet hier ganz allgemein die Ausbildung des Selbstverständnis im Rahmen sozialer Gruppen. Das Individuum steht dabei in einem ständigen Austausch mit seiner sozialen Umwelt; vgl. dazu Höpfner, Christian: Romantik und Religion. Heinrich Heines Suche nach Identität. Stuttgart und Weimar 1997, S. 218.
[2] Vgl. Brose, Hanns-Georg; Hildebrand, Bruno: Biographisierung von Erleben und Handeln, in: Brose, Hanns-Georg / Hildebrand, Bruno (Hg.): Vom Ende des Individuums zur Individualität ohne Ende. Opladen 1988, S. 11-34, S. 18.
[3] Vgl. Brose, Hanns-Georg / Hildebrand, Bruno: Biographisierung von Erleben und Handeln, S. 18.
[4] Vgl. Lehmann, Jürgen: Bekennen – Erzählen – Berichten. Studien zu Theorie und Geschichte der Autobiographie, in: Barner, Wilfried (Hg.): Tübingen 1988. (= Studien zur deutschen Literatur, 98), S. 203.
[5] Vgl. Assmann, Jan: Das kulturelle Gedächtnis. Schrift, Erinnerung und politische Identität in frühen Hochkulturen. München 1992, S. 42.
[6] Vgl. Engelhardt, Michael von: Sprache und Identität. Zur Selbstdarstellung und Selbstsu-

biographischen Schriften zwischen 1800 und 1850 Formen von Identifikations- und Integrationsmedien, die eine subjektive Auseinandersetzung des Autors mit seiner Vergangenheit und Gegenwart darstellen.

Dieser Beitrag will einen Einblick in die jeweiligen Lebensumstände der Autoren liefern und wie diese im Prozeß des Schreibens die Sicherung und Konstruktion ihrer Identität vornehmen.

Ohne Zweifel gehörten Karl Leberecht Immermann und Heinrich Heine einer Generation an, welche von dem gesellschaftlichen Wandel in Deutschland zwischen 1800 und 1850 besonders betroffen waren. Ihre jeweiligen Jugenderfahrungen und ihre soziale Stellung innerhalb der historischen Konfliktlinien bestimmten ihr Leben und ließen sie die Zeit bewußt erleben. Immermann wurde von seinem Vater streng nach den friderizianischen Wertvorstellungen eines konservativen Lebensbildes erzogen. Erst aus dem erlebten Widerspruch des Zusammenbruchs des preußischen Staates nach der Niederlage bei Jena und Auerstedt 1806 entspringt das Kernmotiv in Immermanns autobiographischer Schrift „Die Jugend vor fünfundzwanzig Jahren": „Nicht die Vermittlung von Ich und Welt als Bildungsgang, [...], ist sein Anliegen, sondern jene „Memoiren" zu schreiben, in denen das Ich nur als Medium fungiert, um die Welt zu erfaßen [...]"[7], konstatiert Helmut Pfotenhauer Immermanns autobiographischen Anspruch.

Im Gegensatz zu Immermann wuchs der junge Heine in einem Milieu auf, das von Traditionen weniger geprägt war. Bei ihm war es die aufklärerisch-liberale Erziehung der Mutter, die den jungen Heine von der familiären Bindung an das Judentum löste und ihn früh mit seinem ersten Identitätskonflikt konfrontierte.[8] Heine läßt sich zeit seines Lebens schwer in allgemeine Gemeinschaftsnormen integrieren. Er bewegte sich zwischen den Generationen und den Systemen. Dieser innere Zwiespalt forcierte das ständige Bedürfnis, sich einer eigenen Identität zu versichern[9] und muß insbesondere bei seinem labilen psychischen Zustand am Ende seines Lebens Berücksichtigung finden. Als Grundlage der Untersuchung dienen Heines autobiographische Texte die „Memoiren" und die „Geständnisse".

---

che im autobiographischen Erzählen, in: Kößler, Henning (Hg.): Sprache. Fünf Vorträge. Universitätsbund Erlangen-Nürnberg. Erlanger Forschungen. Erlangen 1990 (= Reihe A, 54), S. 73-98, S. 79.

[7] Pfotenhauer, Helmut: Literarische Anthropologie. Selbstbiographien und ihre Geschichte – am Leitfaden des Leibes. Stuttgart 1987, S. 214.

[8] Vgl. Hofrichter, Laura: Heines Kampf gegen die Tradition, in: Koopmann, Helmut (Hg.): Heinrich Heine. Darmstadt 1975, S. 97-106, S. 97.

[9] Vgl. Hädecke, Wolfgang: Heinrich Heine. Eine Biographie. München Wien 1985, S. 39.

Autobiographisches Schreiben bei Karl Leberecht Immermann

> In Zeiten, wie die unsrigen, gibt es nur zwei Wege. Entweder hänge man sich dem schnaubenden Rosse einer Parteiwut an den Schweif und laße sich so fortschleppen, oder man erhebe sich zum historischen Blicke, vor dem die Gegenwart zur Vergangenheit wird.[10]

Wer „Die Jugend vor fünfundzwanzig Jahren" von Immermann liest, dem wird schnell deutlich, daß hier kein genuin autobiographischer Text, sondern zugleich ein Exkurs sozialhistorischer Anschauungen vorliegt. Im engeren Sinne ist diese Autobiographie kein Lebensrückblick – auch wenn sie 1840 kurz nach seinem Tod erschienen ist – niemand hatte Immermanns plötzlichen Tod voraussehen können –, sondern eine zeitkritisch-historische Abhandlung, der möglicherweise weitere „Studien" hätten folgen sollen.[11] „Studien enthält das Buch, von welchem hier der erste Teil erscheint, Studien in einer Doktrin, in der niemand über den Schüler hinauskommt. Diese Doktrin ist das Leben."[12]

Immermanns Schrift „Die Jugend vor fünfundzwanzig Jahren" und seine autobiographischen Erinnerungen darin stehen in einem engen Zusammenhang zum Umbruch in Preußen. Der Zeitraum, den Immermann seiner Autobiographie zugrunde legt, umfaßt die Jahre der napoleonischen Fremdherrschaft zwischen dem 14. Oktober 1806, der Niederlage bei Jena und Auerstedt, und dem 3. Februar 1813, an dem Friedrich Wilhelm III. von Preußen den Aufruf an die 17- bis 24jährigen zur Bildung freiwilliger Jägerabteilungen proklamierte. Die zeitliche und räumliche Dimension sind jedoch nicht auf die Ereignisse zwischen diesen Daten reduziert, wie er im Avisbrief ausführt, worin er Zeit, Ort, Intention und exemplarisch die Auswahl der sich anschließenden Kapitel darlegt. Die einzelnen Kapitel sind in dem Text als Schnittpunkte zu seinem zentralen Anliegen, ein „allgemeine[s] Sitten- und Charakterbild"[13] von der Jugend in der Zeit der napoleonischen Fremdherrschaft zu entwerfen, angelegt. Dies bedeutet, daß Immermann kausale Bezüge - Wodurch kam es zur französischen Fremdherrschaft in Preußen? - und finale Erscheinungen - Was waren die Folgen der Fremdherrschaft? - darstellen will.

Nach dem Avisbrief folgen die Knabenerinnerungen. Die Knabenerinnerungen schildern den Zusammenbruch des monarchisch-regierten Preußens im Zuge der napoleonischen Eroberungsfeldzüge und spiegeln eine „Scheinwelt" wider,

---

[10] Carl Leberecht Immermann. Memorabilien, 1. Teil: Die Jugend vor fünfundzwanzig Jahren, in: Werke IV, S. 225.
[11] Vgl. Hasubek, Peter / Vonhoff, Gert (Hg.): Immermann-Jahrbuch. Beiträge zur Literatur- und Kulturgeschichte zwischen 1815 und 1840. 1 / 2000, S. 9-37, S. 83-103, S. 83.
[12] Immermann: Memorabilien, S. 357.
[13] Immermann: Memorabilien, S. 392.

in der tief verwurzelte Traditionen in den Konflikt mit der Moderne geraten. Immermann desavouiert diese Scheinwelt mit seinen persönlichen Erfahrungen. „Diese kindischen Geschichten lehren, daß damals der Traum sicherer Größe nicht bloß von einzelnen Verblendeten, und nicht von einer Klaße, sondern durch alle Stände und bis zu den Kindern herab geträumt wurde."[14]

Entlang der eigenen Familientradition sucht Immermann nach den Ursachen des staatlichen Zusammenbruches. Die Familie Immermann lebte wie die meisten Familien in Preußen in der Tradition einer strengen Wertordnung. Immermanns Vater vermittelte diese Werte und Normen seinen Kindern ebenso streng wie Friedrich II. seine Soldaten disziplinierte. „Ich bin in einer Familie erwachsen, welcher von väterlicher Seite her zwei große Gestalten der Vergangenheit in höchstem Glanze vorgeführt wurden"[15], betont Immermann.

Die erste Gestalt war der Schwedenkönig Gustav Adolf. Für Immermanns Vater galt er als der „Erretter Deutschlands"[16], der im Dreißigjährigen Krieg gegen die katholische Liga stritt. Die zweite große Gestalt in Immermanns frühen Erinnerungen war Friedrich II. Da schon der Vater mit seiner martialischen Strenge wie „ein Wesen höherer Ordnung vor den Kindern dastand"[17], mußte Friedrich II. dem kindlichen Gemüt als ein unbegreifliches Wesen erschienen sein, das er zugleich verehrte und fürchtete. Besonders die Worte seines Vaters, die Immermann in seiner Autobiographie memoriert: „Wenn Friedrich die Fronte herauf geritten gekommen, so sei es in lautloser Stille in jedem gewesen, als komme der liebe Gott", schildern diesen Personenkult. Immermann bekennt: „Ich konnte daher als Knabe zwischen dem großen Könige und dem lieben Gott auch eigentlich keinen Unterschied machen."[18]

Die Wirkung, welche die Erziehung des Vaters und die Stilisierung Preußens auf Immermann machte, mußte sein weiteres Denken bestimmen. Ihm wurden Disziplin, Größe und Autorität in strengster Weise vorgelebt, so daß sein ganzes Wesen ein preußisches war. „Unermeßlich war die Wirkung solcher Eindrücke auf das erste Erkennen"[19], kommentiert Immermann seine persönlichen Erfahrungen und generalisiert sie für eine ganze Generation.[20]

Die Knabenerinnerungen schildern ein geschlossenes Gesellschaftsbild friderizianischer Prägung. Der Lebensraum der Menschen und ihr Erfahrungshorizont war regional begrenzt. Systemwidersprüche wurden kaum wahrgenommen und die preußische Wertordnung galt als eine wahrhaftige und mustergültige.

---

[14] Immermann: Memorabilien, S. 375.
[15] Immermann: Memorabilien, S. 376.
[16] Immermann: Memorabilien, S. 377.
[17] Immermann: Memorabilien, S. 377
[18] Immermann: Memorabilien, S. 381.
[19] Immermann: Memorabilien, S. 382.
[20] Vgl. Lehmann, Jürgen: Bekennen – Erzählen – Berichten, S. 208.

Erst die Niederlage des preußischen Heeres am 14. Oktober 1806 bei Jena und Auerstedt wandelte das ursprüngliche Bild. Die absolutistische monarchische Regierungsform und der Glanz preußischer Traditionen wurden von einem geringgeschätzten französischen Nationalheer desavouiert. Der Zusammenbruch Preußens gipfelte für Immermann in der kampflosen Kapitulation Magdeburgs.[21]

Das Wissen, „daß das Vaterland [...] verloren sei" zog ein Gefühl des Identitätsverlustes für eine ganze Generation nach sich: „Aus historischen Träumen erwacht, die für Wirklichkeit gegolten hatte, stießen sich nun die Menschen gegen eine Wirklichkeit, die fast wie ein böser Traum aussah."[22] Mit dem Zusammenbruch Preußens veränderte sich auch das idealisierte Kindheitsbild Immermanns und seiner Generation. In Napoleon begegnete Immermann einer dem Vater wie dem König überlegene Kraft. „Hier liegt das kindliche Urerlebnis Immermanns [...]"[23], konstatiert Benno von Wiese. Immermann sucht nach dem Zusammenbruch Preußens nach neuen nationalen Identifikationen und entwickelt die Formel: „Die Jugend vor der Eroberung war daher politisch null, die gegenwärtige Jugend ist im glücklichsten Falle [...] politisch-kontemplativ; die „Jugend vor fünfundzwanzig Jahren" war politisch leidend und handelnd."[24] Die leidende und handelnde Generation kennzeichnet für Immermann den Riß zwischen den Generationen und ihrer verlorenen Identität.

Für Immermann hatten die Familie, die Lehre und Literatur und in besonderem Maße der Despotismus Napoleons eine herausragende Bedeutung als Identifikations- und Integrationsmöglichkeiten für ein neues *Sitten- und Charakterbild*. Mittels des Vergleiches dieser Elemente verschaffte sich Immermann einen Zugang zur veränderten kollektiven Identität der Jugend von „Einst" und „Jetzt". Er konstruiert ein Geschichtsbild, das es ihm ermöglicht, seinen Identitätskonflikt zu überwinden und sich mit den neuen gesellschaftlichen Gegebenheiten und Werten zu identifizieren.

In der Familie sah Immermann den Kern jeglicher gesellschaftlicher und staatlicher Konstitution. Sie konstituiert sich unterhalb des Staates und ist seine wichtigste Säule. Immermanns Kindheitsbild war im besonderen Maße durch diese hierarchische Staatsvorstellung geprägt. Die Familie in Immermanns Gegenwart leidet jedoch unter einem wachsenden Wertverfall im Bewußtsein des Einzelnen. Die übermäßige Projizierung auf das Ich gehe auf Kosten der Gemeinschaft.[25]

---

[21] Vgl. dazu die Ausführungen Immermanns über die Niederlage Preußens und den Fall Magdeburgs, in: Immermann: Memorabilien, S. 394 – 405.
[22] Immermann: Memorabilien, S. 406.
[23] Wiese, Benno von: Karl Immermann. Sein Werk und sein Leben. Bad Homburg v. d. H. 1969, S. 258.
[24] Immermann: Memorabilien, S. 363f.
[25] Vgl. Holst, Günther J.: Das Bild des Menschen in den Romanen Karl Immermanns. Meisenheim am Glan 1976, S. 1 f.

Immermann verweigert dem Menschen das Recht auf Individualität jedoch nicht. Er empfand es nur als zu exzessiv. Das Mittelmaß ist den Menschen verlorengegangen, wodurch sich der einzelne nur haltlos in der Gesellschaft fühlt.[26] Immermanns Familienbild bleibt ein preußisches, was vor allem in dem folgenden Vergleich zum Ausruck kommt.

> [...] denn die Familie bedeutete von jeher mehr bei uns, als bei den übrigen Völkern. Polen und Rußen haben nur eine Art von Contubernium, Spanier und Italiener allenfalls den Instinkt, der sich der Kinder annimmt. Bei den Franzosen herrscht dagegen umgekehrt eine ehrfurchtsvolle Pflege des Alters [...].[27]

Diese Charakterisierung verbindet er wieder mit seiner traditionellen Vorstellung und den Erfahrungen und Überzeugungen seiner Gegenwart. Drei Kennzeichen der deutschen Familien nennt Immermann: Erstens betont er die Intensität der Liebe: „Zuvörderst sind nur in Deutschland die Ehen möglich, welche man heilig nennen darf. Unter diesen verstehe ich solche, in welchen die Liebe bis zur Auflösung durch den Tod dieselbe bleibt, mag auch Gewohnheit, Krankheit, Alter allen Sinnenreiz zerstört haben."[28] Zweitens herrscht in den deutschen Familien eine erhabenere Bindung der Eltern zu ihren Kindern. Dies äußert sich vor allem in der Erziehung: „Nirgendwo anders wurde mit Erziehungssystemen mehr hantiert, an der jungen Pflanze mehr experimentiert um ihre verborgene Gabe und Frucht durch Gärtnerkünste zu entdecken, als bei uns."[29] Drittens unterstreicht er die Stellung der Frau in der Familie: „Es gehört bei uns zu den Ausnahmen, wenn das Weib anders als durch Neigung oder durch das, was sie wenigstens dafür hält, Mitgründerin der Familie wird [...]."[30]

Hinter diesen drei Motiven verbirgt sich eine gedankliche Konstruktion, die in Immermanns Vorstellung Stabilität garantiert und den staatlichen Überbau stützt. Immermann kontrastiert auch hier wieder die Zeit während der Unterdrückung und danach.

> War nun aber die deutsche Familie während der Unterdrückung verschieden von der jetzigen? – Ich glaube, ja, nicht dem Wesen, aber der Beleuchtung, der Betonung, der Landschaft nach, [...], die norddeutsche Familie [...] hatte während der Unterdrückung absoluten Wert und gegenwärtig relativen.[31]

Mit der Darstellung der Familie und ihrer wertorientierten Statik positioniert er die Familie als einen Schutzwall gegen äußere Zeiteinflüsse.

---

[26] Sicher verband Immermann mit diesen Anschauungen auch der Wunsch nach einer eigenen Familien, der sich bei ihm erst im hohen Alter erfüllen sollte. Vgl. dazu auch: Holst, Günther J.: Das Bild des Menschen,, S. 3.
[27] Immermann: Memorabilien, S. 407f.
[28] Immermann: Memorabilien, S. 413.
[29] Immermann: Memorabilien, S. 414.
[30] Immermann: Memorabilien, S. 414.
[31] Immermann: Memorabilien, S. 418.

Das Kapitel über die Lehre und Literatur liefert ebenfalls einen interessanten Zugang zu Immermanns Darstellung des Sitten- und Charakterbildes: „Wenigstens war die damalige Lehre geschaffen, die Jugend jener Zeit zu isolieren"[32], sagt er am Anfang des Kapitels. Damit gibt er den thematischen Rahmen seiner weiteren Ausführungen vor. Immermann gründet seine Behauptung auf die Beobachtung, daß die Lehre als etwas Fixes gestaltet wurde, worin jegliches wissenschaftlich übergreifendes Denken nicht gefragt war.[33]

Erst der Wechsel von der Schule zur Universität und damit der „Sprung vom erzwungenen zum freien Lernen"[34] beendete die einseitige Schulerziehung. Besonders die wissenschaftlichen Disziplinen des klaßischen Altertums, der Geschichte und der Philosophie öffneten die Schranken seiner begrenzten Schullehre. An zwei Beispielen demonstriert Immermann, wie sich die wissenschaftliche Methodik innerhalb der isolierenden und beschränkenden Lehre zu einer „freieren, mehr vom Element des Schönen durchdrungenen Forschung"[35] öffnete.[36]

Von der Enge der Lehre in seiner freien Entfaltung des jugendlichen Geistes beschränkt, „führte die große deutsche Literatur die Jugend in die Weite."[37] Lessing, Klopstock, Wieland, Schiller und Goethe werden von Immermann zu Inbegriffen stilisiert, die als literarische Größen das bedrückende Gefühl der französischen Repressionen minderten.[38]

Wenn Immermann ausschließlich diese Dichter nennt, so verfolgt er damit eine bestimmte Absicht. Innerhalb einer kurzen Charakterisierung und Wertung anderer europäischer Nationalliteraturen datiert er die Ursprünge der Literatur in diesen Nationen früher als in Deutschland und kommt zu dem überraschenden Resultat: „Das deutsche Volk aber war weder im Mittelalter noch in den Zeiten, die diesem folgten, eines solchen Kernes sich bewußt geworden [...]."[39] Worauf zielte Immermann in diesem literarhistorischen Vergleich ab? Er konstruiert wieder einen Schnittpunkt, der die Bildung eines nationalen Bewußtseins nachzeichnet, indem er die Literatur des Mittelalters folgendermaßen beschreibt: „Die deutsche Literatur des Mittelalters blieb ein großer Ansatz, ein kühner Handstreich, [...]. Man lobe und preise jene älteren Werke wie man will, man wird aber den Flecken der Barbarei nicht von ihnen hinwegpreisen."[40] Anschließend kommt er in einem Zirkelschluß auf den Kern der deutschen Nationallite-

---

[32] Immermann: Memorabilien, S. 478.
[33] Vgl. Immermann: Memorabilien, S. 479.
[34] Immermann: Memorabilien,
[35] Wiese, Benno von: Karl Immermann, S. 255.
[36] Vgl. Immermann: Memorabilien, S. 480-485.
[37] Immermann: Memorabilien,
[38] Vgl. Immermann: Memorabilien, S. 485
[39] Immermann: Memorabilien, S. 488.
[40] Immermann: Memorabilien, S. 488.

ratur: „Dem achtzehnten Jahrhundert mußte es vorbehalten bleiben, das Geburtsjahr der eigentlichen großen Literatur der Deutschen, derjenigen, welcher eine nationale Nachwirkung von langer Dauer vorherzusagen ist, zu werden."[41] Immermann sieht gerade in den Krisensymptomen des 18. Jahrhunderts den Grund für die Ausbildung individueller Größen:

> In dem Chaos des aufgelösten Staates, der verwesten, der zerrütteten leitenden Begriffe entsprang eine Unzahl von Individualitäten, deren Gemeinsames nur war, daß eben das Individuum sich mit allen seinen Berechtigungen und Launen voll in die Wirklichkeit hinausleben wollte.[42]

Das Individuum war demzufolge „aus völlig antiromantischen Strömungen"[43] hervorgegangen. Hinter dieser individuellen Größe identifiziert Immermann ein typisch deutsches Element, welches nur unter den gegebenen historischen Bedingungen entstehen konnte. „Mit dieser ganz subjektiven Poesie trat nun die Mehrzahl der Empfangenden von jeher in ein subjektives Verhältnis", schreibt er und leitet aus diesem Verhältnis ein Element des entstehenden Nationalbewußtseins im 18. Jahrhundert ab. In der Literatur diagnostiziert er damit eine bestimmte Aufgabe: „Gerade wegen ihres Stofflichen und Subjektiven war aber die Literatur besonders geeignet die Trösterin eines unterdrückten Volkes zu sein."[44] Dies projiziert er dann auf das Charakterbild seiner Jugend.[45] Immermann instrumentalisiert die Literatur, indem er ihr die Genese eines veränderten deutschen Nationalbewußtseins zurechnet: „Es ist wahr und muß immer wiederholt werden, die Deutschen hatten in jenen Leidensjahren nur in ihrer großen Dichtung das Evangelium, welches sie zur Gemeine machte [...]."[46]

Immermann charakterisiert das Verhältnis zum Nationalbewußtsein folgendermaßen: „Das Verhältnis, in welches sich die Jugend zu den großen Schriftstellern setzte, war ein leidenschaftlicher Liebesbund."[47] Dieser Liebesbund drückt jedoch eine literarhistorische Ambivalenz aus: „Obgleich die Empfindsamkeit noch nicht der Jugend verschwunden war, so konnte doch die Poesie jener Stimmung unter so historischen Umständen in uns nur die zweite Stelle einnehmen [...]."[48] Wie intensiv Immermann sich in den historischen Verwicklungen verschlungen sah, kommt hier besonders stark zum Ausdruck. Vor den historischen Entwicklungen treten andere Zeiterscheinungen in den Hintergrund. So bieten schließlich auch nicht Goethes Werther, der die Jugend „nur in gerin-

---

[41] Immermann: Memorabilien, S. 488.
[42] Immermann: Memorabilien, S. 488.
[43] Immermann: Memorabilien, S. 489.
[44] Immermann: Memorabilien, S. 490.
[45] Vgl. Immermann: Memorabilien, S. 491.
[46] Immermann: Memorabilien, S. 491.
[47] Immermann: Memorabilien, S. 492.
[48] Immermann: Memorabilien, S. 493.

gem Grade berührte", sondern Schillers historische Dramen Trost, die „der damaligen Jugend am mächtigsten zusprechen mußte[n]."[49]

> In Schiller traf nun aber alles zusammen, was wir begehrten, gleichsam eine historische Sentimentalität wehte uns aus ihm entgegen. Seine voll hinrauschenden Worte prägten sich fast ohne Absicht, sie zu behalten, dem Gedächtnisse ein [...]. Wird man mich mißverstehen, wenn ich sage, ich halte es für das Hauptverdienst Schillers, der größte Jugendschriftsteller der Nation zu sein?[50]

Es ist richtig, wenn Benno von Wiese darauf hinweist, daß Immermann Schiller nicht von einer poetischen Dimension her betrachtet, sondern seine Leistung lediglich aus einem historischen Blickwinkel beurteilt.[51] Genau darin liegt Immermanns Intention, die in dem gesamten ersten Teil der „Memorabilien" zu beobachten ist.

Im Despotismus, einem weiterem Kapitel „Der Jugend vor fünfundzwanzig Jahren", erblickt Immermann die intensivsten Eindrücke seiner Jugend. Immermann entwirft ein komplexes gesellschaftliches Bild, für das die übrigen Erziehungsmittel.

> Während die Lehre ihr das Faßlichste bot, die Familie sie lyrisch stimmte, die Literatur sie an tugendhafter Hand in die Weite führte, riß das Größeste, Unfaßlichste ihre Seele auseinander, brachte die schneidendste Skepsis, die wunderlichste Kurve hinein.[52]

Der Despotismus bildet den Brennpunkt in Immermanns zeitkritischer Darstellung. Er markiert den Wandel zur Politisierung des deutschen Bewußtseins. Ausführlich beschreibt er das Wesen des Despotismus und setzt Napoleon an den Ausgangspunkt: „Doch wir haben es hier weniger mit dem Riesen [Napoleon], als mit seinem Schatten zu tun. Der Schatten des Riesen war der Despotismus."[53] Despotismus ist in Immermanns Verständnis generell nichts Negatives. Er ist dann gerechtfertigt, wenn er auf einem sozialen Fundament fußt. So war es Cäsar, Alexander dem Großen und Otto dem Großen durchaus möglich, gerecht zu herrschen, obwohl sie alle „Egoisten" waren. Ihnen waren jedoch „soziale Keime" gemein.[54]

Napoleon dagegen trennte nicht zwischen der öffentlichen und privaten Sphäre. Er griff in die privaten Lebensbereiche ein und beschränkte fundamentale Lebensbedingungen: „Der Despotismus findet seinen Damm in der Religion, im Hause, in der Sitte. Die Gebiete der Freiheit, welche dahinter liegen, werden ihm gegenüber eigensinnig abgemarkt, in ihnen macht sich der Mensch

---

[49] Immermann: Memorabilien, S. 492.
[50] Immermann: Memorabilien, S. 493.
[51] Vgl. Wiese, Benno von: Karl Immermann, S. 265.
[52] Immermann: Memorabilien, S. 545.
[53] Immermann: Memorabilien, S. 539.
[54] Immermann: Memorabilien, S. 537.

Bewegung."⁵⁵ Es ist interessant, wie Immermann die Grenze zwischen den bürgerlichen und staatlichen Lebensbereichen zieht. In dem napoleonischen Despotismus sieht er eine totalitäre Herrschaftsform, deren gesellschaftliche Zwänge weit in das Private hinein reichen. Der Despotismus „vernichtet die politischen Rechte, die bürgerlichen läßt er unangefochten, er darf es wenigstens tun, ohne seinen unterscheidenden Charakter einzubüßen."⁵⁶

Der begrifflichen Kennzeichnung des Despotismus folgt eine Charakterisierung der Deutschen: „Sitten und Gebräuche hatten sich zwar abgelebt, dagegen besitzt der Deutsche einen natürlichen Hang, sich zu unterwerfen, zu dienen, als zur Selbstverleugnung imponiert zu sein."⁵⁷ Hierin bildet sich erneut Immermanns traditionelle, hierarchische Herrschaftsvorstellung ab, in der der Untertan dem Potentaten bereitwillig dient.

Es mutet eigenartig an, wenn Immermann in der deutschen Bevölkerung trotz des Verlustes ihrer nationalen Identität noch immer einen geeigneten Nährboden für die Gewaltherrschaft Napoleons sieht. Der Widerspruch ergibt sich jedoch aus dem Gegensatz der Definition Immermanns von der Trennung des bürgerlichen und politischen Bereiches und der Herrschaftsform Napoleons, wo die Grenze zwischen dem politischen und bürgerlichen Bereich nicht mehr gegeben ist. Die Eingriffe der totalitären Gewalten in die bürgerlichen Rechte führten schließlich zur Politisierung der Gesellschaft. Die Jugend, die im Zentrum all dieser Einwirkungen stand und die vielfältigen Erfahrungen in ihrer historisch bedeutungsvollen Dimension kaum entsprechend reflektieren konnte, empfand die Bedeutungslosigkeit des Einzelnen gegenüber der gesellschaftlichen Komplexität.

In dieser Auseinandersetzung mit den gesellschaftlichen Zuständen begründet sich dann auch die anfängliche Feststellung Immermanns, daß die „Jugend vor fünfundzwanzig Jahren" [...] politisch leidend und handelnd [war]."⁵⁸ Dem allgemeinen Krisengefühl antwortete man mit politischem Aktionismus. Resultat des Aktionismus waren vordergründig die Befreiungskriege von 1813. Doch es war auch ein neues Nationalbewußtsein im Entstehen, das Immermann in der „Jugend vor fünfundzwanzig Jahren" zu charakterisieren sucht. War das gestärkte Nationalbewußtsein zunächst ein Resultat des napoleonischen Despotismus, so rückt Immermann zur Begründung der Politisierung in Norddeutschland neben Napoleon zwei weitere Gestalten seiner Zeit ins Licht. Zum einen ist es Fichte (1762–1814), dessen Vorträge zum Brennpunkt der Auseinandersetzung über die nationale Freiheit wurden. Immermann stilisiert ihn zum „Philosoph des Tuns".⁵⁹ Fichtes politische Schriften und im besonderen Maße die 1807/08

---

⁵⁵ Immermann: Memorabilien, S. 541.
⁵⁶ Immermann: Memorabilien, S. 540f.
⁵⁷ Immermann: Memorabilien, S. 541.
⁵⁸ Immermann: Memorabilien, S. 363f.
⁵⁹ Immermann: Memorabilien, S. 513.

in Berlin vorgetragenen „Reden an die deutsche Nation" sind für Immermann wesentliche Komponenten für die Erweckung des deutschen Nationalbewußtseins. In den Vorträgen „Grundzüge des gegenwärtigen Zeitalters" (1805) zeichnet Fichte ein starres Gesellschaftsleben nach, um dann durch gesellschaftliche Aufklärung zum politischen Handeln zu motivieren: „Die Spekulation soll nichts wollen, als erkennen, die Rede soll hinreißen, treiben befeuern [...]"[60], bestimmt Immermann den Charakter der Reden.

Um sich von den starren Zwängen der Zeit und der französischen Fremdherrschaft zu lösen, mußte ein neues Selbstverständnis in dem deutschen Volk geweckt werden; es „soll mit Notwendigkeit auf ihn wirken und ihn lehren, notwendige Entschlüsse [zu] fassen".[61]

Immermann stilisiert Fichte zum eigentlichen Staatsphilosophen *des modernen Preußens*, der den „politisch leidenden" Geist der Deutschen aufklärte.

Die zweite Gestalt ist Friedrich Ludwig Jahn (1778-1852). Zwar zeichnet er ihn als einen Sonderling, der „die Welt überhaupt in die Gestalt bringen [wollte], wie sie etwa ein gescheiter altmärkischer Bauer [...], erblicken mag."[62] So wird Jahn auf eine Art und Weise charakterisiert, die ins Groteske führt. Skurril stehen seine Absichten im Gegensatz zur Wirklichkeit. Er ist ein Reformer, ohne nötige Übergänge zu erkennen und gleichzeitig fundamentaler Nihilist alter Wertordnungen: „Durch Geschmacklosigkeit, mangelnde Bildung und rumorenden Fanatismus verdarb er sich seine Anerkennung."[63]

> Jahn trägt eigentlich nichts im Kopf als sein Ideal eichelfressender Germanen, versetzt mit etwas starrem Protestantismus und dann die Theorie des Drauf- und Dreinhauens, und auf diese Leisten schlägt er Kaiser und Könige, Schulen und Universitäten, Sitte, Gesetz, Jesuiten und Hußiten. Über die höheren Regionen des Menschenlebens: Kirche und Literatur, bringt er daher nur das Trivialste bei.[64]

Diese Aussage ist bezeichnend für Jahn und doch hebt Immermann einen anderen Wesenszug in Jahns Charakter hervor, wenn er sagt:

> Zwischen solchen Grillen, welche die deutsche Gelehrtenstubenluft nicht verleugnen können, obgleich ihr Fänger viel im Freien verweilte und rüstig wanderte, finden sich im „Volkstum" helle Blicke über Regierungseinrichtungen, allgemeine Bewaffnung, Assoziationen.[65]

Jahns Bedeutung liegt damit auf einer anderen Ebene. Im Vergleich zu Napoleon, der das nationale Bewußtsein durch seinen Despotismus erst entzündete, und Fichte, der das politische Verständnis darin ausbildete, ist Jahn derjenige,

---

[60] Immermann: Memorabilien, S. 511.
[61] Immermann: Memorabilien, S. 514.
[62] Immermann: Memorabilien, S. 523.
[63] Wiese, Benno von: Karl Immermann, S. 262.
[64] Immermann: Memorabilien, S. 525f.
[65] Immermann: Memorabilien, S. 524.

der populistisch auf die Volksmassen wirkte und zum Handeln mobilisierte: „Jahn traf den Punkt des Gemeingefühls, wie Rousseau ihn getroffen hatte."[66] Gerade die Turnbewegung wurde so zum Symbol des Völkischen. Jahn erstrebte über die körperliche Ertüchtigung die nationale Erziehung und Pflege des Volkstums. Doch so sehr Immermann die Turnkunst lobt, so zeigt er einen Interessenkonflikt zwischen Jahn und dem reinen nationalen Bewußtsein in die Bewegung.[67] Das heißt, das Jahn sich nicht dem Gemeinwillen verpflichtet sah, sondern seinen eigenen Interessen erlag und die Turnkunst instrumentalisierte.

Autobiographisches Schreiben bei Heinrich Heine

> Hat man viel, so wird man bald
> Noch viel mehr dazu bekommen.
> Wer nur wenig hat, dem wird
> Auch das wenige genommen.
>
> Wenn du aber gar nichts hast,
> Ach, so lasse dich begraben –
> Denn ein Recht zum Leben, Lump,
> Haben nur die etwas haben.[68]
> (Lazarus. I. Weltlauf)

Heinrich Heines autobiographische Schriften sind im Vergleich zu Immermanns „Jugend vor fünfundzwanzig Jahren" unter anderen Vorzeichen zu lesen. Gerhard Höhn stellt zu Recht fest: Heine „war der ‚geborene' Autobiographist. Memoiren gehörten zu seinen ersten Buchplänen und Memoiren sollten sein letztes Projekt sein."[69] Dreißig Jahre arbeitete Heine an diesem Lebenswerk. Was am Ende übrig blieb ist zwar ein bescheidenes aber in vielerlei Hinsicht ein bemerkenswertes Manuskript. Bereits in den Jahren 1823–1825 erstellte Heine erste Entwürfe, die er in einem Brief vom 11. Januar 1825 seinem Freund Moses Moser schildert. Seine Motive rühren hier vor allem aus der Rache und der Abrechnung mit der Hamburger Verwandtschaft. Ein Teil dieser Entwürfe verarbeitete Heine in dem „Buch Le Grand".[70] Erst 1837 beschäftigte sich Heine wieder intensiver mit seinen Memoiren. Der Anstoß ging von Verhandlungen über eine Gesamtausgabe aus. Nach den Gewohnheiten der Zeit sollte die Gesamtausgabe mit einer Biographie eröffnet werden. Heine wollte Campe, seinem Hamburger Verleger, jedoch keinen biographischen Abriß anbieten, sondern zeitkritische Memoiren, die auto-

---

[66] Immermann: Memorabilien, S. 526.
[67] Vgl. Immermann: Memorabilien, S. 530.
[68] Heine, Heinrich: Memoiren, in: Briegleb, Klaus (Hg.): Heinrich Heine, sämtliche Schriften, 6. Band – 1. Teilband, München / Wien 1997, S. 105.
[69] Vgl. Höhn, Gerhard: Heine-Handbuch. Zeit, Person, Werk. Stuttgart 1987, S. 407.
[70] Vgl. Höhn, Heine Handbuch, S. 408.

biographische Selbstdarstellung mit satirischer Zeitdarstellung verbinden.[71] Heine deutet nur vage an, wieviel er bereits geschrieben hat. Angeblich existierten bereits vier Bände dieses Riesenprojektes. Wahr ist, daß sich zur gleichen Zeit der Konflikt zwischen Heine und seinem Onkel in Hamburg über die bisher bewilligte Pension zuspitzte und Heine die Memoiren als Druckmittel verwenden wollte. In den Jahren 1844-46 wurden die Memoiren schließlich zu einem strategischen Mittel, das Heine gegen den Sohn Salomons, Carl Heine, verwendete. Carl Heine wollte die von Salomon zugesicherte Rente nur unter der Bedingung zubilligen, daß Heinrich Heine seine Schriften der Hamburger Familienzensur unterwarf. Schließlich gab Heine die verlangte schriftliche Zusage und verzichtete auf „familienkritische Memoiren". Alle verfänglichen Unterlagen wurden in zwei Autodafés in den Jahren 1847 und 1851 vernichtet, da er eine postume Publikation seiner Familienkorrespondenz befürchtete.[72]

Als Heine in seinen letzten Lebensjahren wieder zu seinem beliebtesten Projekt, den „Memoiren", zurückkehrte, haben sie einen anderen Charakter. Er kommt zu der Erkenntnis, daß es illusionär sei, in einer Autobiographie Selbstdarstellung und Zeitdarstellung zu vereinen.[73] Diese Schlußfolgerung führte zur Ausbildung zweier Gattungsformen; die „Memoiren", die eine zeitkritische Lebensbeschreibung widerspiegeln und die „Geständnisse", in denen er den Leser über seine geistig-moralischen Grundüberzeugungen und religiösen Anschauungen informiert.[74] Die noch existierenden Niederschriften der „Memoiren" entstanden zum großen Teil im Herbst 1853 und Anfang 1854.

Heine war stärker von den gesellschaftlichen Veränderungen zwischen 1815 und 1848 betroffen als Immermann. In der Übergangszeit von der feudalen Ständegesellschaft zur bürgerlichen Klassengesellschaft wird Heine zum Idealtypus eines neuen Schriftstellers.[75] Sein Ziel war eine politische und soziale Neubestimmung, die sich vor allem in seinen Zeitungsberichten und Reportagen niedergeschlagen hat. Gerade nach 1830 machte er sich zum politischen Sprecher gegen die Restaurationspolitik. In seinen Berichten aus Paris kritisierte er die überholten Zustände und die antiliberale Regierungsform.[76] Führende Zeitungen druckten seine Texte.[77]

Heine beobachtete den revolutionären Umschwung in Paris und Deutschland mit der einem Schwerkranken möglichen Aufmerksamkeit.[78] Mit dem akuten

---

[71] Vgl. Zimorski, Walter: Nachwort, in: Heine, Heinrich: „Memoiren" und „Geständnisse". Düsseldorf / Zürich 1997, S. 171 – 194, S. 172.
[72] Vgl. Zimorski, Walter: Nachwort, S. 174.
[73] Vgl. Zimorski, Walter: Nachwort, S. 177.
[74] Vgl. Höhn, Gerhard: Heine-Handbuch, S. 407.
[75] Vgl. Höhn, Gerhard: Heine-Handbuch, S. 2.
[76] Vgl. Höhn, Gerhard: Heine-Handbuch, S. 2.
[77] Vgl. Hädecke, Wolfgang: Heinrich Heine. Eine Biographie. München, Wien 1985, S. 276.
[78] Vgl. Hädecke, Wolfgang: Heinrich Heine, S. 266.

Ausbruch seiner Krankheit im gleichen Jahr der Revolution 1848 wandelte sich auch sein kritischer Blickpunkt. Sein politisches Engagement schwindet und religiöse Betrachtungen gewinnen an Raum. Heines „Memoiren" und seine „Geständnisse" führen dabei Einsichten vor Augen, die im Gegensatz zu Immermann aus der Perspektive eines immer mehr isolierten und psychisch erkrankten Menschen resultieren. In einem Brief an seinen Bruder Maximilian Heine vom 12. September 1848 kann man die ständig wachsenden Schmerzen Heines nur erahnen:

> [...] Ich weiß nicht, woran ich bin, und keiner meiner Ärzte weiß es. Soviel ist gewiß, daß ich in den letzten drei Monaten mehr Qualen erduldet, als jemals die spanische Inquisition ersinnen konnte. Dieser lebendige Tod, dieses Unleben, ist nicht zu ertragen, wenn sich noch Schmerzen dazugesellen. [...][79]

Heines „Memoiren" konzentrieren sich größtenteils auf die Kinder- und Jugendzeit in Düsseldorf. Er skizziert einen „personalen Grundriß", in dem er die Mutter, den Oheim, den Vater und die Jugendfreundin Josepha porträtiert, die verschiedene Aspekte seiner Lebensproblematik repräsentieren. So verknüpft er mit der Mutter die Erziehungspläne, mit dem Oheim die besondere Neigung zum Lesen, mit dem Vater die Namengeschichte und mit Josepha die ersten Erfahrungen in der Liebe.[80] Das Geständnis: „Ich will meine Liebe für Josepha nicht näher beschreiben. So viel aber will ich gestehen, daß sie doch nur ein Präludium war, welches den großen Tragödien meiner reiferen Periode voranging"[81], zeugt davon, daß Heine die „Memoiren" in einer Form gestaltete, in der er verschiedene Schlüsselerfahrungen seiner Jugend wachruft, um Gründe für sein späteres politisches, literarisches und religiöses Denken zu rekonstruieren. Dierk Möller stellt in seiner Strukturanalyse zu den „Memoiren" zurecht fest: „Heine beschreibt im Memoirenfragment seine Jugend gleichsam als eine Addition von Personen, mit denen sich bestimmte Erlebnisse und Erfahrungen verbinden. Durch diesen Ansatz unterscheidet sich das Werk erheblich von der Art und Weise, wie sonst gewöhnlich Memoiren angelegt sind."[82] Dabei folgt die Konzeption Heines Leitgedanken: „Aus den frühesten Anfängen erklären sich die spätesten Erscheinungen."[83] Deshalb beschränken sich die „Memoiren" im wesentlichen auf die Düsseldorfer Kinder- und Jugendzeit bis zum Abschluß seines Schulaufenthaltes. Wenn Heine am Ende seiner „Memoiren" seinen Vater sagen läßt: „Ich bin dein Vater und also älter als du und dadurch auch erfahrener; du darfst mir also aufs Wort glauben, wenn ich mir erlaube dir zu sagen, daß der Atheismus eine große Sünde ist"[84], so wird bereits hier die enge Bezie-

---

[79] Heine. H. 1978, S. 301.
[80] Möller, Dierk: Episodik und Werkeinheit. Wiesbaden / Frankfurt/Main 1973. S. 134.
[81] Heine, Heinrich: Memoiren, S. 603.
[82] Möller, Dierk: Heinrich Heine, S. 136.
[83] Heine, Heinrich: Memoiren, S. 557.
[84] Heine, Heinrich: Memoiren, S. 605.

hung zwischen den „Memoiren" und seinem religiösen Perspektivenwechsel in den „Geständnissen" deutlich. Die „Memoiren" zeigen deutliche Bezüge zu den „Geständnissen". Heine folgt wie Immermann keinem strikten chronologischen Handlungsstrang, der dazu dient, sein Leben entlang historischer Entwicklungen darzustellen, sondern er verlagert die Gewichtung auf eine tiefergehende Beschreibung über die Wechselwirkungen von individuellen und gesellschaftlichen Lebensbedingungen, um sich im Prozess des autobiographischen Schreibens sich seiner Identität zu vergewissern. Die „Geständnisse" dienen somit als weiterer Zugang zur wandelnden Identität in Heines späten Lebensjahren.

Wenn man die „Memoiren" und die „Geständnisse" als eine Einheit betrachtet, so haben die Jugenderinnerungen wie bei Immermann den größten Anteil an dem zu untersuchenden autobiographischen Text.

Im Unterschied zu Immermanns Kapitel „Knabenerinnerungen" werden in den „Memoiren" keine direkten Wechselbeziehungen zu den äußeren Begebenheiten hergestellt. Der Unterschied zwischen beiden autobiographischen Textformen liegt vielmehr darin, daß Immermann stärker ein Stimmungsbild wiedergeben will, worin das subjektive Element stark reduziert wird. Heine dagegen stellt das subjektive Element ins Zentrum. Einerseits empfindet Heine eine viel stärkere Verbindung mit den gesellschaftlichen Veränderungen: „Ich war jung und stolz, und es tat meinem Hochmut wohl, als ich von Hegel erfuhr, daß nicht, wie meine Großmutter meinte, der liebe Gott, [...] sondern ich selbst hier auf Erden der liebe Gott sei"[85], schreibt er. Diese Identifizierung stärkte ihn und half ihm die berufliche und kulturelle Isolation zu überwinden. Das Gefühl der Desintegration zog sich durch Heines ganzes Leben und verschärfte sich an seinem Lebensende. In der Jugend war er Außenseiter, weil er Jude war. In den dreißiger Jahren mußte er aufgrund seines politischen Engagements ins Exil gehen. In den späten vierziger Jahren verschärfte sich die Isolation durch die Leiden seiner Krankheit. Dementsprechend charakterisieren die „Memoiren" ein „Präludium", welches in den frühen Kindheitserfahrungen Erklärungen für sein späteres Denken und Handeln vorgibt.[86]

Heines Denken entwickelte sich im Gegensatz zu Immermann in einem offeneren Klima: „Ort und Zeit sind [...] wichtige Momente: ich bin geboren zu Ende des skeptischen achtzehnten Jahrhunderts und in einer Stadt, wo zur Zeit meiner Kindheit, nicht bloß die Franzosen sondern auch der französische Geist herrschte."[87] In Heines Familie herrschte die unbedingte Verehrung Napoleons. Napoleon hatte den rheinischen Juden die bürgerliche Gleichstellung verliehen. Deutschland gewährte den Juden die Gleichstellung dagegen erst nach den Befreiungskriegen, um sie ihnen jedoch schon bald darauf wieder zu nehmen. Die liberalen Neuerungen waren in Düsseldorf im Vergleich zu der preußischen Fe-

---

[85] Heine, Heinrich: Memoiren, S. 473.
[86] Vgl. Höhn, Heine-Handbuch, S. 409.
[87] Heine, Heinrich: Memoiren, S. 557.

stungsstadt Magdeburg viel weiter fortgeschritten. So berichtet Heine über die Form seiner Schulbildung auf folgende Weise:

> Es ist gewiß bedeutsam, daß mir bereits in meinem dreizehnten Lebensjahr alle Systeme der freien Denker vorgetragen wurden [...], so daß ich hier frühe sah wie ohne Heuchelei Religion und Zweifel ruhig neben einander gingen, woraus nicht bloß in mir der Unglauben sondern auch die toleranteste Gleichgültigkeit entstand.[88]

Schon hier kann man ablesen, daß Heines Jugenderinnerungen aus völlig anderen Erfahrungen geformt wurden als die Immermanns. Heine erlebte die historischen Momente eines Systemumbruchs nicht so unmittelbar wie Immermann. Die strenge preußische Wertordnung Immermanns steht dem liberaleren Lebensbild Heines entgegen. Vor allem Heines Mutter hatte ihren Anteil an der aufklärerisch-liberalen Erziehung des jungen Heines. Sie malte ihrem Sohn immer wieder Karrieren aus, die den jeweiligen Zeitumständen entsprachen:

Auf diese Weise wurde Heine zwar mit vielen Gebieten der modernen Lebenswelt vertraut. Von Nachteil war aber, daß ihm die Mutter keine andere kulturelle Integration schuf und ihn sogar von der inneren Bindung zum Judentum löste: „Die gute Frau war ebenfalls älter geworden und indem sie nach so manchem Fiasko die Oberleitung meines Lebens aufgab, bereute sie, wie wir oben gesehen, daß sie mich nicht dem geistlichen Stande gewidmet."[89] Wie Heine schreibt, erkannte die Mutter erst spät, daß ihr Sohn wohl am besten in der religiösen Berufung aufgehoben wäre. Seine literarische Begabung, welche die Mutter ebenfalls ablehnte, wurde für Heine schließlich zum einzigen Betätigungsfeld, wo er sich mit seiner Umwelt auseinandersetzen konnte.[90]

Nach der Beziehung zu seiner Mutter stellt Heine die zu seinem Oheim, Simon de Geldern, dar: „Dieser Oheim war es nun der auf meine geistige Bildung großen Einfluß geübt hatte und dem ich in solcher Beziehung unendlich viel zu verdanken habe."[91] Gerade seine „Bibliomanie und besonders seine Wut des Schriftstellerns, die er besonders in politischen Tagesblättern und obskuren Zeitschriften ausließ"[92], weckten in Heine das Verlangen zu ersten schriftlichen Versuchen. Die nötige Bildung verschaffte er sich durch den Zugriff auf des Onkels Bibliothek. Sicher charakterisiert Heine den Oheim in der Schreibgegenwart der „Memoiren" als eine Persönlichkeit, die ihm das erste Schloss zur Literatur öffnete und eine mögliche Identifikation offenbarte, „[...] aber sein Eifer womit der mir die Hülfsmittel des geistigen Fortschritts zuwies, war für mich von größtem Nutzen."[93] Der Wirkung des Onkels auf die Bildungsbereitschaft des phantasie-

---

[88] Heine, Heinrich: Memoiren, S. 557.
[89] Heine, Heinrich: Memoiren, S. 561.
[90] Vgl. Möller, Dirk: Heinrich Heine, S. 134.
[91] Heine, Heinrich: Memoiren, S. 567.
[92] Heine, Heinrich: Memoiren, S. 567.
[93] Heine, Heinrich: Memoiren, S. 567.

begabten Jungen, der durch die Mutter in das facettenreiche Leben seiner Umwelt eingeführt wurde, liegt vor allem die Eröffnung eines historischen Horizonts zugrunde.[94] Damit verweist Heine in der Abfolge seiner personalen Szenen-Sequenzen auf eine neue Entwicklungsstufe, die seinen späteren Lebensweg illustriert.

In dem Erinnerungsportrait des Vaters finden sich Bekenntnisse, die der Vaterbeschreibung bei Immermann völlig entgegenstehen: „Eine grenzenlose Lebenslust war ein Hauptzug im Charakter meines Vaters. Er war genußsüchtig, frohsinnig, in seinem Gemüte war beständig Kirmes und wenn auch manchmal die Tanzmusik nicht sehr rauschend, so wurden doch immer die Violinen gestimmt."[95] Heine beschreibt seinen Vater als einen Freigeist, der abseits strenger gesellschaftlicher Etiketten lebte: „In seiner junkerlichen Umgebung gab es weder militärischen Ernst noch wahre Ruhmsucht; von Heroismus konnte gar nicht die Rede sein."[96] Heine sieht seinen Vater als einen Genußmenschen. Er bezeugt Solidaritätsbekundungen für seine mit rheinischem Frohsinn betriebenen Leidenschaften, die jedoch immer wieder dem wirtschaftlichen Kalkül seiner rational bestimmenden Frau zum Opfer fielen.[97] Mit diesen Erinnerungen verbindet Heine eine Identifikation mit dem väterlichen sensualistischen Lebensenthusiasmus. Es gibt in Heines Wesen und Verhalten Züge, die deutliche Bezüge zu seinem Vater aufweisen. Witz, Satire, kommerzieller Sinn, Freimut und Offenheit bis zur Selbstentblößung müssen hier als Grundfeste in dem Charakter Heines benennt werden, die sich später in seiner beißenden Kritik an der Gesellschaft und besonders an dem preußischen Wertsystem zeigten.[98] Der Bezug zu den charakterlichen Eigenarten des Vaters und dem subjektiven Denken Heines wird noch einmal in dem folgenden Ausschnitt aus den „Memoiren" deutlich:

> Viele Menschen haben das Herz auf dem rechten Fleck, aber sie verstehen nicht zu geben, und es dauert lange ehe der Wille des Herzens den Weg bis zur Tasche macht; zwischen dem guten Vorsatz und der Vollstreckung vergeht langsam die Zeit, wie bei einer Postschnecke. Zwischen dem Herzen meines Vaters und seiner Tasche war gleichsam schon eine Eisenbahn eingerichtet.[99]

Die Ausbildung der mütterlichen Erziehung, der Zugang zur Literatur durch seinen Onkel und zu den väterlichen Eigenschaften, die sich in Heine widerspiegelten, finden in der Beschreibung Heines über seine erste große Liebe eine Wendung. Das „rote Sefchen" ist allerdings nicht nur ein Symbol seiner ersten Liebeserfahrungen gewesen, sondern verkörpert auch die Muse seiner dichterischen Einbildungskraft:

---

[94] Vgl. Zimorski, Walter: Nachwort, S. 180.
[95] Heine, Heinrich: Memoiren, S. 581.
[96] Heine, Heinrich: Memoiren, S. 580.
[97] Vgl. Zimorski, Walter: Nachwort, S. 183.
[98] Vgl. Hädecke, Wolfgang: Heinrich Heine, S. 62.
[99] Heine, Heinrich: Memoiren, S. 589.

Sie wußte viele alte Volkslieder und hat vielleicht bei mir den Sinn für die Gattung geweckt, wie sie gewiß den größten Einfluß auf den wachenden Poeten übte, so daß meine ersten Gedichte, die Traumbilder, die ich bald darauf schrieb, ein düsteres und grausames Kolorit haben, wie das Verhältnis das damals seine blutrünstigen Schatten in mein junges Leben und Denken warf.[100]

Darüber hinaus konstruiert Heine in dieser Szene einen Vergleich, worin seine soziale Außenseiterstellung noch einmal deutlich wird:

Durch die Unehrlichkeit ihrer Geburt führte Sefchen von ihrer Kindheit bis ins Jungfrauenalter ein vereinsamtes Leben und gar auf dem Freihof ihres Großvaters war sie von allem gesellschaftlichen Umgang abgeschieden. Daher ihre Menschenscheu, ihr sensitives Zusammenzucken von jeder fremden Berührung, ihr geheimnisvolles Hinträumen, verbunden mit dem störrigsten Trutz, mit der patzigsten Halsstarrigkeit und Wildheit. Sonderbar![101]

So sonderbar waren diese beschriebenen Eigenschaften für Heine sicher nicht. Josepha war die Tochter eines Scharfrichters, ein verrufenes Gewerbe, das ihren Vater sozial deklassierte und sie selber an den Rand der bürgerlichen Gesellschaft drängte. Hierin liegt auch die symbolische Bedeutung. Heine, der in seiner Kindheit aufgrund seiner jüdischen Herkunft früh die Erfahrungen eines Außenseiters machen mußte, konstruiert zum Abschluß der „Memoiren" diese Szene und verweist damit noch einmal auf seinen späteren Entwicklungsweg. Die Verbindung mit der gesellschaftlich verachteten Sippe der Scharfrichter deutet an, wie sehr sich Heine seiner sozialen Randstellung bewußt war. So stilisiert Heine seinen Kuß mit Josepha von einem reinen Liebesbeweis zur Kampfansage an die überkommenen gesellschaftlichen Etiketten: „[...] ich küßte sie nicht bloß aus zärtlicher Neigung sondern auch aus Hohn gegen die alte Gesellschaft und alle ihre dunklen Vorurteile, und in diesem Augenblick loderten in mir auf die ersten Flammen jener zwei Passionen, welchen mein späteres Leben gewidmet blieb, die Liebe für die schönen Frauen und die Liebe für die französische Revolution [...]"[102].

Joseph A. Kruse formulierte treffend die Beziehung eines Kindes zu seiner Familie: „Das gesellschaftliche Leben bildet sich in ihnen ab. Wir können, ob wir wollen oder nicht, diesem Zustand oder den Verhältnissen nicht entrinnen, sind ihr Teil oder ein Glied in der Kette."[103] Heines „Memoiren" sind ein Spiegelbild von personellen Einflüssen auf seinem Lebensweg. Die einzelnen Jugenderfahrungen und ihre Bezüge zu den dargestellten Personen kennzeichnen

---

[100] Heine, Heinrich: Memoiren, S. 597.
[101] Heine, Heinrich: Memoiren, S. 597.
[102] Heine, Heinrich: Memoiren, S. 603.
[103] Kruse, Joseph K.: Familien-Bande. Heines Versuch, seine „Memoiren" zu schreiben. Mit einem Blick auf die Heine-Verwandtschaft bis heute, in: Briegleb, Klaus / Shedletzky, Itta (Hg.): Das Jerusalemer Heine-Symposium. Gedächtnis, Mythos, Modernität. Hamburg 2001, S. 17-36, S. 17.

verschiedene Charakterzüge Heines. Der Mutter kommt neben seinen Eindrücken in der Schule und den historischen Umwälzungen eine zentrale Rolle zu. So war sie es, die ihren Sohn durch ihre verschiedenen Erziehungspläne aus den familiären Bindungen des Judentums löste, was durch die deutschnationalen Lebensumstände noch verschärft wurde.[104] Für Heine war es schwierig, sich in die Gesellschaft einzufügen. Die aufklärerische und liberale Erziehung der Mutter und die damit verbundenen Schwierigkeiten seiner Berufswahl standen den familiären Traditionen entgegen. In der Familie wurden die Traditionen des Judentums durch die Mutter nicht gepflegt. Außerhalb der Familie wurde er dagegen als Jude angesehen, obgleich er doch keine innere Bindung zum Judentum besaß. Durch diesen Widerspruch kam es zu einem Gefühl der Isolation und als Folge der Isolierung – oder jedenfalls doch verbunden mit ihr – zu seelischen Schmerzgefühlen.[105] Wolfgang Hädecke charakterisiert die menschliche Stärke Heines und seine besondere Stellung in der Literatur diesbezüglich folgendermaßen: „Sie ermöglichte große, neuartige, frische, kühne Literatur. Einen schwächeren Charakter als ihn hätte die Traditionslosigkeit wahrscheinlich zerstört."[106] Heines späten autobiographischen Schriften, die „Memoiren" und „Geständnisse", müssen vor allem unter diesem Blickwinkel betrachtet werden. Heines Außenseiter-Position verursachte eine innere Zerrissenheit. Nicht ohne Grund weist Hädecke darauf hin, daß das mangelnde Identitätsgefühl und der lebenslange Kampf um gesellschaftliche Anerkennung und Integration psychische Nebensymptome in Heines Krankheitsbild aufwies.[107]

Heine kompensiert die Traditionslosigkeit und seine Isolation in der Auseinandersetzung mit der Zeit. So wird erkennbar, daß Heines kritisch-literarische Tätigkeit auch eine Folge seiner Traditionslosigkeit war. Heine war viel stärker als Immermann von den historischen Umwälzungen betroffen, da er sich selbst als ein Teil des gesellschaftlichen Diskurses empfand.

In den „Memoiren" und den „Geständnissen" versucht Heine schließlich ein letztes Mal eine Identität zu konstruieren, die den Bruch seines früheren politisch aktiven Lebens mit der späteren Isolierten zu harmonisieren sucht. Die autobiographischen Äußerungen in den „Geständnissen" schildern eine Entwicklung, die vor allem die Rücknahme der Atheismus-These nachzeichnen. Mitten in den turbulenten Revolutionsereignissen der 48er Julirevolution in Frankreich brach Heine gesundheitlich endgültig zusammen. Heines letzte Lebensjahre standen unter dem Diktat der grausamen Krankheit. Die Symptome seiner Krankheit waren zahlreich und wurden nach 1848 intensiver. Vom Nachlassen

---

[104] Vgl. Höpfner, Christian: Romantik und Religion. Heinrich Heines Suche nach Identität. Stuttgart / Weimar 1997, S. 325.
[105] Vgl. Hofrichter, Laura: Heines Kampf gegen die Tradition, S. 100.
[106] Hädecke, Wolfgang: Heinrich Heine, S. 40.
[107] Vgl. Hädecke, Wolfgang: Heinrich Heine S. 40.

der Sehkraft über Kopfschmerzen kam es zu immer heftigeren Lähmungen aufgrund seiner Rückenmarkserkrankung. Unter den physischen und psychischen Qualen seiner letzten Lebensjahre verstärkte sich seine innere Zerrissenheit und nahm ihm die letzte Geselligkeit des Lebens. Dies führte schließlich zur Umformung seiner bisherigen politischen, philosophischen und vor allem religiösen Anschauungen. In den „Geständnissen" beschreibt Heine sein „Nachdenken über die Wechselwirkung inneren und äußeren Lebens"[108]. Die Darstellung dieser Wechselbeziehungen exemplifiziert Heine geradezu auf mustergültige Weise. Heines Identitätskonflikt, der sich zunächst in der Traditionslosigkeit seiner Jugenderfahrungen begründete, ließ ihn zu einer gottfreien Persönlichkeit, einer neuen Form gesellschaftlicher Individualität, emporsteigen. Die letzten Lebensjahre verschärften seine innere Zerrissenheit und verlangten nach einer neuen Form der Identität. Reagierte Heine auf die soziale Ausgrenzung in der ersten Phase seines Lebens mit scharfer Kritik an den politischen und sozialen Zuständen seiner Zeit, stellen die „Geständnisse" Heines hingegen den Entwicklungsgang vom politischrebellierenden Kämpfer zum leidenden Hiob dar. Diese neue Identifikation bricht jedoch nicht mit den generellen philosophisch-politischen Anschauungen seiner Jugend, sondern revidiert lediglich sein religiöses Weltbild.

> Was mich betrifft, so kann ich mich in der Politik keines sonderlichen Fortschritts rühmen; ich verharrte bei denselben demokratischen Prinzipien, denen meine früheste Jugend huldigte und für die ich seitdem immer flammender erglühte. In der Theologie hingegen muß ich mich des Rückschreitens beschuldigen, indem ich, was ich bereits oben gestanden, zu dem alten Aberglauben, zu einem persönlichen Gott, zurückkehrte.[109]

Heine teilt bereits zu Beginn der „Geständnisse" seine philosophischpolitische Position mit: „Ich erteilte meinem Buche denselben Titel, unter welchem Frau von Staël ihr berühmtes Werk [...] herausgegeben hat [...] und zwar tat ich es aus polemischer Absicht."[110] Mit diesem Hinweis auf den Charakter seines Essays „De l'Allemagne", welcher trotz des gleichlautenden Titels der idealistischen Behauptung Frau von Staëls bewußt entgegensteht, leitet Heine seine philosophisch-politische Geistesentwicklung in den „Geständnissen" ein. Der Grund dieses Vergleiches liegt in der Absicht, sein gegenwärtiges Verhältnis zu den 1835 vertretenen Anschauungen aus der Perspektive der *Matratzengruft* zu modifizieren. In den „Geständnissen" relativiert Heine seine Hegelverehrung.[111] Er stellt sich als jemand dar, der nur deshalb der abstrakten und systematischen Philosophie Hegels auf den „Leim gegangen" ist, weil sie seiner

---

[108] Hädecke, Wolfgang: Heinrich Heine, S. 484

[109] Heine, Heinrich: Memoiren, S. 187.

[110] Heine, Heinrich: Memoiren, S. 471.

[111] Vgl. Wirth-Orthmann, Beate: Heinrich Heines Christusbild. Grundzüge seines religiösen Selbstverständnisses. Paderborn München Wien Zürich 1995, S. 178.

„Eitelkeit schmeichelte"[112]. Heine deutet mit dem Finger auf Hegel und macht ihn für seine frühen Irrungen verantwortlich. Die Identifikation Heines mit einem zweibeinigen Gott ist mit den Lebenseinsichten aus der Perspektive der Matratzengruft in der Zeit nach 1854 nicht mehr vereinbar. Heine muß seine philosophischen Ansichten revidieren, um sich seiner neuen Identität vergewissern zu können. Hegel wird damit zum *Sündenbock* im *Sündenbekenntnis* Heines. Darin tut sich schließlich der Identitätsbruch auf.[113]

> Ich empfand überhaupt nie eine allzugroße Begeisterung für die Philosophie, und von Überzeugung konnte in bezug auf dieselbe gar nicht die Rede sein. Ich war nie abstrakter Denker, und ich nahm die Synthese der Hegelchen Doktrin ungeprüft an [...].[114]

Heine verabschiedet sich von seiner Identitätsfigur als handelnder Prometheus. Er kann aus seiner *Matratzengruft* der ursprünglichen Rollenerwartung, der ständigen kämpferischen Auseinandersetzung mit den gesellschaftlichen Zuständen, nicht mehr gerecht werden. Zurückgezogen von der Öffentlichkeit, dem eigenen Leiden zugewandt, sucht er eine neue Identitätsfigur.

> Aber die Repräsentationskosten eines Gottes, der sich nicht lumpen lassen will und weder Leib noch Börse schont, sind ungeheuer; um eine solche Rolle mit Anstand zu spielen, sind besonders zwei Dinge unentbehrlich: viel Geld und viel Gesundheit. Leider geschah es, daß eines Tages – im Februar 1848 – diese beiden Requisiten mir abhanden kamen, und meine Göttlichkeit geriet dadurch sehr in Stocken.[115]

Diese Stelle markiert den Bruch in Heines ambivalenter Identitätssicherung. Nach der Perspektive des handelnden Prometheus spricht er nun vom leidenden Hiob. Heines Identitätsbruch ist jedoch partiell eingegrenzt auf den religiösen Bereich. Er betont, daß sich seine politischen Ansichten nicht verändert haben, indem er erklärt: „Ich verharrte bei denselben demokratischen Prinzipien, denen meine früheste Jugend huldigte und für die ich seitdem immer flammender erglühte."[116] Sie sind gleichgeblieben und vielleicht um so besser mit seinen religiösen Positionen vereinbar.[117]

Heines Darstellung seiner religiösen Entwicklung im letzten Teil der „Geständnisse" hat einen engen Bezug zu seinen philosophischen Bekenntnissen. Deutet er in dem Vaterportrait in den „Memoiren" bereits seinen Skeptizismus gegenüber der Philosophie Hegels an, indem er den Vater sagen läßt: „du darfst mir also aufs Wort glauben, wenn ich mir erlaube dir zu sagen, daß der Atheismus

---

[112] Heine, Heinrich: Memoiren, S. 473.
[113] Vgl. Höhn, Gerhard: Heine-Handbuch, S. 402.
[114] Heine, Heinrich: Memoiren, S. 473.
[115] Heine, Heinrich: Memoiren, S. 475.
[116] Heine, Heinrich: Memoiren, S. 187.
[117] Vgl. Gössmann, Wilhelm: Verschiedene Konversionen, in: Kruse, Joseph (Hg.): „Ich Narr des Glücks". Heinrich Heine 1797–1856 Bilder einer Ausstellung. Stuttgart / Weimar 1997, S. 307-313, S. 310.

eine große Sünde ist"[118], so konkretisiert er es in den „Geständnissen" mit der völligen Absage an Hegel. Dies öffnet den Zugang zu seiner neuen religiösen Identität. Der wiedererweckte Glaube an Gott bedeutet, daß für ihn die Hauptthese der idealistischen Philosophie nicht mehr stimmt.[119] Aus der Perspektive seiner „Matratzengruft" bietet ihm das Wort der Bibel einen neuen Verstehenshorizont: „Die Wiedererweckung meines religiösen Gefühls verdanke ich jenem heiligen Buche, und dasselbe ward für mich ebensosehr eine Quelle des Heils, als ein Gegenstand der frömmigsten Bewunderung."[120] Die Bibel bietet ihm eine Identitätsstütze, worin er religiöse Motive entdeckt, die ihn in seiner leidenden Situation stärken: „Ich sehe jetzt, die Griechen waren nur schöne Jünglinge, die Juden aber waren immer Männer, gewaltige, unbeugsame Männer, nicht bloß ehemals, sondern bis auf den heutigen Tag [...]."[121] Heine sichert sich mit der Lektüre der Bibel und der veränderten Einstellung gegenüber dem Judentum eine neue Subjektivität.[122] Das Volk Gottes wird aufgrund seiner Freiheitsliebe und seiner sittlichen Kraft zum Ursprung der europäischen Zivilisation erklärt. Das Judentum löst in seiner Vorbildfunktion den Hellenen ab. Auch hier werden die philosophischen und religiösen Variationen Heines neuer Sichtweise erkennbar.[123] Es fällt auf, daß sein religiöses Gefühl mit dem persönlichen Leiden wächst. Die Lektüre der Bibel und Heines „religiöse Wiedererweckung" schließen jedoch eine Identifikation mit den kirchlichen Dogmen aus, da er mit einem solchen Schritt Verrat an seinen früheren Positionen üben würde:

> Ausdrücklich widersprechen muß ich jedoch dem Gerüchte, als hätten mich meine Rückschritte bis zur Schwelle irgend einer Kirche oder gar in ihren Schooß geführt. Nein. Meine religiösen Überzeugungen und Ansichten sind frey geblieben von jeder Kirchlichkeit; kein Glockenklang hat mich verlockt, keine Altarkerze hat mich geblendet. Ich habe mit keiner Symbolik gespielt und meiner Vernunft nicht ganz entsagt.[124]

Die Abgrenzung des persönlichen Gottes Heines von den religiösen Dogmen der Kirche bedeutet zugleich, wie es Wilhelm Gössmann ausdrückt, eine Säkularisierung der Bibel. Demnach bedeutet Heines religiöses Gefühl keine Identifikation mit der Kirche, sondern ist auf seine weltlichen Zustände ausgerichtet.[125]

Heine beantwortet die Frage nach seinem Verhältnis zur Religion nicht direkt, sondern beleuchtet nur die Verdienste des Protestantismus zum Judentum

---

[118] Heine, Heinrich: Memoiren, S. 605.
[119] Vgl. Höhn, Gerhard: Heine-Handbuch, S. 404.
[120] Heine, Heinrich: Memoiren, S. 480.
[121] Heine, Heinrich: Memoiren, S. 481.
[122] Vgl. Gössmann, Wilhelm: Verschiedene Konversionen, S. 310.
[123] Vgl. Höhn, Gerhard: Heine-Handbuch, S. 404.
[124] Heine, Heinrich: Memoiren, 485.
[125] Vgl. Gössmann, Wilhelm: Verschiedene Konversionen, S. 314.

und schlägt einen Bogen zu einem persönlichen Gott. Dieser Gott ist aus der Perspektive der *Matratzengruft* für Heine ein tröstender Gott. An sein Krankenlager gefesselt, ist er kein zweibeiniger Gott mehr, sondern nur noch ein hilfloser Zweifüßer: „In diesem Zustand ist es eine wahre Wohltat für mich, daß es jemanden gibt, dem ich beständig meiner Leiden vorwimmern kann, besonders nach Mitternacht, wenn Mathilde sich zur Ruhe begeben [...]."[126]

Die philosophische und religiöse Entwicklung in den „Geständnissen" macht eine ambivalente Identifikation deutlich. Trotz Heines philosophischer und religiöser Bekenntnisse bricht er nicht mit seiner früheren Zeit, sondern betont immer die Kontinuität in seinem Leben. Dadurch stellt er seine früheren Positionen nicht völlig in Frage und bewahrt sich seine Individualität. Die Wiedererweckung seines religiösen Gefühls verneint dementsprechend nicht seine frühere politische Identität als einen Exponenten, der sich im Kampf gegen soziale Ungerechtigkeit befand, sondern wechselt in religiöser Hinsicht vom kämpfenden Prometheus zum leidenden Hiob: „Ja, ich bin zurückgekehrt zu Gott, wie der verlorene Sohn, nachdem ich lange Zeit bei den Hegelianern die Schweine gehütet."[127] Dieser tröstende Gott ist zwar ein theistischer, persönlicher Gott, der ohne Zweifel jüdische Züge trägt, aber er läßt sich keiner bestimmten Religion zuordnen. Dies hätte Heines frühere Identität und sein sozialpolitisches Engagement in Frage gestellt. Heines Gott bleibt somit ein individueller Gott.[128] Auf diese Weise tritt neben die Identität des gesellschaftskritischen Schriftstellers auch die Identität des todkranken psychisch Leidenden hinzu.[129] Hatte er in seinen Jugendjahren seine innere Zerrissenheit aufgrund der ausgebliebenen Integration in ein gesellschaftliches Kollektiv durch die langwierige Identifikation als Exponent und Kritiker der politischen Zustände kompensiert, so reicht diese Identität am Lebensende nicht mehr aus. Heine unterwirft sich Gott nicht bedingungslos, sondern will eine Antwort auf die Frage nach dem Sinn seines Leidens. Die unvorstellbaren Qualen und der unausweichliche Tod bedürfen einer neuen Identität, die seinen demokratischen Prinzipien nicht widersprechen, sondern seine Identitätskrise kurz vor seinem Tod zu überwinden helfen soll und die schlimmsten Schmerzen mildern kann. Das religiöse Geständnis soll ihm somit nicht allein Identität vermitteln, sondern es soll ihm helfen, seinen Leiden einen Sinn zu geben. Die Identifikation mit der biblischen Gestalt Hiob im Alten Testament ist schließlich Ausdruck dieser Sinngebung. Hiob, der von Satan mit der Genehmigung Gottes versucht werden darf, wird

---

[126] Heine, Heinrich: Memoiren, 485.
[127] Heine, Heinrich: Memoiren, S.182.
[128] Vgl. Montinari, Mazzino: Heines `"Geständnisse"' als politisches, philosophisches, religiöses und poetisches Testament, in: Zagari, Luciano / Chiarini, Paolo (Hg.): Zu Heinrich Heine. LGW-Interpretationen, Bd. 51. Stuttgart 1981, S. 102 – 112, S. 109.
[129] Vgl. Montinari, Mazzino: Heines `"Geständnisse"' als politisches, philosophisches, religiöses und poetisches Testament, S. 111.

mit allen erdenkbaren Schicksalsschlägen, mit Tod und Krankheit konfrontiert und verteidigt dennoch die Position Gottes. Obwohl er sich nichts zuschulden hat kommen lassen und unschuldig leidet, vertraut er auf Gottes Gerechtigkeit. Es wird klar, warum Heine den Vergleich zu Hiob sucht. Auch Heine hinterfragt seine langjährige Krankheitssituation:

> [...] Warum muß der Gerechte so viel auf Erden leiden? Das ist die Frage, womit ich mich beständig auf meinem Marterbette herumwälze. Es ist wahr, daß der Schmerz ein seelenreiniges Medikament ist, aber mich dünkt, ich hätte diese Kur doch entbehren können.[130]

Die „Memoiren" und besonders die „Geständnisse" zeugen davon, wie Heine diese beiden Identitäten zu harmonisieren versucht. Die „Geständnisse" beschreiben das existentielle Ringen mit Gott, um inneren Frieden zu erlangen, indem er „Ja" zu Gott und „Ja" zu seinem Leben sagen kann.[131]

Zusammenfassung

Die Form der autobiographischen Texte von Immermann und Heine stehen im Kontext der gesellschaftlichen Umbrüche in der ersten Hälfte des 19. Jahrhunderts. Der gesellschaftliche Wandel zwingt zu einer gesteigerten historischen Sensibilität, die jedoch in Abhängigkeit zu den individuellen Lebenserfahrungen des Einzelnen steht. Die unterschiedlichen Erfahrungswelten von der frühen Jugend bis hin zur gelebten Vita begründen dabei die unterschiedliche Textgestaltung bei Heine und Immermann, welche Teil ihrer Identitätssicherung ist.

Heines Suche nach Identität ist vor allem die eines Außenseiters. Besonders Juden wurden in der Zeit der Nationenbildung an den Rand gedrängt und unterlagen dem ständigen Druck der Anpassung. Diese Anpassungszwänge lassen sich vor allem in der Erziehung Heines durch seine Mutter nachweisen. Doch weder die christliche Konversion noch der Versuch einen angesehenen Beruf zu erlernen oder auszuführen, gaben ihm Anerkennung oder ermöglichten ihm eine dauerhafte gesellschaftliche Integration. Es blieb ihm zunächst nur die Tätigkeit als Kritiker und Schriftsteller seinen frühen Identitätskonflikt zu lösen. Nach seinem gesundheitlichen Zusammenbruch im Jahre 1848 ändert sich Heines Blickwinkel. Heines „Memoiren" und seine „Geständnisse" schildern Lebenseinsichten, die aus der Perspektive eines abgeschlossenen Lebens und vor allem in der schwierigen Lage der *Matratzengruft* entstanden.

Immermanns autobiographische Schrift „Die Jugend vor fünfundzwanzig Jahren" fußt dagegen vor allem auf dem durch seinen Vater streng vermittelten Kindheitsbild und dem tiefgreifenden Wertverlust nach dem staatlichen Zusam-

---

[130] Heine, Heinrich: Memoiren, S. 302.
[131] Vgl. Höpfner, Christian: Romantik und Religion, S. 330 f.

menbruch Preußens. Seine Autobiographie spiegelt den Versuch wider, die Vergangenheit zu erklären und sich darin seiner eigenen Identität bewußt zu werden. Die Grundfesten seiner preußischen Erziehung wurden nach der Niederlage bei Jena und Auerstedt stark erschüttert. Der erlebte Identitätsverlust ergab sich aus der Erkenntnis, daß das strenge vom Vater vermittelte preußische Wertsystem anachronistisch geworden war. Obwohl Immermann immer wieder Schnittpunkte zwischen sich und den historischen Widersprüchen in der „Jugend vor fünfundzwanzig Jahren" konstruierte, vermittelt seine autobiographische Schrift doch keine neue Identität. Die Gründe liegen auf der Hand. Im Gegensatz zu Heine ging Immermann einer angesehenen Tätigkeit als Jurist im Staatsdienst nach und auch seine Konfession stand nicht im Widerspruch zum bestehenden System. Sein Identitätskonflikt liegt, aus seiner Schreibgegenwart betrachtet, über dreißig Jahre zurück. Aus diesem Grunde dient der autobiographische Text nicht zur Konstruktion einer völlig neuen Identität, sondern ist lediglich eine Identitätsstütze, die aus dem Unbehagen Immermanns Schreibgegenwart hervorgeht und Erklärungen für die gesellschaftlichen Veränderungen sucht.

Auf diese Weise stehen sich Heines „Memoiren" und „Geständnisse" der „Jugend vor fünfundzwanzig Jahren" von Immermann entgegen. Heines autobiographischen Spätschriften sind Bekenntnisse einer innerlich zerrissenen Persönlichkeit, die sich im Bewußtsein des nahen Todes nicht nur mit der Frage nach dem gegenwärtigen Sinn des Lebens auseinandersetzt, sondern auch die Frage nach der Rolle im bisherigen Leben stellt. Autobiographisches Schreiben heißt bei Heine, sich eine neue Identität zu sichern, welche mit früheren Identitäten nicht bricht, sondern sie mit seiner Situation am Lebensende harmonisiert. Autobiographisches Schreiben bei Heine ist die Reflexion der äußeren Begebenheiten und ihre Auswirkungen von einem stark psychisch belasteten Menschen.

Immermanns autobiographische Schrift führt dagegen Erkenntnisse gesellschaftlicher Entwicklungen vor Augen, die vornehmlich einen historiographisch-analytischen Ansatz verfolgen. Immermann nimmt seine Person größtenteils zurück. Er will über die Wechselwirkungen zwischen dem Individuum und der Umwelt berichten, wobei er sich als Repräsentant einer ganzen Generation versteht. Insofern ist Immermanns autobiographischer Stil eine Art Zeitgeschichtsschreibung, hinter der sich persönliche Motive verbergen. Die ausdrückliche Betonung auf den thematischen Schwerpunkt der Darstellung des *Sitten- und Charakterbildes* weist bewußt inszenierte Parallelen zu Immermanns Lebensweg auf. Die Schilderung des Zusammenbruchs des preußischen Wertsystems impliziert nicht nur den Verlust an Traditionen einer ganzen Generation, sondern er scheint einen Identitätskonflikt auflösen zu wollen.

Heine stellt sich dagegen ins Zentrum seiner Texte. Er war sein Leben lang Teil des gesellschaftlichen Diskurses und seine leidende Situation in der *Matrat-*

zengruft gibt ihm auch keine Möglichkeit unabhängig und objektiv auf die Geschehnisse der Zeit zu blicken. Mit dem völligen Ausbruch seiner Krankheit nach 1848 verschob sich seine Position in der Öffentlichkeit. Sein Gesundheitszustand ließ eine ständige Auseinandersetzung mit den Mißständen seiner Zeit nicht mehr zu. Seine Bekenntnisse relativieren bewußt seine bisherigen politischen und religiösen Anschauungen. Heine mußte in den Memoirenfragmenten seinen Identitätswandel auf solch eine Weise konzipieren, daß er auch in der Öffentlichkeit nicht an Glaubwürdigkeit verlor. Aus diesem Grunde haben die autobiographischen Texte Heines eine stärkere persönliche Note als Immermanns und sind programmatisch zugleich.

Immermann selbst stand nicht so stark im Fokus des Diskurses. Grund dafür war, daß er sich erst in seinem letzten Lebensjahrzehnt von der starken Abhängigkeit seiner konservativen Lebensansichten lösen konnte und zu einem freieren und kritischeren Bewußtsein gelangte. Aufgrund des festgestellten historiographischen Charakters der „Jugend vor fünfundzwanzig Jahren" wird deutlich, daß auch Immermann diese Schrift für ein breites Publikum geschrieben hat. Mit ihr will Immermann analysieren, erklären und letztendlich appellieren. Seine Zeitdarstellung will neben der identitätsstiftenden Funktion die gesellschaftlichen Zustände beschreiben und für die Öffentlichkeit problematisieren.

HENRIK KARGE

Karl Schnaases „Niederländische Briefe"
Kunsttheorie in autobiographischer Fassung

„Durch Schnaase erhielt die Praxis der Kunst hier ihr Komplement, die Theorie. Die Kunstbetrachtung der Gegenwart ist auf eine würdige Stufe gekommen. Endlich sind die leeren Allgemeinheiten, abgezogen von isoliert angeschauten Perioden, welche so lange das Urteil irreführten, zum Schweigen gebracht. Auf dem historischen Wege, die Kunst aus der Geschichte deutend, die Geschichte aus der Kunst, sucht man dem Geheimnisse ihrer Erzeugung beizukommen. Und dieser Weg ist wohl der allein richtige zu nennen. Denn die Kunst ist selbst nichts Absolutes, sie ist eine historische Erscheinung. – ‚Die Kunst ist nicht abhängig von der Welt, nicht eine Wirkung ihrer Revolutionen, und ebensowenig eine Macht, welche in die Kette der Ursachen und Wirkungen eingreift. Aber sie besteht auch nicht ohne Verbindung mit dem Leben, sie ist vielmehr das gewisseste Bewußtsein der Völker, ihr verkörpertes Urteil über den Wert der Dinge; was im Leben als geistig anerkannt ist, gestaltet sich in ihr.'

So lauten ungefähr die Worte in dem Buche, welches eine der reifsten Früchte unserer Anfänge war. Ich meine die ‚Niederländischen Briefe' von Schnaase."[1]

Diese Sätze bilden den Auftakt einer langen Passage der 1840 erschienenen „Düsseldorfer Anfänge. Maskengespräche", die Karl Immermann seinem Kollegen und Freund Karl Schnaase (1798-1875)[2] widmete. Das genannte Werk, das Immermann im folgenden als „Haupt- und Grundbuch"[3] vorstellt, hatte Schnaase 1834 bei Cotta publiziert.[4] Es ist Schnaases erste größere

---

[1] Karl Immermann: Düsseldorfer Anfänge. Maskengespräche, in: Werke IV, S. 549-651, hier S. 598 f.
[2] Der Verf. hat der Persönlichkeit und dem Werk Karl Schnaases bereits mehrere Untersuchungen gewidmet; daraus sei nur genannt: Karl Schnaase. Die Entfaltung der wissenschaftlichen Kunstgeschichte im 19. Jahrhundert, in: Kunsthistorische Arbeitsblätter 2001, Heft 7/8, S. 87-100; „Die Kunst ist nicht das Maass der Geschichte". Karl Schnaases Einfluß auf Jacob Burckhardt, in: Archiv für Kulturgeschichte 53, 1996, S. 295-306; „Denn die Kunst ist selbst nichts Absolutes..." – Karl Immermann, Karl Schnaase und die Theorie der Düsseldorfer Malerschule, in: Peter Hasubek (Hrsg.): Epigonentum und Originalität. Immermann und seine Zeit – Immermann und die Folgen. Frankfurt a.M. etc. 1997, S. 111-140; speziell zu den „Niederländischen Briefen": Arbeitsteilung der Nationen. Karl Schnaases Entwurf eines historisch gewachsenen Systems der Künste, in: Zeitschrift für Schweizerische Archäologie und Kunstgeschichte 53, 1996, S. 295-306; Das Frühwerk Karl Schnaases. Zum Verhältnis von Ästhetik und Kunstgeschichte im 19. Jahrhundert, in: Antje Middeldorf Kosegarten (Hrsg.), Johann Dominicus Fiorillo. Kunstgeschichte und die romantische Bewegung um 1800. Göttingen 1997, S. 402-419.
[3] Werke IV, S. 599.
[4] Karl Schnaase: Niederländische Briefe, Stuttgart und Tübingen 1834 (im folgenden abgekürzt: Niederländische Briefe). Immermann hatte sich im September 1833 bei einem Besuch bei Cotta erfolgreich für die Publikation dieses Werkes eingesetzt (Tagebücher, S.

literarische Produktion und in der Tat ein „Grundbuch" seiner kunsthistorischen und kunstphilosophischen Ansichten. Das umfangreiche Werk ist in der äußeren Form von Reisebriefen an eine in Köln lebende Freundin gehalten, die den Verlauf einer mehrwöchigen Reise durch Holland und Belgien im Sommer 1830 wiedergeben. Der Autor betont schon im ersten Satz der Vorrede, daß sie „das Resultat einer wirklichen, nicht fingirten Reise"[5] seien, und der Auftakt zum ersten Brief läßt das autobiographische Element besonders deutlich hervortreten:

> Nicht später, als es geschah, hätte ich gestern früh den flüchtigen Abschied an Ihrem Bette nehmen dürfen. Denn so schnell ich dem Führer durch die engen, in jener frühen Stunde zum Glücke einsamen Straßen folgte, so hörten wir doch schon von fern die Glocke des Dampfschiffes, und ich war kaum an Bord, als die Räder ihre tosende Arbeit begannen. Die weite Wendung des Schiffs zeigte noch einmal das Ufer in seiner ganzen Breite und ließ mich Abschied nehmen von dem lieben Köln und von den ehrwürdigen Alterthümern, die wir gemeinschaftlich so eifrig durchwandert hatten. Der Morgen war helle, daß die wunderlich geformten Umrisse des Siebengebirges im dunkeln Blau vollkommen deutlich sich erkennen ließen. Auch ihnen winkte ich Dank und Abschied zu, und bald flogen meine Gedanken über sie fort, zu meinen Lieben, von denen sie mich trennen. Doch
> Wer von der Schönen zu scheiden verdammt ist,
> Fliehe mit abgewendetem Blick.
> Der Reisende darf die Wehmuth nicht hegen; sie bleibt ihm ohnehin nicht aus.[6]

Die Abschiedsszene, mit der der erste der „Niederländischen Briefe" von Karl Schnaase beginnt, macht den Leser neugierig auf das angedeutete Verhältnis des Autors zur Adressatin seiner Briefe. Auf den über 500 Seiten des Buches wird die Identität der Briefpartnerin jedoch nicht enthüllt. Je tiefer man in das Werk eindringt, desto stärker fragt man sich, ob nicht gerade der scheinbar intim autobiographische Auftakt eine pure Fiktion darstellt.

An dem autobiographischen Kern der „Niederländischen Briefe" besteht jedoch keinerlei Zweifel: Der kurz zuvor als Prokurator, d.h. Staatsanwalt, am Düsseldorfer Landgericht angestellte Schnaase reiste im Sommer 1830 zunächst in den protestantischen Norden des Königreichs der Vereinigten Niederlande, wo er einen Badeurlaub an der See in Scheveningen mit dem Besuch verschiedener holländischer Städte, wie Delft, Leiden und Den Haag, verband – den mittelalterlichen Kirchen galt seine Aufmerksamkeit ebensosehr wie der Gemäldesammlung des Mauritshuis in Den Haag. Der zweite Teil der Reise galt den katholischen südlichen Niederlanden, die sich in eben jenem Jahr 1830 – dem Jahr der Julirevolution – durch einen Aufstand von der Oberherrschaft des Nordens befreiten und als neuer Staat Belgien konstituierten. Auf seiner

---

156; Dank Schnaases in einem Brief vom 18.10.1833, aufbewahrt im Immermann-Nachlaß im Goethe- und Schiller-Archiv Weimar, 49 / 204 unter „Manualien zur Herbstreise 1833").
[5] Niederländische Briefe, S. III.
[6] Niederländische Briefe, S. 1.

kunsthistorisch ausgerichteten Reise, auf der Schnaase die alten Zentren des Landes, Antwerpen, Gent, Brügge, Tournai, Brüssel und Lüttich, kennenlernte, wurde er so auch zum Zeugen eines bedeutsamen politischen Ereignisses, das er in seinem Buch kritisch reflektierte.[7]

Das Interesse des Autors galt jedoch in erster Linie der Kunstgeschichte Hollands und Belgiens; die während der Reise angefertigten Notizen über die besichtigten Baudenkmäler und Kunstsammlungen bildeten die empirische Basis für die Redaktion der „Niederländischen Briefe". Dennoch wuchs dieses Werk über einen bloßen Cicerone weit hinaus; die darin enthaltenen Reflexionen zur Theorie und zur Geschichte der Künste machten es zu einem der bedeutendsten Grundlagenwerke der zu jener Zeit sich entfaltenden Disziplin Kunstgeschichte. In dem vorliegenden Beitrag soll neben dem intellektuellen Gehalt vor allem die literarische Struktur dieses ungewöhnlichen Buches zur Sprache kommen.

Zunächst allerdings müssen Werk und Autor näher vorgestellt werden. Da ein Überblick über den komplexen inhaltlichen Aufbau der „Niederländischen Briefe" an dieser Stelle zu weit führen würde, sei die Argumentation eines einzigen Abschnitts, des der holländischen Landschaftsmalerei gewidmeten 3. Briefes[8], in aller Kürze vorgeführt.

Schnaase geht hier von den Eindrücken aus, die er bei der Besichtigung der im Mauritshuis in Den Haag versammelten nordniederländischen Gemälde des 16. und 17. Jahrhunderts gewonnen hatte. Der antiklassizistische Impuls des Werkes zeigt sich darin, daß – im Einklang mit den neuen Tendenzen der Düsseldorfer Malerschule – vor allem diejenigen Kunstgattungen in den Vordergrund gerückt werden, die in der Rangleiter der klassischen Kunsttheorie die unteren Plätze einnahmen, nämlich Landschafts- und Genremalerei sowie Stilleben. Eine knappe Charakterisierung der Hauptvertreter der Landschaftsmalerei von Roelant Savery und Jan Brueghel d. Ä. bis hin zu Jacob van Ruisdael leitet den 3. Brief ein, der sich rasch zu einer eigenständigen Erörterung über die „Bedeutung der landschaftlichen Schönheit als Gegenstand der Malerei"[9] ausweitet, die in der Form eines kunstphilosophischen Dialogs zwischen dem Ich-Erzähler und seinem Gesprächspartner Bernhard gefaßt ist.

Schnaase ging in der Analyse der holländischen Landschaftsgemälde des 17. Jahrhunderts einen besonderen Weg, indem er sich der gängigen und in seiner

---

[7] Vgl. zu den politischen Zusammenhängen: Hermann von der Dunk, Der deutsche Vormärz und Belgien 1830/48. Wiesbaden 1966. Dagegen unbrauchbar Steffi Schmidt: Die Niederlande und die Niederländer im Urteil deutscher Reisenden. Eine Untersuchung deutscher Reisebeschreibungen von der Mitte des 17. bis zur Mitte des 19. Jahrhunderts. Siegburg 1963.
[8] Niederländische Briefe, S. 25-54.
[9] Niederländische Briefe, S. 33-41.

Zeit mit besonderem Nachdruck von Karl Friedrich von Rumohr vertretenen Ansicht, in diesen Werken eine getreue Wiedergabe der Natur zu sehen,[10] entgegenstellte:

> Bernhard hielt sich zunächst an die geläufige Vorstellung, die Kunst als Nachahmung der Natur zu betrachten, freilich nicht in der flachen Bedeutung einer kindlichen Freude an der Geschicklichkeit des Wiederholens, sondern in dem Sinne eines geistigen Verständnisses, das durch die künstlerische Auffassung zum Bewußtseyn gebracht und mitgetheilt wird, wodurch also die Nachahmung mit dem Aufsuchen und Darstellen des Schönen in der Natur zusammenfallen sollte. Das konnte ich ihm denn wohl in gewissem Sinne zugeben, aber nur für das subjective Verfahren des Künstlers, welches, da er eben der Aufsuchende und Unterscheidende ist, in seiner Seele schon eine, wenn auch dunkle Vorstellung des Schönen, einen Ideellbegriff desselben, voraussetzt, so daß dadurch für das Wesen dieser Schönheit selbst nichts gewonnen ist. Ueberdieß mußte er mir eingestehen, daß zumal bei der landschaftlichen Schönheit die künstlerische Nachahmung der Natur nur ein Schein ist, weil hier das, was wir in der Wirklichkeit schön nennen, durchaus vom zeitlichen Leben, von der beständigen Bewegung durchdrungen ist. Wenn wir die Landschaft betrachten, ist im Lichte, in der Luft, im Wasser, selbst in der Pflanze ein stetes Treiben. Die bildende Kunst gibt aber nur die Form, die ruhende Form, die sich in der landschaftlichen Natur viel weniger als in der wirklichen Erscheinung des Menschen von der Bewegung sondert. Der Künstler stellt sich also hier etwas dar, was in der Wirklichkeit sich wenigstens nie rein zeigt; er kann gerade das, was darin das Nächste, Bedeutendste ist, das bewegte Leben der Zeit, nicht aufnehmen; diese wirkliche Natur und ihre Schönheit ist ihm daher nicht der eigentliche Gegenstand.[11]

Die gegenteilige (romantische) Auffassung, Landschaftsbilder dienten nur zur „Darstellung menschlicher Gemüthsstimmungen", wies Schnaase ebenfalls zurück, da die gleichgültige Mannigfaltigkeit der Natur den Schwankungen des individuellen Gefühlslebens fremd sei.[12] Schnaases eigene Auffassung ist in der Mitte zwischen beiden Extremen angesiedelt und geht von der geschichtlich geformten Allgemeinheit des Subjektiven aus: Im Landschaftsgemälde sieht der Autor eine Projektion der Vorstellung, die sich in einer bestimmten Kultur – einer Epoche, einem Volk – in bezug auf die äußere Natur herausgebildet hat.[13] Subjektiv ist eine solche Vorstellung insofern, als die objektive Wirklichkeit der Natur unerkennbar ist – hier steht Schnaase in der Denktradition Kants.[14]

---

[10] Rumohrs einflußreiche Kunsttheorie entwickelt in der mit der Überschrift „Haushalt der Kunst" versehenen Einleitung seines Hauptwerks „Italienische Forschungen" (3 Bde., Berlin und Stettin 1827-1831). Vgl. dazu: Pia Müller-Tamm: Rumohrs „Haushalt der Kunst". Zu einem kunsttheoretischen Werk der Goethezeit. Hildesheim / Zürich / New York 1991.
[11] Niederländische Briefe, S. 34.
[12] Niederländische Briefe, S. 35.
[13] Niederländische Briefe, S. 43 ff.
[14] In dieser Hinsicht stand auch Schiller Pate, auf dessen Darlegungen zum Naturgefühl (in der Abhandlung „Ueber naive und sentimentalische Dichtung" von 1795/96) sich Schnaase

Dennoch wird nach Schnaase die Naturvorstellung in jeder Kultur als objektiv *empfunden*, weil sie sich aufgrund geschichtlicher Vorgänge zum unbewußten Gemeingut der Kultur entwickelt hat.

In diesem Sinne sieht Schnaase die Geburt der modernen Subjektivität und einer darauf gegründeten Landschaftsauffassung im Mittelalter: Nachdem die Ausrichtung der antiken Kunst auf die menschliche Einzelgestalt durch die Formnegierung des frühen Christentums beseitigt worden sei, habe sich der mittelalterliche Mensch die umgebende Natur aus einer subjektiven Position heraus neu erschlossen – hier führte Schnaase die Landschaftsdarstellungen bei den Brüdern Van Eyck und ihren Nachfolgern als Beleg an. Auf dem Höhepunkt der Naturzuwendung sei auch das antike Erbe wiedergewonnen worden und damit eine neuerliche Hinwendung zur monumentalen Einzelgestalt erfolgt. Anders als etwa bei Jacob Burckhardt erscheint die Renaissance in der Geschichtsauffassung Schnaases als Ergebnis einer kontinuierlichen mittelalterlichen Entwicklung.[15] Die Entfaltung der Landschaftsmalerei in den Niederlanden im 16. und 17. Jahrhundert sieht Schnaase dann wiederum als Reaktion auf die Kanonisierung der Einzelgestalt in der italienischen Kunst.

Einen ähnlich weiten gedanklichen Bogen beschreibt der sehr umfangreiche 5. Brief mit dem Thema der Genremalerei oder „Gesellschaftsmalerei", der sich ebenfalls nicht allein auf die Genese der holländischen Genrebilder des 17. Jahrhunderts konzentriert, sondern in weit allgemeinerer Weise das Verhältnis des Individuums zu seinem gesellschaftlichen Umfeld in verschiedenen Epochen und verschiedenen europäischen Ländern untersucht, um daraus wiederum Rückschlüsse zum Verständnis der spezifischen Varianten der Genremalerei zu gewinnen.[16]

Für die literarische Struktur der „Niederländischen Briefe" – dies sei schon einmal vorausblickend bemerkt – ist es charakteristisch, daß die beiden parallel angelegten Abhandlungen zur Landschafts- und Genremalerei nicht unmittelbar aufeinander folgen, sondern durch den knappen 4. Brief[17] getrennt werden, der einen kurzweiligen Bericht über einen Ausflug der Freunde nach Leiden enthält und in einer amüsanten Episode mündet: Schnaase erzählt hier, wie er bei der nächtlichen Rückkehr die vom Regen durchnäßten Wege zu vermeiden trachtete, die vermeintliche Abkürzung aber mit einem Sprung in einen Kanal endete. Dieses „fast zu gründliche Studium der Natur des Landes"[18] läßt noch

---

im 3. Brief unmißverständlich bezog. Dazu näher Henrik Karge: „Denn die Kunst ist selbst nichts Absolutes ...", S. 137 f.

[15] Dazu weiterführend: Henrik Karge: Renaissance. Aufkommen und Entfaltung des Stilbegriffs in Deutschland, in: Neorenaissance – Ansprüche an einen Stil. Zweites Historismus-Symposium Bad Muskau. Dresden 2001, S. 39-66.

[16] Niederländische Briefe, S. 80-156.

[17] Niederländische Briefe, S. 55-79.

[18] Niederländische Briefe, S. 79.

einmal die Betrachtungen zur Naturauffassung im 3. Brief anklingen und leitet zugleich in humorvoller Weise zu den burlesken Themen der Genremalerei über, die im 5. Brief behandelt werden.

Ein weiter Sprung in die Schlußpassage der „Niederländischen Briefe" soll schließlich verdeutlichen, worin für Schnaase die Begründung seiner kunsthistorischen Studien lag. Diese erschienen ihm angesichts der umwälzenden politischen Ereignisse, die er in Belgien miterlebte, zunächst weltfremd:

> Es ist fast eine Ironie des Schicksals, daß ich noch vor dem Schlusse einer Reise, während welcher ich den Blick mehr als je auf Vergangenheit und Kunst richtete, von der Gegenwart gleichsam eingeholt und zum Zeugen ihrer politischen Noth gemacht worden bin, wie einer, der nach den Sternen sieht und an dem Steine auf der Erde anstößt. Ich will es aber günstiger nehmen und wie das allgemeine Loos betrachten. Denn jeder, der in der Vergangenheit forscht, kommt zuletzt bei der Gegenwart an.[19]

Wie dies zu verstehen ist, sagt er etwas weiter unten in bezug auf die künstlerische Situation in Deutschland: Hier habe die Kunst in jüngster Zeit nur deshalb ihre Blüte erreicht, weil ein allgemeines Bewußtsein von der Bedeutung der älteren Kunst und ihrer Wirkung bis in die Gegenwart geweckt worden und „ins Leben übergegangen" sei. „Wenn ich mich auf die Heimath freue, so ist es wahrlich auch auf die heimische, neue, frisch blühende Kunst"[20] – also die Kunst seiner Düsseldorfer Malerfreunde. „Erst bei der gegenwärtigen, werdenden Kunst sind wir ganz. Daher, wo keine Production, ist auch kein völliges Verständniß, und durch das Heutige werden wir erst in das Frühere eingeführt. Aber vielleicht sind wir auch um so empfänglicher für die neuere, wenn wir von der ältern Kunst zu ihr zurückkehren."[21]

Schnaase stellt die Reise auch als eine methodische Entwicklung dar, denn er fand etwas anderes als das, was er gesucht hatte: „Ich forsche nach der Kunst und fand zunächst die Geschichte." Dies könnte nun das Vorurteil bestätigen, dem er schon einmal in den „Briefen" begegnet war, daß er ein falscher Freund der Kunst sei, der sie nur aufgrund ihrer geschichtlichen Bezüge schätze. So beschreibt er die nächste Erkenntnisstufe: „[...] ich suchte den Aufschluß für die Kunst in der Geschichte, und ich erhielt den Aufschluß für die Geschichte in der Kunst." So erscheint die Sphäre der Kunst in ihrer eigenständigen Bedeutung, gerade auch im Wechselspiel mit der Geschichte, betont, während Schnaase noch in der Vorrede besonders auf die „Philosophie der Geschichte" abgezielt hatte. Die Geschichte erscheint Schnaase nun „wie ein Zug durch die Wüste, deren Regel wir nicht erklären können", die Kunstwerke sind Wegmarken mit Inschriften, die teilweise verschwunden oder unleserlich geworden sind,

---

[19] Niederländische Briefe, S. 524.
[20] Niederländische Briefe, S. 525.
[21] Niederländische Briefe, S. 526.

vielleicht auch falsch entziffert wurden, im Ganzen aber doch den Weg richtig leiten.[22] Die Frage, ob dieser Gewinn für die Geschichte denn auch ein Gewinn für die Kunst sei, beantwortet Schnaase mit einem Ausspruch Francis Bacons, der als eine Art Motto über seinem eigenen Werk stehen könnte: „Wenigstens kein Verlust! Die geschichtliche Betrachtung mag sich zur Kunst ungefähr so verhalten, wie nach dem Ausspruche des Kanzlers Baco die Philosophie zur Religion, obenhin gekostet führt sie davon ab, völlig genossen führt sie zurück."[23]

Die Publikation der „Niederländischen Briefe" fällt in eine Zeit, in der Düsseldorf durch das Aufblühen der Kunstakademie unter Wilhelm Schadow zum Zentrum der künstlerischen Erneuerung in Deutschland geworden war.[24] Die Schüler Schadows – allen voran Karl Friedrich Lessing, Eduard Bendemann und Johann Wilhelm Schirmer – wandten sich von der strengen Kunstauffassung der Nazarener, vom klassizistischen Primat der Zeichnung ab und verliehen ihren von einem neuen Realitätsbewußtsein durchdrungenen Bildern eine bislang unbekannte sinnliche Fülle und Präsenz. Eine neue Wertschätzung der Landschafts- und Genremalerei relativierte den traditionellen Vorrang der Historienmalerei, in die die Düsseldorfer Maler, allen voran Lessing, neuartige Geschichtsthemen mit prägnanten Gegenwartsbezügen aufnahmen. Immermann selbst hat das Aufblühen der Düsseldorfer Malerschule in Ausstellungsbesprechungen dokumentiert, die vor allem im weitverbreiteten „Kunstblatt" des Verlagshauses Cotta[25] erschienen sind – bevor sein Freund Karl Schnaase diese Aufgabe ab 1832 übernahm. Bedeutender noch ist ein Essay Immermanns über die deutsche Malerei im 19. Jahrhundert, der in der Pariser Zeitschrift „L'Europe littéraire" 1833 in französischer Sprache publiziert wurde und bis zu seiner jüngsten Neuedition im Immermann-Jahrbuch so gut wie unbekannt geblieben ist.[26] Bei diesem ebenso klarsichtigen wie lebendig geschriebenen Essay handelt es sich um nichts weniger als die erste eigenständige Zeitgeschichte der deutschen Malerei, die einen Bogen von der klassizistischen

---

[22] Niederländische Briefe, S. 524.
[23] Niederländische Briefe, S. 525.
[24] Vgl. allg. zur Düsseldorfer Malerschule: Wend von Kalnein (Hrsg.): Die Düsseldorfer Malerschule (Ausstellungskatalog, Düsseldorf / Darmstadt 1979). Mainz 1979; Wolfgang Hütt: Die Düsseldorfer Malerschule 1819-1869, 2. Aufl. Leipzig 1995; Lexikon der Düsseldorfer Malerschule, 3 Bde., München 1997-98.
[25] Vgl. Inge Dahm: Das Schornsche „Kunstblatt" 1816-1849 (masch. Diss.) München 1953; Henrik Karge: Das Kunstblatt Ludwig Schorns als Forum der frühen deutschen Kunstgeschichtsschreibung, in: Akten der Tagung „200 Jahre Kunstgeschichte in München" (im Druck).
[26] Karl Immermann: De la peinture en Allemagne au XIXe siècle, hrsg. von Henrik Karge; Henrik Karge: Karl Immermanns Zeitgeschichte der deutschen Malerei, in: Immermann-Jahrbuch 3, 2002, S. 9-33, 34-50. Die von Ansgard Danders besorgte deutsche Rückübersetzung des Essays ist im Internet unter www.lmmermann.de zu finden.

Kunst des 18. Jahrhunderts über die Nazarener bis hin zur Düsseldorfer Malerschule spannt, in der Immermann, wie nicht anders zu erwarten, den Höhepunkt der neueren deutschen Kunstentwicklung erblickt.

In eben diesen frühen dreißiger Jahren des 19. Jahrhunderts trat Karl Schnaase nicht nur als Kollege und langjähriger Freund, sondern auch als intellektueller Partner der Düsseldorfer Maler an die Seite Immermanns – neben der publizistischen Tätigkeit ist vor allem die Funktion als Sekretär und später Vorsitzender des Kunstvereins für die Rheinlande und Westphalen, des damals größten Kunstvereins nicht allein in Deutschland, zu erwähnen, in der er zum internationalen Erfolg der neuen Düsseldorfer Malerei beitrug. Die Publikation der „Niederländischen Briefe" im Jahre 1834 ist zu einem erheblichen Teil als Versuch zu verstehen, der aktuellen Kunst ein wissenschaftliches Fundament zu geben – in der Klärung ihrer theoretischen Grundlagen und ihrer geschichtlichen Voraussetzungen.

Der im Jahre 1798 geborene Karl Schnaase[27] entstammte einer wohlhabenden Danziger Kaufmannsfamilie, erhielt seine Schulausbildung jedoch in Berlin, wo er auf Anraten des Vaters im Jahre 1816 das Studium der Rechte bei Friedrich Carl von Savigny aufnahm. Ab dem Frühjahr 1817 studierte Schnaase für anderthalb Jahre in Heidelberg und geriet hier in den wissenschaftlichen Bannkreis Hegels, dem er im Herbst 1818 wiederum nach Berlin folgte. Entgegen der üblichen Annahme hat Schnaase jedoch keine der Ästhetikvorlesungen Hegels besucht und sich bald nach seinem Studium auch bewußt aus dem Systemdenken des Philosophen gelöst. Auf der anderen Seite lernte Schnaase in Berlin auch den Philosophen Karl Wilhelm Ferdinand Solger kennen, dessen Schriften zur Ästhetik („Erwin" 1815) seine Kunsttheorie wichtige Anregungen verdankt. Im Jahre 1819 schloß Schnaase in Berlin sein Studium mit dem ersten juristischen Examen ab und trat kurz darauf seine Ausbildung zum Gerichtsjuristen an, die ihn nach Danzig, Königsberg und Marienwerder führte. In Königsberg fand er 1826 Zugang zum Freundeskreis des Dichters Joseph von Eichendorff. Während er relativ mühelos die ersten Stufen seiner Laufbahn emporstieg, meldeten sich bei ihm wiederholt Zweifel an seiner juristischen Berufung. Da Schnaase inzwischen, maßgeblich angeregt durch einen Besuch der Dresdner Galerie, seine Liebe zur Kunst entdeckt hatte, litt der junge Jurist unter der Kunstferne seiner ostpreußischen Heimat, der er

---

[27] Die wegweisenden Darstellungen der Biographie Schnaases wurden kurz nach seinem Tod verfaßt: Neben von Donops Artikel in der „Allgemeinen Deutschen Biographie" (Bd. 32, 1891, S. 66-73) ist vor allem die „Biographische Skizze" Wilhelm Lübkes in dem posthum erschienenen 8. Band von Schnaases „Geschichte der bildenden Künste" (Stuttgart 1879, S. XVII-LXXXIV) zu nennen, die, wie jüngst geklärt werden konnte, zu einem großen Teil auf ein Manuskript von Marianne Wolff, der Witwe Immermanns, zurückgeht. Der nachfolgend wiedergegebene biographische Abriß beruht auf meinen Forschungen im Rahmen der Kieler Habilitationsschrift über Schnaase.

1825-26 durch eine einjährige Italienreise – wo er bereits den Plan faßte, eine Kunstgeschichte Italiens zu verfassen – immerhin zeitweilig entfliehen konnte. Als eine Art Befreiung hat Schnaase seine Versetzung nach Düsseldorf empfunden, wo er im Oktober 1829 die erwähnte Prokuratorenstelle am Landgericht antrat, die ihm als Kollegen die Schriftsteller Immermann und Friedrich von Uechtritz zuführte – der Zufall ließ damit so etwas wie einen Düsseldorfer Tieck-Kreis entstehen, denn dem großen Romantiker war jeder der drei schriftstellernden Juristen auf je eigene Weise verbunden. Besonders eng war der persönliche und geistige Austausch zwischen dem Kunsthistoriker und Immermann, der sich insbesondere in dem Schnaase gewidmeten „Merlin"-Drama Immermanns niedergeschlagen hat.[28] In jedem Fall hat der reiche gesellschaftliche und kulturelle Wirkungskreis, den Schnaase in Düsseldorf fand, seine intellektuelle Entwicklung, die ihn zu einem Begründer der wissenschaftlichen Kunstgeschichtsschreibung machte, entscheidend befördert. Zu einem Standardwerk des Faches wurde die ab 1843 in sieben Bänden erschienene „Geschichte der bildenden Künste"; zusammen mit Franz Kuglers 1842 erschienenem „Handbuch der Kunstgeschichte" kann dieses Werk auch nach internationalem Maßstab als erste Weltgeschichte der Kunst gelten.[29]

Das Jahr 1848 brachte eine Wende in Schnaases Leben: Als führendes Mitglied des liberalen Düsseldorfer „Bürgervereins" griff er aktiv in die politischen Ereignisse des Revolutionsjahres ein und verfaßte aus der Position eines konservativ ausgerichteten Liberalismus heraus einen „Politischen Katechismus für das Volk", in dem er die Grundsätze einer konstitutionellen Monarchie nach englischem Vorbild als Modell für eine deutsche Verfassung entwickelte. Nachdem er als Oberprokurator im Zusammenhang der Verhaftung des Dichters Ferdinand Freiligrath in Schwierigkeiten gekommen war, wurde Schnaase im Herbst 1848 ans Berliner Obertribunal versetzt, wo er bis zu seiner Pensionierung im Jahre 1857 als Richter tätig war.

Schnaase hat sich in seinen Berliner Jahren weit stärker als zuvor auf die Kunstgeschichte konzentriert und Band für Band seiner monumentalen „Geschichte der bildenden Künste" herausgebracht. Zusammen mit Franz Kugler und einigen jüngeren Kunsthistorikern bildete er einen neuen Kreis, der schon zu seiner Zeit als „Berliner Schule der Kunstgeschichte" bezeichnet wurde. Aufgrund seiner schlechten Gesundheit lebte Schnaase in Berlin weit

---

[28] Hierzu näher Henrik Karge: „Denn die Kunst ist selbst nichts Absolutes...".
[29] Vgl. zur Bedeutung Schnaases für die Geschichte der Kunstgeschichte: Michael Podro, The Critical Historians of Art. New Haven / London 1982, S. 31-43; Dan Karlholm: Handböckernas konsthistoria. Om skapadet av „allmän konsthistoria" i Tyskland under 1800-talet. Stockholm 1996, bes. S. 86 ff, 110 ff.; Hubert Locher: Kunstgeschichte als historische Theorie der Kunst 1750-1950. München 2001, bes. S. 237-242; Henrik Karge: Entfaltung der wissenschaftlichen Kunstgeschichte.

zurückgezogener als zuvor in Düsseldorf, doch stand er dem literarischen Kreis um Theodor Fontane nahe, ja er verhalf dem Dichter sogar mit einem ausführlichen Gutachten, in dem er die Grundsätze kulturhistorischer Betrachtung darlegte, zur staatlichen Unterstützung der „Wanderungen durch die Mark Brandenburg".[30] Aus gesundheitlichen Gründen zog Schnaase schließlich zusammen mit seiner Frau 1867 nach Wiesbaden um, wo er bis zu seinem Tod im Jahre 1875 an der zweiten Auflage seiner großen Kunstgeschichte arbeitete.

Im Vergleich zu den späteren kunsthistoriographischen Schriften Schnaases erscheinen die „Niederländischen Briefe" als ein auffallend unkonventionelles Werk, das gerade in der Wahl eines autobiographischen Rahmens, der einen unsystematischen, bewußt subjektiven Ansatz signalisiert, den gängigen Regeln wissenschaftlicher Prosa geradezu eklatant widerspricht. Dennoch wurde Schnaases Frühwerk keineswegs im Sinn oberflächlich unterhaltsamer Reiseliteratur mißverstanden, denn die Kunde von dem hohen intellektuellen Gehalt des Werkes verbreitete sich rasch. So widmete der Königsberger Philosophieprofessor Karl Rosenkranz, der sich auch als Autor des „Handbuchs einer allgemeinen Geschichte der Poesie" (1832-33) einen Namen gemacht hatte, noch im Erscheinungsjahr 1834 den „Niederländischen Briefen" eine in Königsberg(!) gehaltene Rede, in der er die Bedeutung des Werks für die Genese einer allgemeinen Kunstgeschichte hervorhob.[31] Für die langanhaltende Wirkung des Schnaaseschen Frühwerks stehen Immermanns „Maskengespräche"[32] ebenso wie Jacob Burckhardts[33] frühe Monographie über die „Kunstwerke der belgischen Städte" von 1842.

---

[30] Vgl. (mit Edition des Gutachtens) Henrik Karge: Poesie und Wissenschaft: Fontane und die Kunstgeschichte, in: Claude Keisch u.a. (Hrsg.): Fontane und die bildende Kunst (Ausstellungskatalog, Berlin 1998) Berlin 1998, S. 267-278; ders.: Theodor Fontane und Karl Schnaase. Ein neugefundenes Gutachten beleuchtet die Anfänge der „Wanderungen durch die Mark Brandenburg", in: Fontane Blätter 67, 1999, S. 10-34.

[31] Karl Rosenkranz: Das Verhältniß des Protestantismus zur bildenden Kunst, mit besonderer Rücksicht auf Schnaase's Niederländische Briefe, in: Preußische Provinzialblätter 13, 1835, S. 113-132. Ähnlich auch Rosenkranz' Rezension der „Niederländischen Briefe" in: Jahrbücher für wissenschaftliche Kritik 1835, Teil 2, Sp. 225-238.

[32] Ein Reflex der „Niederländischen Briefe" findet sich auch in Immermanns Münchhausen-Roman von 1838/39, wo, wie Gerhard Kluge festgestellt hat, die Beschreibung des Landhauses von Mijnheer van Streef auf eine Passage in Schnaases Briefwerk zurückgeht (Gerhard Kluge: Der Philister auf dem Musenberg – der Poet bei Philistern. Immermanns Reise in die Niederlande und Mijnheer van Streef in „Münchhausen", in: Immermann-Jahrbuch 3, 2002, S. 71-84, bes. S. 77 f.). Die Tagebucheinträge zu seiner eigenen Hollandreise vom September 1834 (Tagebücher, S. 273-295) lassen erkennen, daß Immermann zu dieser Zeit das gerade erschienene Werk Schnaases noch nicht kannte. Die Ähnlichkeit der Reisewege läßt sich durch den mündlichen Austausch beider Freunde gut erklären.

„Schn[aase] beginnt, wie ein Platonischer Dialog, mit concreten, fasslichen Bestimmungen, um mit den höchsten Abstractionen zu enden."[34] Diese anerkennenden Worte von Rosenkranz machen zugleich den intellektuellen Rang der „Niederländischen Briefe" und ihre Schwierigkeit deutlich. Es dürfte in der gesamten Kunstliteratur kaum ein Werk geben, das mit gleicher Virtuosität mit den unterschiedlichsten gedanklichen und literarischen Ebenen spielt wie dieses auf den ersten Blick als Reisebericht erscheinende Buch: Anschauung und Abstraktion, Reiseepisoden, persönliche Eindrücke und Reflexionen von universaler Weite folgen nahezu unvermittelt aufeinander, durchdringen sich zuweilen auch wechselseitig, so daß eine höchst komplexe literarische Struktur entsteht, die eine Lektüre im konventionellen Sinn allerdings nicht gerade erleichtert. So bemerkt der blaue Domino in Immermanns Maskengesprächen: „Ich muß gestehen, daß ich mich nicht ganz habe hindurcharbeiten können. Zweierlei verleidete mir die Lektüre. Einmal schien mir das Buch kein recht in sich geschlossenes Buch zu sein, und dann kam es mir auch so vor, als ob der Autor zuweilen seine Nadeln so fein schliffe, daß sie ihm unter den Händen zerbrachen."[35]

Wenden wir uns mit dieser kritischen Bemerkung der literarischen Einordnung des Werkes zu, so können wir die „Niederländischen Briefe" vordergründig in die Gattung der autobiographischen Reiseliteratur einordnen, die in der ersten Hälfte des 19. Jahrhunderts einen deutlichen Aufschwung erlebte. Der Reiz besteht hier generell in der Kombination von subjektiven Reiseeindrücken und objektbezogenen Schilderungen, die dem Leser ein detailliertes Bild fremder Orte und ihrer Bewohner vermitteln.[36] Im Fall der Kunstreise beziehen sich die Objektbeschreibungen natürlich vor allem auf die vom Autor besichtigten Bauwerke und Kunstsammlungen. Die Erwartungen des Lesers werden in dieser Hinsicht auch bei der Lektüre der „Niederländischen Briefe" nicht enttäuscht: Das Werk präsentiert sich streckenweise als ein veritabler Kunstführer, der ausführlich über die in den besuchten holländischen und belgischen Städten vorzufindenden Kunstwerke informiert. Der Guidencharakter des Werkes wird noch durch die einzelnen Kapiteln unverbunden angehängten Notizblätter betont, die knappe Detailinformationen zu einzelnen

---

[33] Jacob Burckhardt: Kunstwerke der belgischen Städte (1842), in: ders.: Frühe Schriften, hrsg. von Hans Trog und Emil Dürr. Berlin und Leipzig 1930, S. 113-198. Als ein ausgesprochenes Nachfolgewerk der „Niederländischen Briefe", in dem Schnaases Argumentation auf weite Strecken übernommen wurde, ist zu nennen: Johann Wilhelm Loebell: Reisebriefe aus Belgien. Mit einigen Studien zur Politik, Geschichte und Kunst, Berlin 1837.
[34] Karl Rosenkranz: Rezension der „Niederländischen Briefe", Sp. 229.
[35] Werke IV, S. 599.
[36] Vgl. dazu allgemein: Peter J. Brenner (Hrsg.): Der Reisebericht. Die Entwicklung einer Gattung in der deutschen Literatur. Frankfurt a. M. 1989.

Bauten und Sammlungen enthalten. Auch fehlen nicht die Beschreibungen von Landschaftsbildern und atmosphärischen Eindrücken, Schilderungen von Sitten und Volkscharakteren – mit den charakteristischen Unterschieden zwischen Holland und Belgien, zwischen Flandern und Wallonien –, die zum Standardrepertoire der Reiseliteratur gehören. Kleine persönliche Episoden lockern diese mit leichter Feder skizzierten Passagen zusätzlich auf, die von einem beachtlichen schriftstellerischen Geschick zeugen. Angesichts der Tatsache, daß Schnaase zu jener Zeit noch relativ wenig literarische Erfahrung besaß, erstaunt insbesondere die souveräne, ja geradezu lässige Zurückhaltung, die er in bezug auf seine eigene Person und seine individuellen Neigungen an den Tag legte – eine Zurückhaltung, die den Leser davor bewahrt, in allzu penetranter Weise in die geschilderten Reiseerlebnisse hineingezogen zu werden. Der Autor wahrt durchweg eine freundliche, zuweilen leicht ironische Distanz zum Leser, die der Lektüre der anspruchsvollen kunsttheoretischen Passagen sehr zugute kommt.

Die elegante literarische „Verpackung" der kunstwissenschaftlichen Darlegungen wurde jedoch zuweilen kritisch beurteilt. So bemerkte schon Immermann in den „Maskengesprächen": „Die leichten Reiseschilderungen, welche sich zwischen die tiefsinnigen Deduktionen schieben, sind eher ein falscher Reiz, als ein Schmuck."[37] In der Tat schieben sie sich zwischen umfangreiche kunsttheoretische Abhandlungen, die den relativ sperrigen Gesamteindruck des Textes bestimmen. Im Grunde sind hier drei unterschiedliche Bücher – eine Sammlung anregend geschriebener Briefe von einer Reise durch Holland und Belgien, ein knapper Kunstführer zum selben Thema und eine umfangreiche Abhandlung zur Theorie der Künste – miteinander verflochten. Die einzelnen Teile stehen trotz eleganter Überleitungen recht unvermittelt nebeneinander, und die Verfremdung wird noch dadurch gesteigert, daß die kunsttheoretischen Fragmente durch ihre thematische, letztlich aber äußerliche Anbindung an den Reiseverlauf untereinander nur in loser Verbindung stehen. Diese wird auch dadurch nicht enger, daß Schnaase im Verlauf der Reise auf immer ältere Bauten und Kunstwerke stößt und dadurch, wie er in der Vorrede schreibt, „einen ziemlich vollständigen Cursus der Geschichte der christlichen Kunst [...] freilich in umgekehrter Ordnung" durchmacht.[38] Zum einen ist diese Abfolge naturgemäß nicht konsequent durchgeführt, zum anderen lösen sich die kunstphilosophischen Passagen weitgehend von dem sie anregenden kunsthistorischen Gegenstand, so daß auch die umgekehrte Chronologie hier nicht zur Wirkung kommt. Erst im Rückblick vom Ende des Buches her bemerkt man, daß sie sich mosaikartig zu einem umfassenden System der Theorie und Geschichte der Kunst ergänzen. Für dieses System ist es konstitutiv, daß es sich nicht in

---

[37] Werke IV, S. 599 f.
[38] Niederländische Briefe, S. IV.

lehrbuchhafter Geschlossenheit, sondern in der netzartigen Verknüpfung thematischer Einzelkomplexe manifestiert. Gerade hierin liegt wesentlich der innovative Charakter der „Niederländischen Briefe" im Kontext der kunstphilosophischen Systementwürfe jener Zeit begründet: Der theoretischhistorische Gesamtzusammenhang wird in bewußter Abkehr von der üblichen Systematik von verschiedenen Seiten her beleuchtet, so daß sich dem Leser eine größere Freiheit bietet, eigene Gedanken und Assoziationen anzuknüpfen. Diese literarische Struktur hat wesentlich dazu beigetragen, daß mehrere der von Schnaase entwickelten Thesen über lange Zeit hinweg aktuell geblieben sind.

Aus all dem geht bereits hervor, daß die „Niederländischen Briefe" nur sehr bedingt in die Gattung der kunsthistorischen Reiseliteratur einzuordnen sind.[39] So ist auch die Frage, welche konkreten Vorbilder Schnaase zur Verfügung standen, ob er ältere Berichte von Reisen durch die Niederlande und durch Belgien gekannt und benutzt hat, zum Verständnis seines Werkes von zweitrangiger Bedeutung. Schnaase kannte sicher Friedrich Schlegels „Briefe auf einer Reise durch die Niederlande, Rheingegenden, die Schweiz, und einen Teil von Frankreich" aus dem Jahre 1806.[40] Fraglich ist dagegen, ob er Georg Forsters 1791-1794 erschienene „Ansichten vom Niederrhein, von Brabant, Flandern, Holland ..." kannte und sich von diesem Werk hat anregen lassen. Bemerkenswert ist in jedem Fall, daß sowohl Forster als auch Schnaase die Niederlande und Belgien in den Zeiten von Frankreich herüberschlagender Revolutionen besucht haben. Wolfgang Beyrodt hat in einem beide Reisewerke vergleichenden Aufsatz weitere Parallelen aufgezeigt, zugleich jedoch festgestellt, daß die Benutzung der „Ansichten" Forsters durch Schnaase nicht nachzuweisen ist.[41] In der Tat erweisen sich die Parallelen bei näherem Hinsehen als äußerlich, sie lassen die inhaltlichen Unterschiede gerade mit besonderer Schärfe hervortreten, wie schon Karl Rosenkranz in seiner 1835 veröffentlichten Rezension der „Niederländischen Briefe" in einem ausführlichen Vergleich festgestellt hat.[42]

In literarischer Hinsicht dürfte sich Schnaase am ehesten an seinem Dichterfreund Immermann orientiert haben, auch wenn mit dem Ende des Jahres 1832 eine gewisse Distanz in das vormals ausgesprochen enge

---

[39] Interessante Bemerkungen dazu in: Locher: Kunstgeschichte als historische Theorie der Kunst, S. 194 f.
[40] Dies zeigt sich allein schon in der Entlehnung des Schlegelschen Begriffs „siderisch" (kristallin) zur Charakterisierung der romanischen Architektur in: Niederländische Briefe, S. 409.
[41] Wolfgang Beyrodt: Ansichten vom Niederrhein. Zum Verhältnis von Carl Schnaases „Niederländischen Briefen" zu Georg Forster, in: Annemarie Gethmann-Siefert / Otto Pöggeler (Hrsg.): Werk und Wirkung von Hegels Ästhetik. Bonn 1986 (Hegel-Studien. Beiheft 27), S. 169-182.
[42] Karl Rosenkranz: Rezension der „Niederländischen Briefe", Sp. 226 f.

Vertrauensverhältnis beider Männer getreten war. Als Inspirationsquelle für die „Niederländischen Briefe" kommt das im Winter 1832/33 verfaßte „Reisejournal" Immermanns in Frage, das auf eine Reise des Schriftstellers durch Mitteldeutschland im Herbst 1831 zurückgeht und von Schnaase in einem Brief ausdrücklich gelobt wurde.[43] Immermann setzt inhaltlich zwar ganz andere Akzente als Schnaase – kurzweilige, häufig ironisch gefärbte Reflexionen über Reisebegegnungen, politische Ereignisse und Theaterbesuche sowie eingestreute erzählerische Passagen dominieren gegenüber den knappen Betrachtungen zur bildenden Kunst und Architektur –, doch weist die literarische Technik der vielfältigen Brechung und Durchflechtung unterschiedlicher Gattungen, wie Reisebericht, Brief und reflexiver Prosa, deutlich auf die „Niederländischen Briefe" voraus. Das ironische Spiel mit traditionellen literarischen Genres, das Immermanns „Reisejournal" wie Schnaases niederländisches Reisewerk auszeichnet, war bereits einige Jahre zuvor in den „Reisebildern" Heinrich Heines virtuos ausgeprägt worden. Dieses vierbändige Werk, das zwischen 1826 und 1831 publiziert wurde[44], kommt als literarisches Vorbild für die „Niederländischen Briefe" ebenfalls in Frage, zumal Schnaase den mit Immermann befreundeten Schriftsteller bereits 1829 bei einem Urlaub auf der Insel Helgoland kennen- und schätzengelernt hatte.[45]

Gegenüber den genannten Werken Heines und Immermanns hat Schnaase die authentisch autobiographischen Züge in seinem Reisewerk stark zurückgenommen. Indem er seine Erinnerungen und Reflexionen in die literarische Form von Briefen kleidet, erreicht er auf der einen Seite eine stärkere Vergegenwärtigung und Verlebendigung seines Textes – dem Leser wird ja suggeriert, er erfahre von Handlungen und Überlegungen des Autors, die nicht weiter als wenige Tage zurückliegen. Auf der anderen Seite nimmt die Fiktionalität des Textes stark zu: Der Leser weiß, daß die Reisebriefe ihm nicht persönlich gelten, und aus dem zeitlichen Abstand gegenüber den geschilderten Ereignissen kann er schließen, daß die Unmittelbarkeit der brieflichen Erzählungen auf einer nachträglichen Konstruktion beruht. Dies geht so weit,

---

[43] Werke IV, S. 9-226. Vgl. zu diesem Werk den Beitrag von Gert Vonhoff in dem vorliegenden Band. – Lob des „Reisejournals" in dem bislang unbekannten Brief Schnaases an Immermann vom 18.10.1833 (vgl. Anm. 4).

[44] Heinrich Heine: Reisebilder, 4 Bde., Hamburg 1826-1831. Angesichts der vielfältigen Forschungsliteratur zu Heines „Reisebildern" erstaunt es, daß der Typus der literarisch konzipierten, teilweise fiktionalen Reiseberichte jener Zeit bislang nicht umfassender behandelt worden ist. Ansätze dazu in: Wulf Wülfing, Reiseberichte im Vormärz. Die Paradigmen Heinrich Heine und Ida Hahn-Hahn, in: Brenner: Der Reisebericht, S. 333-362; vgl. auch Locher: Kunstgeschichte als historische Theorie der Kunst, S. 195, Anm. 183.

[45] Den Hinweis auf diese Begegnung verdanke ich Joseph A. Kruse, Düsseldorf (vgl. dazu: Joseph A. Kruse: Heines Hamburger Zeit. Hamburg 1972, S. 138.

daß die Anteile authentischer Erinnerungen und fiktionaler Darstellungen innerhalb der Reisebriefe sowohl für die Leser von 1834 als auch für die Interpreten der Gegenwart nicht näher zu bestimmen sind.

Gerade hierin liegt jedoch mehr als eine literarische Form: Schnaase signalisiert gerade durch die hier realisierte Mischform von autobiographischem Reisebericht und Briefroman, daß die Analyse von Kunstwerken sowohl auf dem authentischen Erlebnis der Originale als auch auf der intellektuellen Aneignung der Kunst durch Reflexion beruht. Auch die Theorie der Kunst bildet kein isoliertes Gedankengebäude in lehrbuchhafter Geschlossenheit; in den „Niederländischen Briefen" wird sie bewußt fragmentarisch vorgeführt, wobei die Subjektivität der gedanklichen Konstruktion für den Leser stets transparent bleibt.

Rezensionen

Gabriele Büch: „Alles Leben ist Traum". Adele Schopenhauer. Eine Biographie. Berlin: Aufbau Taschenbuchverlag, 2002, 418 S., 22 Abb.

Immermann lernte Adele Schopenhauer (1797-1849) während seines Besuchs in Jena im September 1837 kennen. Danach standen beide in brieflichem Austausch, und die nur knapp ein Jahr jüngere Frau konnte den Besuch während ihrer Rheinreise im Frühjahr 1840, knapp vor Immermanns Tod im August, noch erwidern. Sie, die sich zu dieser Zeit noch nicht zum Schreiben als ihrer Hauptbegabung, künstlerischen Ausdrucksform und Verdienstquelle durchgerungen hatte, schrieb über den Verfasser der *Epigonen*: „Immermann! Schön, kräftig, ein Mann in jeder Bewegung, in jeder Regung der Stimme, vielleicht unser bester Dichter!" (Zitiert nach Büch, S. 258.) Immermann wiederum sah in ihr wie die meisten neben der Tochter der bekannten Schriftstellerin und Weimarer Saloniere Johanna Schopenhauer (Adeles Bruder Arthur wurde erst postum der bekannteste Vertreter des Namens) vor allem die Produzentin äußerst zarter und detailreicher Scherenschnitte mit phantasiereichen Motiven. Allerdings war er einer der wenigen, dem sie offen bekannte, wie "die größere Gesellschafts-Welt" (259), in die sie in Bonn einen Blick tat, kreative Frauen wie sie, die ihre Werke zeigten und sich dazu bekannten, als überbildet, stolz, prätentiös, eitel und vor allem unweiblich verschrie und wie sie darunter litt und keineswegs nach Bekanntheit strebte. In seinen Erinnerungen hielt er fest: „In Weimar war sie Goethe's enfant chéri und deshalb Mittelpunkt eines bureau d'esprit, das hatte sie verwöhnt, nun wurde sie in Bonn auf die Hungerkur gesetzt [...] Sie schneidet á merveille in Papier aus. Es sind wahrhaftige Gedichte mit der Scheere. Sie hat die Zwergenhochzeit von Goethe mit einer Laune ausgeschnitten, die mich entzückte." (S. 258) Gemeinsam mit Immermann erwog Adele Schopenhauer einen Druck der ‚Zwergenhochzeit', anonym jedoch, wie die meisten bis dahin verstreut publizierten Schattenrisse sowie Erzählungen und Übersetzungen.

Eine gut lesbare und umsichtige Biographie dieser Frau war überfällig, spätestens seitdem Ludger Lütkehaus den Familien-riefwechsel zwischen Adele, Arthur, Heinrich Floris und Johanna Schopenhauer herausgegeben hat, an dem Adele einen beträchtlichen Anteil hat und häufig das schwierige Verhältnis zu Mutter und Bruder thematisiert. Lütkehaus würdigte Adele als eine „der verständnisvollsten und präzisesten Leserinnen" der Werke Arthurs (370). Beide waren Individualisten, Einzelgänger gar, und in vielen Ansichten vom logischen Denkprinzip bis zur Vererbungslehre stimmte sie mit ihm überein. Wenn eine Frau den misogynen Philosophen von Selbstverantwortung, Mündigkeit und Gewissenhaftigkeit (nicht zuletzt im Umgang mit Geld) als Bildungszielen und Lebensprinzipien auch von Frauen hätte überzeugen können, so seine angeblich blaustrümpfige, oft einsame, unglückliche und kranke Schwester. Leider starb sie an Krebs, bald nachdem sie endlich mit 50 Jahren ihren zweiten Roman, *Eine dänische Geschichte*, veröffentlicht hatte, den sie für ihr bisher bestes Werk hielt. Sie hatte ein gewisses Gleichgewicht zwischen ihren schwärmerisch-romantischen, angeblich unmöglichen Wünschen und den gesellschaftlichen Begrenzungen und individuellen Rückschlägen und Versagungen erreicht – Büch nennt es „zu sich selbst gefunden" (323). Sie hatte sich Unabhängigkeit erkämpft, auch finanziell, hatte ihre Themen und ihren Stil gefunden, sich den Herzenswunsch erfüllt, in Italien zu leben und die dortige Kunst zu studieren, und war voller Pläne zu weiteren Schriften.

Gabriele Büch ist nicht nur eine überzeugende Schilderung dieses einzigartigen und andererseits in seinem langen Hin und Her zwischen Anpassung und Rebellion gegen vorgegebene weibliche Rollen der Restaurationszeit doch wieder so zeittypischen Frauenlebens gelungen. Sie hat die verstreuten Werke und den Nachlaß gut recherchiert und macht auf sie neugierig. Ausführlich schildert sie die für Adele Schopenhauer oft entscheidenden und tragenden Freundschaften mit zwei etwa gleichaltrigen und ebenfalls eigenwilligen und kreativen Frauen, Ottilie von Goethe (geb. Pogwisch) und Sibylle von Mertens-Schaaffhausen, beide relativ früh verwitwet. Zusammen mit dem vor allem brieflichen Austausch mit Annette von Droste-Hülshoff ergibt sich ein Netzwerk schreibender und kunstinteressierter Frauen, die sich gegenseitig in ihren Interessen und Zielen unterstützten und förderten, als Frauen so gut wie keine Ermunterung zu öffentlicher Wirksamkeit und Eigenständigkeit erfuhren. Einen zusätzlichen Lesereiz gewinnt die Darstellung durch die stark fiktionalisierte Schilderung der Sterbeszene in elf Episoden, die den chronologischen Kapiteln vorangestellt sind. Gedanken und Visionen der Sterbenden beleuchten den Lebenskampf der Adele Schopenhauer vom Tode aus und geben der Biographie eine eigenartige Atmosphäre. Sie starb im Jahr 1849, im Jahr nach der gescheiterten Revolution, in der auch Frauen für mehr Rechte und öffentliches Wirken auf die Barrikaden gingen.

Waltraud Maierhofer, Iowa City (USA)

Werner Weiland: Büchners Spiel mit Goethemustern. Zeitstücke zwischen der Kunstperiode und Brecht. Würzburg: Königshausen & Neumann, 2001, 192 S.

In seinem neuen Buch zu Büchners Goetherezeption argumentiert Werner Weiland, eine schon von Zeitgenossen gepflegte, in seinem Ursprung tendenziöse Betonung der ideologischn Polarität beider Autoren sei dafür verantwortlich, daß die seitherige Büchnerforschung die tiefgehende Bedeutung Goethescher Elemente und Einflüsse in der Entwicklung von Büchners künstlerischer Praxis nie gebührlich erkannt hat. Das Hauptanliegen Weilands ist daher, diese Einseitigkeit der Forschung zu beheben, indem er dem Leser eine Untersuchung von Büchners Verwendung „bekannter goethescher Muster [...] für jedes seiner literarischen Werke" (S. 7) vorlegt. Dabei ist der volle Titel des Buches irreführend: Wenn man aufgrund des Untertitels auf eine Diskussion über politisches Theater oder politische Literatur von der Goethezeit bis ins zwanzigste Jahrhundert gefaßt ist, wird man enttäuscht sein. Brecht spielt in der Untersuchung nur eine sehr geringe Rolle.

Weilands Buch besteht aus zwei Teilen. Der erste, der fünf sehr kurze Kapitel umfaßt, gibt einen konzentrierten Überblick über die angeblich wichtigsten Goetheschen Aspekte in Büchners literarischen Hauptwerken. Der zweite Teil beschäftigt sich dann mit einer eingehenderen Analyse und Erläuterung dieser Vergleiche, mit spezifischem Hinweis auf Dantons Tod und Lenz, und bietet zudem auch eine Analyse der Rezeptionsgeschichte Büchners.

Das einleitende Kapitel zielt darauf ab, die Grundannahme des Buches zusammenzufassen. Die Hauptthese lautet, daß Karl Gutzkow für eine stark gegen die Kunstperiode gerichtete Einstellung in der Interpretationsgeschichte Büchners verantwortlich ist. Gutzkow wollte ohne Zweifel das Ansehen Büchners unter seinen Zeitgenossen heben, aber es war darüber hinaus – so Weiland – im Interesse Gutzkows, den verstorbenen Büchner als repräsentativ für die „jugendfrische neue Literatur" (S. 7) darzustellen, die im schroffen Gegensatz zu den künstlerischen Werten der Kunstperiode und Goethes entstanden war. Damit macht Weiland (überzeugend genug) klar, wie die Büchnerforschung schon von Anfang an von Vorurteilen gegen Goethe und damit auch gegen mögliche Goethesche Elemente bei Büchner geprägt war.

Vor diesem Hintergrund versucht Weiland in den folgenden vier Kapiteln des ersten Buches der von Gutzkow propagierten Einstellung entgegenzuwirken und zwar durch eine Analyse der Parallelen zwischen 1. Dantons Tod und Egmont, 2. Lenz und Die Leiden des jungen Werthers, 3. Faust und Leonce und Lena, und 4. der „Gretchentragödie" und Woyzeck. In den meisten dieser Beispiele entwickelt Weiland eine schon existente Interpretation weiter. Zum Beispiel wird Reinhold Grimms These, Dantons Tod sei „ein Gegenentwurf zu Goethes Egmont" (S. 7), zum Ausgangspunkt der Behauptung, daß Egmont die strukturelle Grundlage für Büchners Stück geliefert habe.

Im zweiten Teil des Buches setzt Weiland die Parallelen des ersten Teils in einen ausgedehnteren erläuternden Kontext. Seine Analyse der Goetheschen Elemente in Dantons Tod beginnt zum Beispiel mit einem umfangreichen Überblick der unterschiedlichen Thesen der Forschung zur Entstehungsgeschichte von Büchners Revolutionsdrama. Weilands Kenntnis der Sekundärquellen ist ausführlich, und seine Übersicht stellt die Masse verwickelter, oft einander ausschließender Theorien in einer sehr gedrängten, zur Einführung nützlichen Form dar. Weiland baut auf diese Zusammenfassung, indem er seine These über die Struktur von Dantons Tod in die Behauptung münden läßt,

Egmont sei „das Netz", in dem Büchner sein historisches Quellenmaterial – etwa Thiers oder Unsere Zeit – „einfange". Viele der einzelnen strukturellen Parallelen sind in der Tat zwingend, obwohl sie nicht ganz ausreichen, um die These, Egmont sei „die hauptsächliche Form- oder Szenenquelle von Büchners Debüt" (S. 63), stichhaltig abzusichern. Dazu wird argumentiert, daß Büchner Egmont für Dantons Tod absichtlich verwendet habe, um sich von Weidig zu distanzieren, dessen „Aversion gegen Goethe" weithin bekannt gewesen sei (S. 62). Der Vorschlag ist interessant, aber die vorgelegten textlichen Beweise muten wieder etwas dünn an. In der übrigen Diskussion über Dantons Tod weist Weiland auf weitere Ähnlichkeiten zwischen den beiden Stücken hin, mit dem Akzent auf Zitat, Paraphrase und Anspielung. Am Ende erscheint Büchners Revolutionsdrama als ein regelrechtes Geflecht gewollter oder unbeabsichtiger Goethescher Bezüge.

Das folgende Kapitel konzentriert sich auf Lenz und führt eine im ersten Teil angeschlagene Diskussion weiter aus. Es geht vornehmlich um „die Streitfrage, ob Lenz fragmentarisch und letztlich ein nur herausgeberisches Konstrukt oder ob er von Büchner selbst situationsgemäß abgeschlossen sei" (S. 90). Für Weiland ist die Novelle ein vollständiges Kunstwerk. Im ersten Teil des Buches hat er bereits argumentiert, daß der Querstrich in Gutzkows Erstdruck des Werkes, der gewöhnlich als ein Zeichen für eine Textlücke gelesen worden ist, in Wirklichkeit eine Veränderung der Erzählperspektive zeigt, wie am Schluß von Werther. In diesem Kapitel macht Weiland weitere Versuche, die Vollständigkeit von Lenz zu beweisen, insbesondere durch eine vielschichtige Analyse der in der Novelle wahrnehmbaren „Erzählphasen" und „Erzählzeitrelationen". Er kommt zum Schluß, daß „die Kontinuität der Phasenbildung und deren Unauffälligkeit [...] für Büchners Autorschaft [sprechen]" (S. 114). Ähnlich wie im vorherigen Kapitel über Dantons Tod löst sich Weilands übrige Diskussion zu Lenz allmählich in eine Reihe vereinzelter Abschnitte auf, die weitere Parallelen zwischen Lenz, Faust, Egmont und Gutzkows Wally, die Zweiflerin umfassen. Das Buch schließt mit einer weiteren längeren Darstellung der Entwicklung „der Rezeption von Büchners Goetherezeption" (S. 143), nebst einer ausführlichen Erörterung der terminologischen Unterschiede zwischen „Anspielung" und „Zitat" in bezug auf die Interpretationsgeschichte Büchners.

Von Bedeutung für die gesamte Struktur und Argumentation des Buches ist das Ausbleiben einer vollständigen Diskussion über Leonce und Lena und Woyzeck. Ein ausführlicherer Blick auf Leonce und Lena hätte zum Beispiel weitere mögliche Parallelen mit Goethe zum Vorschein bringen können als die einzelne Faust-Parallele, die Weiland im ersten Teil vorlegt. Auf der Textebene können wichtige Vergleiche gezogen werden: Jörg Jochen Berns hat zum Beispiel klar demonstriert, wie die Sprache Leonces und Valerios diejenige Werthers parodiert.[1] Lenas Heraufbeschwören der Passion Christi: „Mein Gott, mein Gott […] ist es denn wahr, die Welt sei ein gekreuzigter Heiland, die Sonne seine Dornenkrone und die Sterne die Nägel und Speere in seinen Füßen und Lenden?" erinnert auch unverkennbar an die „Passion" Werthers: „Mein Gott! Mein Gott! warum hast du mich verlassen?" Und es ließen sich mehrere andere Beispiele anführen. Weilands kurze Beachtung der Beziehungen zwischen Woyzeck und Faust am Anfang des Buches hätte ebenfalls verdient, im zweiten Teil weiterentwickelt zu werden. Angesichts solcher Verbindungen wäre ein zusätzliches Kapitel, das sich mit den Parallelen zwischen Leonce und Lena und Die Leiden des jungen Werthers sowie zwischen Woyzeck und Faust systematisch befaßt hätte, gewiß lohnenswert gewesen. Der Versuch, zu zeigen, wie Büchner berühmte „Goethemuster" zu ganz unterschiedlichen Zwecken in verschiedenen Texten verwendet hat, hätte besonders anregend werden können. Zum Beispiel wäre es interessant gewesen, zu beobachten, wie dieselben Elemente aus Werther einerseits in Leonce und Lena parodistisch dargestellt werden, aber andererseits auch die tragische Erfahrung des Büchnerschen Lenz beeinflussen können.

Das Maß an Detail, mit dem Weiland jeden seiner Vergleiche vorlegt, ist eindrucksvoll, aber die analytische Ausarbeitung der Vergleiche – die Erörterung ihrer Implikationen für das Verständnis von Büchners Texten selbst – scheint manchmal zu kurz zu kommen. Auch auf den Einfluß von anderen für Büchner wichtigen Autoren (etwa Shakespeare, Brentano, Thiers), und wie diese gegen die Goethe-Verbindungen abzuwägen sind, hätte ausführlicher eingegangen werden können. Weilands Buch ist in vielerlei Hinsicht von beträchtlichem Interesse und wird gelegentlich sogar spannend, leidet aber in gewisser Weise unter der etwas fragmentarischen Art, wie der Autor seinen Stoff behandelt, sowie unter einer nicht zu übersehenden Unvollständigkeit in der Wahl dieses Stoffes.

BENEDICT SCHOFIELD (SHEFFIELD)

---

[1] Vgl. Jörg Jochen Berns: Zeremoniellkritik und Prinzensatire. Traditionen der politischen Ästhetik des Lustspiels „Leonce und Lena", in: Burghard Dedner (Hg.): Georg Büchner: „Leonce und Lena". Kritische Studienausgabe. Beiträge zu Text und Quellen. Frankfurt/M. 1987.

Elke Blumenauer: Journalismus zwischen Pressefreiheit und Zensur. Die Augsburger „Allgemeine Zeitung" im Karlsbader System (1818-1848). Köln: Böhlau, 2000. 228 S. (= Medien in Geschichte und Gegenwart, Bd. 14)

Das Umschlagbild des vorliegenden Buches - eine schreibende Hand, die von einer schweren Kette niedergehalten wird - veranschaulicht die Last, die das strenge Zensursystem der deutschen Restaurationsepoche für zeitgenössische Schriftsteller darstellte. Aber trotz ausführlicher Forschung über die deutsche Zensur in der Restaurationszeit herrscht immer noch Unstimmigkeit darüber, inwiefern es dem Zensursystem tatsächlich gelungen ist, freie politische Meinungsäußerungen zu unterdrücken. Bisher gab es, so Elke Blumenauer, keine systematische, quantitative Untersuchung zum Inhalt der Zeitungen der Restaurationsepoche im Hinblick auf die Zensur. Am Anfang dieses Buches verspricht uns die Autorin nun eine Untersuchung der Augsburger Allgemeinen Zeitung (AZ) zwischen 1818 und 1848, die dazu beitragen soll, diese Forschungslücke zu schließen.

Blumenauers Untersuchung der AZ wird erst in der zweiten Hälfte des Buches vorgestellt. Die erste Hälfte besteht aus einer Reihe von Kapiteln, die sich mit dem politischen sowie dem pressegeschichtlichen Hintergrund von Blumenauers Forschung befassen. Das zweite Kapitel, „Die Restaurationszeit", beschränkt sich auf einen Grundriß der wichtigsten politischen Ereignisse der Jahre zwischen 1818 und 1848. Dabei liegt der Schwerpunkt auf den frühen Jahren des deutschen Bundes, in denen der reaktionäre Kurs der ganzen Epoche festgelegt wurde. Diese Skizze liefert eine zulängliche Einleitung in die darauf folgenden Kapitel, die sich mit der damaligen Zensurpolitik befassen, wobei nähere Auskünfte sowohl über die sozialen als auch über die wirtschaftlichen Entwicklungen der Zeit zu begrüßen gewesen wären, zumal die Autorin später auf diese Faktoren hinweist.

Das nächste Kapitel, „Das Zensursystem der Restaurationszeit und seine Auswirkungen", liefert eine gründliche und systematische Darstellung der Zensur in den deutschen Staaten während der Restaurationszeit. Schritt für Schritt beschreibt die Autorin die verschiedenen wichtigen Phasen der Zensurgeschichte des deutschen Bundes, z. B. die Karlsbader Beschlüsse und das Bundespressegesetz von 1819, sowie die anfängliche Liberalisierung und spätere Unterdrückung, die auf die Julirevolution von 1830 folgten. Ausführlich geschildert werden auch die gesamtdeutschen Folgen der vorübergehenden Zensurlockerung in Preußen im Jahre 1842, sowie die Abschaffung der Zensur durch den deutschen Bund kurz vor den Märzrevolutionen des Jahres 1848. Dieses Kapitel enthält auch viele relevante Details über die verschiedenen Zensurgesetze, die Mittel, mit denen sie durchgesetzt wurden, ihren Einfluß auf die Entwicklung der Presse und das Verhältnis zwischen den Zensurpraktiken in den verschiedenen deutschen Staaten.

Die Auswirkungen des Zensursystems werden im vierten Kapitel konkretisiert. Hier stellt die Autorin sowohl die AZ selbst als auch die Zensurbedingungen vor, unter denen die Zeitung produziert wurde. Die AZ war eine der größten und angesehensten deutschen Zeitungen ihrer Zeit. Sie zielte darauf, ein Forum für alle Parteien und Meinungen zu bieten, und dementsprechend waren fast alle politischen Gruppierungen unter ihrer Leserschaft vertreten. Da die AZ ihren Sitz in Augsburg hatte, unterlag sie bayerischen Pressekontrollen; in diesem Kapitel zieht Blumenauer viele faszinierende Details aus Arbeiten von Michaela Breil und Manfred Treml[1] heran, um ein aufschlußreiches Bild der bayerischen Pressepolitik zu geben. Es wird zum Beispiel dargestellt, daß Bayern, trotz seiner Verfassung, die ein großes Maß an Pressefreiheit gewährleistete, dennoch von Österreich gezwungen wurde, strengere Zensurkontrollen einzuführen. Da diese Politik verfassungswidrig war, wurde sie nicht öffentlich bekanntgegeben, sondern über geheime Anordnungen auf der Verwaltungsebene vollzogen, durch restriktive Auslegungen der interpretationsfähigen Klauseln des Presseedikts.

Dieses Kapitel gibt auch Auskunft darüber, wie die Redaktion der AZ versuchte, sich gegen die strengen Pressekontrollen zu wehren. Eine Methode bestand darin, Beiträge mit kritischer Tendenz anderen Zeitungen zuzuschreiben; bei Artikeln, die von der Zensur gestrichen worden waren, ließ man oft die Überschriften in den Inhaltsübersichten stehen. Entsprechend ihrer Zielsetzung als Forum aller politischen Ansichten konnte die AZ oft kritische Beiträge drucken, indem ihnen in derselben Ausgabe reaktionäre Artikel zur Seite gestellt wurden, um die kritische Haltung auszugleichen. Obwohl wir nicht erfahren, wie oft solche Taktiken eingesetzt wurden, oder wie erfolgreich sie waren, zeigen diese Beispiele dennoch die Lücken, die im Zensursystem existierten, und wie man sie potentiell ausnützen konnte.

Abgesehen von ein paar unklaren Formulierungen sind die ersten vier Kapitel des Buches gut geschrieben und zugänglich. Aber das fünfte Kapitel, in dem Blumenauer die Methodologie ihrer Untersuchung darlegt, könnte bei Lesern, die mit den Begriffen der Medienwissenschaft nicht vertraut sind, zu Problemen führen. Denn ihr Untersuchungsansatz basiert auf Methoden, die in diesem Fach entwickelt worden sind, und die Fachausdrücke, die die Autorin hier verwendet, bleiben unerklärt.

Von großer Bedeutung ist in diesem Kapitel Blumenauers Diskussion über die Grenzen ihrer Untersuchung. Wegen des sich immer verändernden Charakters der bayerischen Zensurpolitik in diesem Zeitraum wäre es unmöglich, so gesteht die Autorin, „Normen" zu identifizieren, anhand deren der Erfolg der

---

[1] Vgl. Manfred Treml: Bayerns Pressepolitik zwischen Verfassungstreue und Bundespflicht (1815-1837). Ein Beitrag zum bayerischen Souveränitätsverständnis und Konstitutionalismus im Vormärz. Berlin 1977. Michaela Breil: Die Augsburger „Allgemeine Zeitung" und die Pressepolitik Bayerns. Ein Verlagsunternehmen zwischen 1815 und 1848. Tübingen 1996.

Zensurkontrollen objektiv zu messen wäre. Eine weitere Schwierigkeit besteht darin, daß die AZ nur wenige Artikel über kontroverse politische Fragen enthielt. Der „Zensurstil", mit dem viele damalige Autoren ihre kritischen Ansichten vor den Zensoren zu verdecken versuchten, birgt auch Probleme für Blumenauers Untersuchung in sich, weil er nur schwer von modernen Lesern zu entdecken und entschlüsseln ist.

Diese Probleme scheinen ein ernsthaftes Hindernis für die Beantwortung von Blumenauers ursprünglicher Frage über die Wirksamkeit der restaurativen Zensur darzustellen. Besonders der Rolle des „Zensurstils" wird in der Forschung eine große Bedeutung zugemessen. In seinen Vorbemerkungen zu einem Sammelband seiner AZ-Artikel beschreibt Heinrich Heine, einer der berühmtesten Korrespondenten der AZ, wie er eine Verstellungstaktik einsetzte, um seine Ansichten vor den Zensoren zu schützen (Lutezia, Vorrede, 1855). Daher darf keine umfassende Untersuchung über die Wirksamkeit der restaurativen Zensurkontrollen die Rolle des „Zensurstils" unberücksichtigt lassen. Ohne die ganze Bedeutung dieses Problems explizit zu erklären, verändert Blumenauer dennoch ihre Zielsetzung in diesem Kapitel. Statt eine umfassende Analyse der Auswirkungen der restaurativen Zensurpolitik zu liefern, bietet sie eine Reihe vagerer Versprechen, die sich mit der Frage befassen, wie sich der Aufbau und Inhalt der AZ vor dem Hintergrund der wechselnden Zensurpolitik veränderten.

Die folgenden zwei Kapitel wenden sich den Ergebnissen von Blumenauers Forschungen zu. Diese Ergebnisse beziehen sich auf Ausgaben der AZ, die in Abständen von sechs Jahren zwischen 1818 und 1848 ausgewählt werden. Untersucht werden unter anderem die Stilformen und Quellen der Berichterstattung, das Verhältnis von „nationaler" und „internationaler" Berichterstattung, die Themen der Beiträge und die Handlungsträger, die in den Artikeln erwähnt werden. Zusammen bieten diese Daten ein sehr interessantes Bild der AZ während des Untersuchungszeitraums. In ihrer Analyse bringt die Autorin die meisten ihrer Ergebnisse mit den jeweiligen sozialen, politischen oder zensurtechnischen Bedingungen in Verbindung. Dabei werden ihre Forschungsergebnisse auch oft mit denen früherer Untersuchungen und Theorien verglichen.

Besonders interessant sind Blumenauers Ergebnisse über die Unterschiede in der Berichterstattung von Ereignissen inner- und außerhalb des deutschen Bundes. Ihre Forschung zeigt zum Beispiel, wie die Verschärfung der Zensurkontrollen im Jahre 1819 zu einer größeren Anzahl von Artikeln über „außerdeutsche" Ereignisse führte. Obwohl derartige Artikel genau wie alle anderen den bayerischen Zensurkontrollen unterlagen, brachten sie weniger Gefahr mit sich, andere Mitglieder des deutschen Bundes zu verärgern. Die Bedeutung dieses Faktors wird von anderen Befunden Blumenauers bestätigt, wonach „außerdeutsche" Artikel häufiger ein politisches Thema hatten und mehr Kommentarelemente und Meinungsäußerungen enthielten.

So aufschlußreich diese Befunde auch sind, Blumenauers Untersuchung weist doch einige Schwächen auf. Erstens scheint der sechsjährige Abstand zwischen Probejahren etwas zu groß, um Tendenzen zuverlässig feststellen zu lassen, zumal viele Probejahre mit wichtigen Ereignissen wie der Julirevolution von 1830 und der preußischen Zensurlockerung von 1842 zusammenfallen. Außerdem scheint Blumenauer manchmal etwas voreilig den Schluß zu ziehen, daß die deutsche Zensurpolitik darauf abzielte, alle Diskussion über deutsche Politik aus der Öffentlichkeit zu entfernen. In ihrer Interpretation des Rückgangs von Kommentarartikeln unter strengeren Zensurbedingungen zum Beispiel schreibt die Autorin diese Tendenz dem angeblichem Bemühen der Zensoren zu, alles Nachdenken über öffentliche Ereignisse zu verhindern. Obwohl diese Interpretation zutreffen könnte, ist es auch möglich, daß unter den strengeren Zensurbedingungen deshalb weniger Kommentare geschrieben wurden, weil die Schriftsteller es schwieriger fanden, ihre wahren Ansichten auszudrücken.

Insgesamt ist Blumenauers Buch ein wenig enttäuschend, weil der quantitative Ansatz ihrer Forschung die Frage nach der Wirksamkeit der Zensurkontrollen im Restaurationsdeutschland nur teilweise beantworten kann. Dennoch liefert ihre Untersuchung ein faszinierendes Bild der Entwicklung der AZ zwischen 1818 und 1848 und bietet zahlreiche Einblicke in den Einfluß der Zensurbedingungen auf diese Entwicklung. Ebenso nützlich sind die Kapitel über den politischen und pressegeschichtlichen Hintergrund der Untersuchung, die eine hilfreiche Einführung in die Entwicklung und die Mechanismen der Zensur in der Restaurationsepoche sowie deren Beziehung zur Geschichte der deutschen Presse liefern.

Katy Heady

Robert Pichl/ Clifford A. Bernd unter Mitarbeit von Margarete Wagner (Hg.), The other Vienna, The Culture of Biedermeier Austria, Österreichisches Biedermeier in Literatur, Musik, Kunst und Kulturgeschichte, Österreichisch-amerikanisches Symposion der Grillparzer-Gesellschaft, der Grillparzer-Society of America, der City University of New York und des österreichischen Kulturinstituts New York, Wien (Lehner-Verlag) 2002, 352 S.

Kulturbeziehungen zwischen den Vereinigten Staaten und Österreich – dokumentiert z.B. in einer florierenden Reihe „New Yorker Beiträge zur Österreichischen Literaturgeschichte" bei Peter Lang in Bern – sind intensiv. Jetzt erfährt man, daß, wie und warum es seit 1984 eine lange geplante Grillparzer-Society in den Vereinigten Staaten gibt (Clifford Albrecht Bernd), kann im reichen Bericht der Wienerin Margarete Wagner nachlesen, wie eine historische Tagung zur österreichischen Kultur sich in New York darstellen kann, wenn sich große Institutionen zu ihrer Durchführung vereinen. Man sieht New York als den Ort, an dem sich die historische Kultur des Abendlandes verdichtet. Daß die inzwischen über hundertjährige Wiener Grillparzer-Gesellschaft federführend bleibt und in dem deutsch-englischen Vortragsband (mit jeweils anderssprachigen Zusammenfassungen) die Proportionen einigermaßen wahrt, zeugt für die wohlerwogene Organisation der Tagung.

Der Leitvortrag des New Yorkers Donald G. Daviau blickt sich weit um in den Künsten und in der sozialen und politischen Wirklichkeit. „Biedermeier. The happy face of the Vormärz Ära" nennt er sein Referat, in dem er auch fragt, warum man 1848 überhaupt einen Einschnitt anzubringen für richtig halte. Er präsentiert eine unveränderte Wirklichkeit durch das ganze Jahrhundert, die er von der politischen Verfassung her bestimmt sieht. Österreich rechtfertigt sich gleichsam durch seine Literatur, die das Wien der Nein-Sager, eben „das andere Wien" zeigt. Freilich verschiebt es den Blick, wenn mit häufigen Hermann-Bahr-Zitaten der Eindruck einer jungösterreichischen Literatur des Vormärz entsteht, in die Äußerungen älterer Autoren verschiedener Herkunft sich einfügen. Im so entstehenden Bild einer großen Misere fehlen zudem ökonomische oder historisch und geographisch vergleichende Daten, doch ist es ohnehin vornehmlich die Verfassungswirklichkeit, zu der die Zensur als wichtiges Element gehört, die zur Kritik herausfordert. Vormärz und Fin-de-siècle rücken zusammen. Roger Bauers barock strukturiertes Österreich der Biedermeierzeit wird auf die Oberklasse begrenzt, die aber auch längst nicht mehr in einer monolithischen Welt lebe. So möchte Donald G. Daviau eine Neudefinition des Biedermeierbegriffs, um ihn mit seinem Realitätsbild in Übereinstimmung zu bringen, was in der einleitend genannten Literatur von Friedrich Sengles dreibändiger „Biedermeierzeit" (Stuttgart 1971/1972/1980) bis zu der von Anton Janko und Anton Schwob herausgegebenen Sammlung "Anastasius Grün und die politische Dichtung in Österreich" (München: Südostdt. Kulturwerk, 1995) nicht befriedigend geleistet sei.

Aus Californien kommend entwirft Hinrich C. Seeba in Korrekturabsicht eine epochale Wende an ungewohnter Stelle, für die er Politisches in einer universelleren Perspektive heranzieht: im Jahr von „Der Traum ein Leben" (1834). Literaturgeschichtlich verortet er Grillparzer in der deutschsprachigen Literatur insgesamt, sieht das Paradestück des antimartialischen Biedermeier-Quietismus als Bild für „Drohende Unruhe" einer neuen Epoche nach der dreißiger Revolution, deren Scheitern Rustans Traum parallel mit „Dantons Tod", Immermanns „Epigonen", Willkomms „Europamüden", mit Nestroy und Raimund zeige, während die Ängste vor neuer Technik wie der Eisenbahn, vor Zensur- und Spitzelsystem aus anderen Lebenswelten das „abgründige Biedermeier" von Heinz Politzer bestätigen, - dessen besonderen Rang nicht nur als Grillparzer-, sondern auch als Biedermeierforscher ein besonderer Aufsatz Seebas zusätzlich darstellt. Rustans „Bescheidenheit" wird zur Überlebenstaktik, der Autor Grillparzer, der mit kritischen Gedanken zitiert wird, Teil einer fortschrittlichen Literaturgeschichte: Autoren der ehemaligen DDR gingen nicht weit genug, wenn sie ihn in ihrer Darstellung des Widerstandes ausließen.

Grillparzer wird natürlich auch sonst ausführlich gewürdigt. Robert Pichl geht das Problem der „Patriotischen Lehrstücke" an, rückt den Typus des „Zerrissenen" im „Biedermeiermenschen" in den Vordergrund, so daß die Differenz zu Immermann trotz der unterschiedlichen Sehweisen, Situationen und Beziehungsgeflechte gering wird. Kritische Töne gibt es nicht nur in den „Epigonen", unübersehbar ist aber, daß die Literaturwissenschaft im Typus des „Zerrissenen" eine Lustspielfigur ihr Leidenspotential ausleben läßt. Grillparzer leiste, meint Pichl, „kritische Bewußtseinsbildung", wenn er in „Ottokar" und um den Rudolf des „Bruderzwists" „exemplarische Bilder von relativer Werthaftigkeit" zeichne, in denen „zeitanaloge Signale" zum Vergleich anregen.

Für „Ottokar" zeichnet der Hebbel-Spezialist U. Henry Gerlach (Urbana bei Chicago) dann einen zweifachen Abstieg, der sich zunächst über die private Ebene intensiviert. Privat ist auch die Entlarvung William C. Reeves von der canadischen Universität Kingston, der in „Libussa", Probleme des Prinzgemahls ins Feld des Nur-Natürlichen verfolgt. Salon und Kaffeehaus zeigen die Verwandlung der Lebenswelten der Verfasser von Literatur in dieser Zeit (Johann Sonnleitner, Wien), während als eine Art Präsentation ihres neuen Buches Karin S. Wozonig (Wien) über Stifters Korrespondentin Betty Paoli berichtet, Teil der Presse, der intellektuellen Kritik, der Salons. Aus Klagenfurt stellt in ähnlichem Umfeld Hubert Lengauer den „mittelmäßigen" Johann Gabriel Seidl dar, dessen Kontakt mit Lenau Vergleiche ermöglicht. Margarete Wagner gibt dann eine ausführlich ansetzende und außerordentlich faktenreiche Übersicht über das Bild der Ungarn im österreichischen Biedermeier, wobei auch die Versepik mit ihrem Nebeneinander von ironischer Satire und schwerfälligem Heldenlied ins Visier gerät. Antithetisch gestaltet Johann Lachinger vom Stifter-Institut Linz seinen Beitrag, indem er das Janusgesicht des Zeitalters durch Ergänzung des Stifterbildes mit einer Lenau-Parallelaktion herausstellt, die gegenüber dem jungdeutschen Epiker den Amerika- und Ungarnlyriker zurücktreten läßt. Stifter findet eine erstaunliche Würdigung am Detail seiner Vorreden zu den „Bunten Steinen" von Gunther H. Hertling aus Seattle, dessen Lektüre den Entdecker der „life-preserving powers of nature" in der Nähe eines frühromantisch fundierten Humanismus entdeckt, während Raimund von der ungewöhnlich informierten Kennerin Dorothy James aus New York nicht nur als Vertreter der Seelenkultur des Biedermeier, sondern auch als in „politics and morality" fern aller Harmlosigkeit als zum Konservativen entschieden vorgestellt wird. Der Wiener Johann Hüttner erklärt die Nestroy zugestandene Bewußtheit dagegen tiefenpsychologisch als Vorwegnahme der Zensur beim Schreiben, was den „wahren" gegen den veröffentlichten Nestroy zu stellen erlaubt, ggf. bis zur Erklärung der Wahl einer „harmlosen" Gattung vorangetrieben werden könnte. Daß nichts dergleichen beim Charles Sealsfield gewordenen Karl Postl geschah, erklärt Wynfried

Kriegleder aus Wien an dessen erstem Mexikoroman vom „Virey", an dem Kriegleder zeigen will, wie der Aufklärer mit seinen exotischen Themen und Darstellungen sein Publikum verfehlt und mit seinen eigentlichen Intentionen nie Resonanz fand, was – vielleicht deshalb - für sein englisches Österreich-Buch nicht gilt; denn das wird allein im hier referierten Band viermal genannt und zitiert, sogar mit großem Schwung und großer Überzeugung als Werk eines „Erich" Postl.

Darstellende Kunst und Literatur werden von Katherine M. Arens aus Texas in Anlehnung an den Wiener Germanisten Zeman verbunden im „Genrebild", in dem sie in einem großen Aufsatz ein teatrum mundi der Revolution im Bild von Biedermeierkatastrophen in der Natur erkennen will. Daß etwa Stifter, zunächst an Jean Pauls Bildern orientiert, sich entwickelte, gar zu Goethe hin, wie man gemeint hat, geht dabei unter wie der Herdersche humanistische Optimismus, aus dem die österreichischen Völker noch hundert Jahre nach Stifters und Nestroys Geburt zusammen lebten. Gerbert Frodls Bild der Biedermeiermalerei bestätigt denn auch eigentlich nicht die über die Genrebilder ausgebreitete Katastrophenstimmung, und die Musik, die mit fünf Aufsätzen vertreten ist, wobei von Wien nach Böhmen ausgegriffen und ein Bruder Grillparzers gewürdigt wird neben Bildern des halböffentlichen Musiklebens und der italienischer Oper, ist hier ohnehin nicht verwendbar, wenn auch Charles Sealsfield in seinem „Austria as it is" 1828 der österreichischen Hausmusik bereits puren Escapismus attestierte. Schubert-Bilder im Film, auf die dankenswerterweise auch ein Blick geworfen wird - wie während der Tagung auf den im Buch nicht dargestellten Tanz - erscheinen als der Herren eigener Geist, in dem der Komponist sich fremdartig spiegelte, unterschiedlich natürlich. Die alte literarische Form der Künstlerbiographie, in Österreich als Musiker-Biographie zwischen Strauß' und Bruckner besonders lebenskräftig, läßt kaum anderes erwarten.

Alten Vorstellungen von Barocktradition und Harmonismus nähert sich erstaunlicherweise die Darstellung der österreichischen Philosophie der Zeit von Harald Haslmayr aus Graz, der zwar die Ersetzung von Hegel durch Bernard Bolzano als selbstverständliche Gegebenheit setzt, am Prager Rationalisten aber nicht den abgesetzten Theologen und Professor, sondern den über die vorübergehend erfolgreiche Intrige hinweg „fähigsten Exponenten Leibnizscher Philosophie" und eines antiidealistischen Reformkatholizismus präsentiert. Die politisierende Geschichtsphilosophie war nicht wienerisch und nicht österreichisch in der Biedermeierepoche, für die Friedrich Sengle auch im weiteren Rahmen den Einfluß Hegels in der Literatur für nicht erheblich hielt. Haslmayr faßt zusammen: „Das Biedermeier war eben, trotz aller Widersprüche, noch keine Wiener Moderne avant la lettre."

Das wird man nach Studium des umfangreichen Buches von Pichl/Bernd auch nicht glauben. Daß die 1931 als „Lebensgefühl des ‚Biedermeier' in der österreichischen Dichtung" von Wilhelm Bietak entdeckte alte Welt nun nur in der Oberschicht zuhause gewesen sein soll, schätzt Volkstheater und Presse für das Zeitalter wohl zu gering ein, wie sie die ökonomischen Fortschritte in Europa im 19. Jahrhundert samt dem Hauptstadtklima unterschätzt. Sengles vorsichtige 3000 Seiten zur Biedermeierliteratur handelten von beidem freilich auch nicht explizit, aber seine Beschreibung der Literatur ging zugunsten des Blicks auf die Lebenswelt doch auf Distanz zu plakativen Äußerungen. Sengle hob den nüchternen Immermann der „Epigonen" hervor: „Unglück haben die Menschen zu allen Zeiten genug gehabt, der Fluch des gegenwärtigen Geschlechts ist es aber, sich auch ohne jedes besondere Leid unselig zu fühlen." Biedermeierzeit sei so literarisch ein fruchtbares Zeitalter geworden, dessen Formenwelt und Sprache ihn faszinierten. Der in ihrer Kunst gar nicht so harmlosen Biedermeierzeit widmet der Wien-New-Yorker-Band neu seine Aufmerksamkeit widmet, wobei – wie beim biedermeierlichen Sealsfield – New York und das ganze Amerika mit Wien und dem ganzen Österreich verbunden werden.

Franz Schüppen

Anschriften der Mitarbeiter

Andy Gottschalk, Europäisches Bildungswerk für Beruf und Gesellschaft e.V., Maxim-Gorki-Str. 14, 39108 Magdeburg

Marcus Hahn, Universität Siegen, Fachbereich 3, Sprach-, Literatur- und Medienwissenschaften, Adolf-Reichwein-Straße, 57068 Siegen

Prof. Dr. Peter Hasubek, Obere Wiesen 15, 37077 Göttingen

Katy Heady, MA, Department of Germanic Studies, University of Sheffield, Sheffield S10 2TN, GB

Prof. Dr. Soichiro Itoda, Meiji-Universität, Philosophische Fakultät, Neuere Deutsche Literaturgeschichte, Kanda Surugadai 1-1, 101-8301 Tokyo, Chiyoda-ku, Japan

Prof. Dr. Henrik Karge, Technische Universität Dresden, Institut für Kunst- und Musikwissenschaft, Fachgebiet Kunstgeschichte, August-Bebel-Str. 20, 01219 Dresden

Prof. Dr. Joseph A. Kruse, Direktor des Heinrich-Heine-Instituts Düsseldorf, Bilker Str. 12-14, 40200 Düsseldorf

Prof. Dr. Jürgen Lehmann, Institut für Germanistik der Universität Erlangen-Nürnberg, Bismarckstr. 1, Haus B, 91054 Erlangen

Prof. Dr. Waltraud Maierhofer, German Department, University of Iowa, Iowa City, IA 52242-1323

Benedict Schofield, MA, Department of Germanic Studies, University of Sheffield, Sheffield S10 2TN, GB

Dr. Franz Schüppen, Grenzweg 34, 44623 Herne

Dr. Gert Vonhoff, Department of German, School of Modern Languages, University of Exeter, Queen's Building, Exeter UK EX4 4QH

Manuskripte für das Immermann-Jahrbuch sind zu senden an die Herausgeber:

Prof. Dr. Peter Hasubek
Obere Wiesen 15
37077 Göttingen

Dr. Gert Vonhoff
Department of German
School of Modern Languages
University of Exeter
Queen's Building
Exeter UK EX4 4QH

IMMERMANN-JAHRBUCH

**Beiträge zur Literatur- und Kulturgeschichte
zwischen 1815 und 1840**

Im Namen der Immermann-Gesellschaft
herausgegeben von
Peter Hasubek und Gert Vonhoff

Band 1   Peter Hasubek / Gert Vonhoff (Hrsg.): Immermann-Jahrbuch 1/2000. Beiträge zur Literatur- und Kulturgeschichte zwischen 1815 und 1840. 2000.

Band 2   Peter Hasubek / Gert Vonhoff (Hrsg.): Immermann-Jahrbuch 2/2001. Beiträge zur Literatur- und Kulturgeschichte zwischen 1815 und 1840. 2001.

Band 3   Peter Hasubek / Gert Vonhoff (Hrsg.): Immermann-Jahrbuch 3/2002. Beiträge zur Literatur- und Kulturgeschichte zwischen 1815 und 1840. 2002.

Band 4   Peter Hasubek / Gert Vonhoff (Hrsg.): Immermann-Jahrbuch 4/2003. Beiträge zur Literatur- und Kulturgeschichte zwischen 1815 und 1840. 2003.

Band 5   Peter Hasubek / Gert Vonhoff (Hrsg.): Immermann-Jahrbuch 5/2004. Beiträge zur Literatur- und Kulturgeschichte zwischen 1815 und 1840. 2004.